Valise de Cronópio

Coleção Debates
Dirigida por J. Guinsburg

Equipe de Realização – Tradução: Davi Arriguci Jr. e João Alexandre Barbosa; Organização: Haroldo de Campos e Davi Arriguci Jr.; Revisão: Amilton Monteiro de Oliveira; Produção: Ricardo W. Neves, Sergio Kon, Luiz Henrique Soares e Juliana Sergio.

julio cortázar
VALISE DE CRONÓPIO

© Julio Cortázar

CIP-Brasil. Catalogação-na-Fonte
Sindicato Nacional dos Editores de Livros, RJ

Cortázar, Julio, 1914-1984.
  Valise de cronópio / Julio Cortázar ; [tradução Davi
Arriguci Jr. e João Alexandre Barbosa ; organização Haroldo
de Campos e Davi Arriguci Jr.]. – São Paulo : Perspectiva,
2008. – (Debates ; 104 / dirigida por J. Guinsburg)

  3ª reimpr. da 2. ed. de 1993.
  Bibliografia
  ISBN 978-85-273-0380-4

  1. Crítica literária 2. Literatura moderna – História e crítica
I. Campos, Haroldo de, 1929- II. Arriguci Junior, Davi. III.
Guinsburg, J. IV. Título. V. Série.

04-3144   CDD: 809

Índices para catálogo sistemático:
1. Literatura moderna : História e crítica 809

2ª edição – 3ª reimpressão
[PPD]

Direitos reservados em língua portuguesa à

EDITORA PERSPECTIVA LTDA.

Av. Brigadeiro Luís Antônio, 3025
01401-000 São Paulo SP Brasil
Telefax: (11) 3885-8388
www.editoraperspectiva.com.br

2019

SUMÁRIO

Escorpionagem: O que vai na Valise............................ 7
   A invenção como crítica... 8
   Vice-versa.. 10
   Camaleidoscópio... 12

1. A Urna Grega na Poesia de John Keats................. 17

2. Morte de Antonin Artaud 57

3. Situação do Romance... 61

4. Para uma Poética.. 85
   Interlúdio mágico... 88
   Alhear-se e admirar-se.. 95
   O canto e o ser 97

5. Poe: o Poeta, o Narrador e o Crítico 103
   Poe e sua época... 104
   A página em branco 107
   O poeta... 113

    O contista 121
    O crítico 135

6. Alguns Aspectos do Conto 147

7. Do Sentimento de Não Estar de Todo 165

    Voltando a Eugênia Grandet...................................... 170

8. Do Sentimento do Fantástico 175

    Esse mundo que é este... 177

9. Clifford 181

10. Gardel 185

11. Não Há Pior Surdo do que Aquele que 191
    Vocabulário mínimo para se fazer entender 193
    Têm ouvidos e não.. 194
    Grande fadiga a esta altura da disquisição........... 199

12. What Happens, Minerva? 203

13. Louis Enormíssimo Cronópio................................... 209

14. A Volta ao Piano de Thelonius Monk 217

15. Tombeau de Mallarmé 221

16. Morrelliana, Sempre 223

17. Do Conto Breve e Seus Arredores.......................... 227

18. / que saiba abrir a porta para ir brincar.................. 239

Notas Bibliográficas.. 250

Quase-Cólofon 253

ESCORPIONAGEM: O QUE VAI NA VALISE

Davi Arrigucci Júnior

Neste livro há um mosaico; no mosaico, como sempre, uma única e múltiplas faces; nas faces, facetas, e assim por diante. (Com cronópios, nunca se sabe onde parar.) Os mosaicos são múltiplos por natureza: nascem um pouco daqui e dali; podem ser híbridos, integrar a variedade, recompor figuras inteiras através dos cacos, da dispersão dos fragmentos; de repente, a visão se alarga e, zás, as partes consteladas são um todo. No fundo de um tubo, um livre rodopio cria do caos um cosmos: os cacos imantados são céu e são estrela – mosaico celeste. Assim os mosaicos formam a unidade da variedade, e nos encantam. Não é à toa que ladrilham tanto espaço da arte moderna. Quando se descolam e liberam seus componentes na descontinuidade arejada do fragmentário, revelam sempre o lúdico essencial que encerram, armados. São, então, um convite ao jogo, à montagem problemática, à participação ativa de quem se delicia com eles, como certos brinquedos de criança: caleidoscópios, quebra-cabeças, enigmas, labirintos e outros avatares de provas iniciatórias, capazes de tocar fundo na gente, apesar de tantas vezes dessacralizados em testes para medir a inteligência, o bom senso, a loucura dos pacientes.

Este livro-mosaico é sobretudo um livre mosaico da produção crítica de Cortázar, espalhada por revistas e obras diversas, e convida à montagem de textos heterogêneos, de várias épocas, num arranjo inexistente na língua em que foram escritos. Brota, na verdade, de outros livros parecidos – *La vuelta al dia en ochenta mundos*, *Último Round* – que, por sua vez, já se serviam de idêntica técnica de construção. Texto nascido de outros textos, compõe, de fato, um tecido complexo em que criação e crítica se acham frequentemente alinhavadas, dando continuidade ao fio de um discurso que não cessa de entrelaçar a linguagem poética à metalinguagem, num testemunho moderno e radical de criação artística autoconsciente.

A invenção como crítica

O leitor da ficção cortazariana não pode deixar de perceber a presença constante de um narrador que se espiona ao construir, e sabe muito bem como a consciência lúcida da linguagem, capaz de configurar uma poética no interior da própria obra ficcional, leva ali a uma problematização que ameaça estagnar o fluxo da narrativa, beirando o impasse. Essa obra que se espia e ameaça, arriscando-se, sob o ferrão da crítica, a não prosseguir, firmando esse namoro com o silêncio que sempre acena com o branco da página, é já uma obra crítica. E essa crítica é um componente decisivo do texto de criação, ao qual se incorpora como elemento da estrutura, atuando, por isso mesmo, no jogo das relações internas que multiplicam as direções do sentido. Sendo metalinguagem, toma a própria linguagem da obra como significado, mas se faz também significante, ainda que com o risco de destruir o próprio instrumento da construção artística, ao tornar cada vez mais rarefeito o ar de fora de que também se alimenta o poético.

Como os verdadeiros *takes* do *jazz*, que integram a própria crítica, o texto literário assim concebido é, então, a busca de um possível cada vez mais difícil e sempre mais sujeito à parada vertiginosa, vácuo aberto pela insatisfação sempre crescente, que a consciência vigilante e exacerbada exige. Tal texto se quer improvisação contínua, permanente invenção, pois seu alvo foge sempre, e, por isso, açula a crítica contra si mesmo. Desse modo, ao perseguir a forma que se esquiva contra o fundo do caos que atrai, a todo instante se interrompe e fragmenta, impondo-se o recomeço, o outro lance, o que talvez.

Não é difícil perceber a linhagem a que se filia essa dúvida medular quanto à linguagem adequada, quanto à possibilidade de realização de uma obra que é, tantas vezes, a poética de si mesma, o projeto de obra engendrado no seu próprio bojo, como ideal radical e limite dela mesma, como desafio do impossível. Da tomada de consciência da linguagem, com o Romantismo, à ameaça de dissolução da obra no caos, com o Surrealismo, vai um longo e intrincado processo de abalo da linguagem artística, que encontra profundos ecos na obra de Cortázar. O caleidoscópio cortazariano recolhe os dados e as estrelas ideais da invenção de Mallarmé, mas refaz o lance, o ímpeto de destruição da linguagem, com o desejo de participação no mundo impuro, que é ainda o desejo de uma *praxis* poética e revolucionária dos surrealistas. Sem apelar pelo método da escrita automática, embora reconhecendo a importância dos elementos pré-conscientes nos seus contos, Cortázar propõe uma poética da invenção e da lucidez que é simultaneamente, uma poética mágico-mítica de busca de participação do outro, de liquidação da dualidade, de integração do homem numa realidade digna desse nome. Não uma poética do onírico, mas antes uma poética do desejo de realizar o sonho, enquanto ânsia de integralidade do ser. Como tal, defronta-se com um mundo dividido, caótico, rotinizado, alienado – um mundo absurdo –, e, ao mesmo tempo, com uma linguagem que não é aquilo que ela própria nomeia, dependurada nas coisas como mera etiqueta, descolada de seu objeto e incapaz de dizer a totalidade.

Em função dessa base dramática, levada à consciência artística em guarda no seu próprio interior, a obra ficcional de Cortázar é, no seu conjunto, a narrativa sempre reencetada de uma busca sem descanso, ensaio constante de um salto, hesitação entre tomar pela raiz o projeto nela própria contido – o que equivaleria a destruir-se no caos ou no silêncio – e ceder à imposição da convenção, à necessidade da forma, sem a qual não há obra de arte. É por esse modo ambíguo e paradoxal de formar (uma forma que se nutre do contínuo risco de destruição) que ela dá testemunho do fragmentário e do sem-sentido, mas também, a uma só vez, se constrói pelo desejo de encontrar uma passagem significativa por entre os cacos ou para além da crosta rotineira da aparência: um sentido entrevisto, testemunhado por uma visão intersticial sempre atenta para toda abertura, por onde se trave um contato irmanador. Por tudo isso, ela é, enfim, fundamentalmente criação e crítica, jogo inventivo e indagação ontológica.

Vice-versa

Quando se passa do espaço amplo e maleável da ficção para o terreno específico da crítica, como neste livro, verifica-se a persistência do mesmo modo de formar lúdico e aberto, que pode ser visto, então, como um traço característico de toda a produção literária de Cortázar. É agora o ensaio que, valendo-se da flutuação atual dos gêneros literários, funde o rigor e a seriedade normalmente bem comportada da crítica à liberdade inventiva da criação.

Os textos aqui reunidos, como textos basicamente de crítica, não são autotélicos: estão voltados para alvos definidos e exteriores, com existência própria e independente do discurso crítico que os transforma em objeto de discussão. Assim, por exemplo, vários dos ensaios incluídos fazem uma reflexão sobre problemas teóricos da literatura, articulando-os ou não com a história literária, como os que discutem gêneros literários ("Situação do romance"; "Alguns aspectos do conto"; "Do conto breve e seus arredores"), a natureza da imagem, da linguagem e da experiência poéticas ("Para uma poética"), ou certos temas e as dificuldades de sua expressão, como no caso do erotismo ("/que saiba abrir a porta para ir brincar"). Outros dizem respeito a obras ou personalidades artísticas ("A urna grega na poesia de John Keats"; "Morte de Antonin Artaud"; "Poe: o poeta, o contista, o crítico"; "Gardel"; "Clifford" etc.). Outros ainda dão testemunho de posições, atitudes, da própria visão da literatura e do mundo que caracteriza o Autor ("Do sentimento de não estar de todo"; "Do sentimento do fantástico"; "Não há pior surdo do que aquele que" etc.), o que é também um modo de se falar a distância, como de outra coisa.

Conforme era de se esperar, tratando-se de ensaio, que é ensaio a propósito de algo, a linguagem desses textos se constrói, portanto, com o sentido de outras obras (ainda que sejam do próprio Autor), fala sobre outra linguagem, é linguagem à caça de outra linguagem, e, algumas vezes mesmo, se apoia para tanto num aparato erudito e rigoroso, característico de certo tipo de estudo universitário, como nos trabalhos sobre Keats e Poe. Outras vezes, visa uma linguagem ainda mais distante, a da música, embora fale antes de tudo de músicos, de *jazzmen*, como na pequena obra-prima que é o texto sobre Satchmo, entrada triunfal dos cronópios pela gargalhada escancarada de Louis.

De modo geral, porém, em todos esses textos verifica-se uma vinculação íntima entre a linguagem e o tema de que se trata, o que trai a simpatia do Autor para com o seu objeto, revelando uma escolha regida pela adesão profunda da sensibilidade, que deixa traços marcantes no estilo. Talvez o principal desses traços seja exatamente o resultado de uma adequação rigorosa ao que não seria senão um ponto de referência do discurso, o seu *a propósito*, de forma que se tem, na verdade, uma relação íntima entre o modo de dizer e aquilo que se diz. Em consequência, a própria linguagem do ensaio é posta em evidência, como se, confundindo-se com o seu objeto, se mostrasse a si mesma. Embora tal fato não se dê em todos os textos aqui presentes, pode ser observado com uma constância que demonstra o seu papel decisivo no conjunto. Pode-se afirmar, então, que a linguagem vale aqui também por si mesma, adquire função estética, sem perder a contundência crítica.

Ora, colocada em destaque, concentrada em si própria, a mensagem verbal se torna poética e tende a disputar com a metalinguagem o espaço do ensaio, criando a tensão interna característica de um bom número dos textos desta coletânea. A relação de oposição entre a linguagem poética e a metalinguagem, tal como formulada por Roman Jakobson, na sua famosa classificação das funções da linguagem, ganha, neste caso, grande importância na organização estrutural do texto, que fica distendido entre polos opostos, em difícil harmonia, ameaçando sempre ou transgredindo de fato os limites do gênero literário a que se deveria ajustar. Para se ter ideia disso, basta uma olhadela no concerto de "Louis enormíssimo cronópio".

Desprendido da estrita referência a um alvo exterior a ele próprio, curvado para dois lados divergentes, o discurso crítico de Cortázar, nos seus melhores momentos, é, assim, um discurso biflexo, ambíguo e irônico, a todo tempo mostrando e ocultando aquilo de que trata. Com base nessa duplicidade da linguagem, o balanço lúdico, que sugere seu ritmo de esconde-esconde, aparentemente desvia nossa atenção do alvo real, espanta a mosca, reencarnando-a, por exemplo, na metáfora, e, vai-se ver, plá, está esmagada.

Camaleidoscópio

Como sempre, a utilização de uma certa função da linguagem, com predominância sobre as demais, nunca é apenas uma questão de linguagem ou de uma escolha mecânica dentro do repertório das possibilidades linguísticas. A presença marcante da linguagem poética, enquanto solução técnica da forma do texto cortazariano, que acaba por romper as fronteiras do ensaio crítico, implica um sentido mais amplo. Um sentido que é fundamental considerar, porque permite compreender a necessidade intrínseca da técnica escolhida nas suas vinculações à visão do mundo e do próprio fazer literário, tal como se configura na obra toda de Cortázar.

Alguns dos textos deste livro, como "A urna grega na poesia de John Keats", "Para uma poética" e "Do sentimento de não estar de todo", formulam explicitamente os pressupostos dessa abordagem crítica que é também uma tentativa de posse do objeto criticado, mediante a dicção poética. No primeiro deles, que figura entre as primeiras publicações do Autor, apesar da linguagem ainda um tanto prolixa e empolada, surgem aspectos decisivos da obra posterior. Assim, por exemplo, a acentuada simpatia pelo mundo grego, uma presença viva da Grécia, que voltará logo em *Los Reyes*, o poema dramático de 1949, e mais tarde em diversos contos ("Circe", "Las ménades", "El ídolo de las Cidadãs", "La islã ai mediodía"), como elemento ambiental e tema mítico. Mas, do ponto de vista que ora nos interessa, aparece também, através de Keats, uma concepção do poeta como o ser marcado pela "ubiquidade dissolvente", o ser sedento de ser, espécie de camaleão sempre desejoso de participar do outro: "(...) even now I am perhaps not speaking from myself, but from some character in whose soul I now live", eis, sob as palavras de Keats, o poeta, para Cortázar.

Tal concepção encontra correspondência na "Lettre du Voyant", de Rimbaud, e se faz imagem concreta e exemplar com a personalidade artística e humana de Artaud, encarnação viva dessa ânsia de ser integralmente, que torna o poeta autêntico um incansável perseguidor de essências. Por isso mesmo, como se pode ver na breve nota sobre a "Morte de Antonin Artaud", o teatrólogo francês, identificado com o lado mais radical do Surrealismo que ele representa, é visto como um paradigma da busca rebelde, poética e ontológica da plenitude de ser.

A visão dessa ubiquidade dissolvente que define o poeta-camaleão e se transformará num "sentimento de não estar de todo" em outro texto importante, ganha aspectos mais agudos com as formulações teóricas sobre a imagem, em "Para uma poética". Aí, com base na analogia poética e na teoria de Lévy-Bruhl sobre a mentalidade pré-lógica do primitivo, Cortázar aproxima o poeta do mago, caracterizando a magia poética como uma operação metafísica, visto que fundada num desejo de posse da realidade no plano do ser. A imagem se faz, então, instrumento de assalto do ser, arma de caça ao real.

Armado também com a linguagem da poesia, o crítico parece querer apropriar-se daquilo para o que aponta: fragmentos da realidade apreendidos na esparrela. É por esse meio, o da linguagem adesiva e aglutinante, que ele se transfunde no modelo, incorporando-o, ao traduzi-lo e reinventá-lo, no "Tombeau de Mallarmé". Procurar ver através dos olhos do outro é a lição permanente de "Morelliana, sempre": operação camaleônica que define o poeta, mas também matiza o crítico. Assim, o ensaio cortazariano continua e multiplica a obra de invenção, como se o desejo de fundir-se na totalidade movesse cada partícula da obra inteira e lhe desse esse poder de agregar a si mundos diversos, combinando e recombinando os cacos da realidade que sobram na linguagem num mosaico espectral e furta-cor, para delícia dos cronópios.

1. A URNA GREGA NA POESIA DE JOHN KEATS

A Artur o Mar asso

> According to my state of mind, I am with Achilles in the trenches, or with Theocritus in the vales of Sicily.
>
> KEATS, *carta a George Keats de 29 de outubro de 1818.*

I

Por dois caminhos parece ter-se operado o acesso do mundo moderno às esferas espirituais da antiguidade greco-latina, toda vez que um desejo de conhecimento e identificação anímica o impeliu a voltar-se para ela, em busca de um contato que lhe restituísse valores nem sempre preservados ao longo da evolução histórica europeia. Por esses dois caminhos – que tendem a excluir-se mutuamente –, procurou o espírito moderno retornar às inspirações estéticas do Clas-

sicismo e incorporar-se, para logo recriá-las, a essas forças criadoras e suas expressões artísticas.

A primeira senda (já desbastada incomparavelmente pela redescoberta renascentista do mundo clássico) mostra seus períodos mais florescentes no classicismo francês do século XVII e nas formas análogas, ainda que específicas, do mesmo movimento na Inglaterra e na Alemanha do século XVIII. Consiste em incorporar racionalmente os valores clássicos com ajuda de uma crescente crítica histórico-arqueológica; em abstrair da literatura e da arte greco-latinas os módulos que as regeram, e estruturaram; em constituir – como tentarão Winckelmann e Lessing – uma legislação estética definitiva capaz de aproximar os valores clássicos mediterrâneos – tidos por insuperáveis – às ambições artísticas do mundo moderno; em afirmar e exigir uma regra áurea.

Já é ocioso voltar sobre a visão errônea que se obteria, do espírito criador helênico com tais critérios "classicistas", repletos de parcialidade histórica (depreciação agressiva do medieval e ênfase deliberada da "claridade", da "ordem estética" e da "objetividade" do espírito grego) além das deficiências do aparato técnico que tornasse válida a investigação no campo filosófico, arqueológico, etnográfico etc. De análise tão preconceituosa, que assinala somente os expoentes mais espetaculares da arte grega (por exemplo a arquitetura ática do século V), resultou uma supervalorização de formas e cânones *que não são senão um período* culminante numa evolução plurilateral e contínua, e um acentuado menosprezo para com os momentos restantes. Chegou-se inclusive a um parcelamento dos períodos de apogeu, a não se ver neles nada além dos cumes estéticos: um Parthenon solitário numa acrópole trilhada por semideuses. A sugestão do pequeno – o vaso, a figurinha de Tânagra, a oferenda votiva – perdia eficácia diante da visão olímpica e excludente; o milagre de Fídias ofuscava aquelas outras amostras de arte que precisamente teriam permitido admirar melhor o que há de assombroso nessa ascensão estética.

Baste tão simples e precário esquema de um erro de apreciação[1] para mostrar como certa forma de aproximação mo-

---

[1]. O tema foi ricamente tratado por RODOLFO MONDOLFO em sua obra *El genio helénico y los caracteres de sus creaciones espirituales*, Universidad Nacional de Tucumán, 1943.

19

derna aos elementos clássicos pôde (e ainda pode, segundo o demonstram frequentes ditirambos ao "milagre grego" nascidos de alguma leitura de Renan e Paul de Saint Victor) deformar o objeto que se pretendia abstrair e constituir uma base pouco sólida para o classicismo moderno que tão estrepitosamente cairia diante da atitude romântica, cuja própria debilidade analítica mostra com farta eloquência a pobreza de seu antagonista[2]. A inconsistência do Classicismo (pense-se, por exemplo, na poesia inglesa sob a ditadura de Alexander Pope) vem de que *imita* uma suposta *técnica artística* clássica fundada em módulos, paradigmas doadores de eternidade, *Ars poética* geral e constante. Todavia, tais módulos haviam sido estabelecidos por abstração de valores estéticos, e sua inegável importância estrutural e articuladora na arte e nas letras clássicas foi exagerada pela linha Boileau-Pope-Lessing a ponto de que se parece acreditar que foram *fatores genéticos* do clássico e não *constantes axiológicas e estéticas*, incluídas na obra por uma necessidade espiritual própria do espírito clássico. Ao abstraí-los e observar a frequência harmoniosa com que se apresentavam nas grandes criações antigas, o pensamento classicista dos séculos XVII e XVIII elevou-os à função de *antecedentes e condicionantes* da obra de cuja polpa eram arrancados artificialmente. Da estruturação natural da arte clássica se fez uma andaimada, um molde onde esvaziar a matéria amorfa. É certo que nem tudo é culpa do pensamento moderno; Aristóteles e depois Horácio o precedem nesta *redução à técnica* – pois que afinal tais módulos são expostos pragmaticamente, com vistas ao emprego ulterior – e preparam o caminho para um Despréaux[3].

2. O que não equivale a sustentar que o Classicismo tenha carecido de valor, mas, sim, que seu valor mais autêntico lhe foi dado o *margem de preceptísticas tirânicas* por figuras geniais como um Racine ou um Molière, finos trapaceiros de "unidades" por via do espírito se não da forma.
3. De quem – citamos como modo de caracterização geral destes critérios errôneos – afirma H. Gaillard de Champris: "...Non seulement il ne cite pas même Euripide, mais il n'étudie que les progrès extérieurs et, pour ainsi dire, techniques du genre... Sur l'union spirituelle qui fut d'abord celle des poètes ef des spectateurs... pas un mot." (A propósito de Pindaro): "... Il confond la libre démarche d'une imagination synthétique avec le froid calcul d'un esprit ingénieux, et, ici encore, ne distingue pas l'inspiration du procédé" ("Les Ecrivains Classiques", em *Histoire de la Littérature Française*, publicada sob a direção de J. Calvet, Paris, 1934, t. IV, pp. 275-276).

Por que não antecipar aqui a atitude poética de John Keats, citando aqueles seus versos precoces que lhe haviam de valer a torpe cólera de Byron?

> Podia tudo isso ser esquecido? Sim, uma discórdia
> nutrida pelo artifício e pela barbárie
> fez o grande Apolo envergonhar-se desta sua terra.
> Chamaram-se sábios homens incapazes de compreender
> suas glórias; com a força de uma frágil criança
> se balançaram num cavalo de madeira
> e acreditaram no Pégaso. Almas miseráveis!
> Soprava o vento do céu, rolava o oceano
> suas arrebanhadas ondas – mas não as sentíeis. O azul
> descobria seu eterno seio, e o orvalho
> da noite estival se formava, silencioso, para tornar
> formosa a manhã. A Beleza estava desperta!
> Por que não vós? Porque continuáveis mortos
> para as coisas que ignoráveis... Estreitamente unidos
> a vetustas leis traçadas com miseráveis regras
> e vis dimensões; e assim ensinastes a uma escola
> de sáfios a suavizar, entalhar, unir e ajustar
> até que – como os pauzinhos do jogo de Jacó
> – seus versos coincidiam. Fácil era a tarefa:
> mil artesãos se cobriam com a máscara
> da Poesia. Raça de fatal destino, ímpia!
> Raça que blasfemava no rosto do brilhante Citarista
> e não o sabia. Não, continuava mantendo
> um pobre, decrépito cânon
> marcado com os lemas mais triviais, e junto,
> o nome de um Boileau![4]

4. Could all this be forgotten? Yes, a schism
Nurtured by foppery and barbarism
Made great Apollo blush for this his land.
Men were thought who could not understand
His glories; with a puling infant's force
They sway'd about upon a rocking-horse,
And thought it Pegasus. Ah, dismal – soul'd!
The winds of heaven blew, the ocean roll'd
Its gathering wawes – ye felt it not.
The blue Bared its eternal bosom, and the dew
Of summer night collected still to make
The morning precious: Beauty was awake!
Why were ye not awake? But ye were dead
To things ye knew not of, – were closely wed
To musty laws lined out with wretched rule
And compass vile; so that ye taught a school
Of dolts to smooth, inlay, and clip, and fit,
Till, like the certain wands of Jacob's wit

Opera-se assim um duplo trânsito. O predomínio do espírito racionalista estatui um cânon clássico e, a partir dessa legislação, atribuída *necessariamente* a toda obra satisfatória, procede-se à criação avalizada por esse mesmo cânon. Os interesses estéticos modernos expressam-se dentro das coordenadas e "leis" clássicas, e raras vezes a intuição do criador se aprofunda na validez essencial destas e busca, com a intensidade necessária, as raízes verdadeiras dessa sujeição tirânica a que o submetem os critérios do século.

Curioso paradoxo: o racionalismo classicista não estava *essencialmente* interessado no helênico; seu interesse era preferentemente técnico e instrumental, procura das ordens que permitissem exumar, em benefício de uma temática moderna, essa "sofrosine" perdida na Idade Média. Pelo contrário, havia de ser o Romantismo (melhor, alguns românticos) que, reagindo contra a subordinação de valores estéticos a garantias instrumentais, aprenderia o gênio em sua *total apresentação estética*[5].

O segundo caminho havia sido já trilhado, em plena ordem racionalista, por alguns poetas menos seguros do valor e da validez das regras de ouro do que de sua própria projeção sentimental para o passado[6]. Racine, dramaturgo respeitoso, saltará por sobre toda medida conveniente para criar Fedra e Andrômaca. Sob a irrepreensível linguagem e as corretíssimas situações cênicas, nascem no teatro francês almas que não

> Their verses tallied. Easy was the task:
> A thousand handicraftsmen wore the mask
> Of Poesy. Ill-fated, impious race!
> That blasphemed the bright Lyrist to his face,
> And did not know it, – no, they went about,
> Holding a poor, decrepit standard out,
> Mark'd with most flimsy mottoes, and in large
> The name of one Boileau!

(*Sleep and Poetry*, versos 81-106)

5. Isto não significa sustentar que o Romantismo *entendeu o* helênico melhor do que o Classicismo; ao contrário, na ordem histórica e científica esteve cheio de erros crassos surgidos de uma indevida sentimentalização do tema clássico. Contudo, alguns românticos – como Keats – atingiram por identificação estética, por *simpatia* espiritual, uma vivência do helênico como jamais suspeitaram os séculos de Dryden e Winckelmann.

6. O que nos lembra a frase de Bernard Shaw: "A regra de ouro é que não há regra de ouro".

procedem somente de uma visão "clássica". O fim do século clássico alemão traz um exemplo ainda mais eloquente: Friedrich Hölderlin ultrapassa as categorias estimativas consagradas e sua poesia oferece testemunho incomparável de um *retorno* ao grego e a uma *visão* da qual nada se abstrai, na qual tudo é respeitado e aceito por uma obediente identificação intuitiva[7]. Não pressentia também Novalis esse caminho? Um de seus fragmentos adianta: "Não só a faculdade de reflexão funda a teoria. Pensar, sentir e contemplar constituem uma coisa só"[8]. E nos últimos anos do já esgotado classicismo francês, a alma apaixonada de André Chénier reintegrará à visão do grego as notas românticas que o Classicismo se empenhara obstinadamente em negar-lhe.

(A Inglaterra não terá esses "postos avançados" em plena idade clássica. Mas como se desforra, nos primeiros vinte anos do século XIX, com Keats e Shelley!)

Ao caminho preceptivo da reconstrução e tipificação sintéticas – tarefa de grupo, escola, geração, cumprida por associações culturais sucessivas e capaz de comunicação e divulgação – opõe-se, como já se terá suspeitado, o caminho da identificação intuitiva – apreensão pessoal, de caráter poético, incomunicável em outra forma que não a de um *recriar análogo*. Entretanto, como sempre se coloca o problema aqui só tangencialmente tocado da possibilidade racional ou irracional de valorização estética, cumpre assinalar que o segundo caminho não se teria aberto aos Hölderlin e aos Keats sem o itinerário preliminar que oferece o caminho científico. Conta pouco que Keats não tivesse a cultura helênica que lhe poderiam ter dado Oxford ou Cambridge quando sabemos que no romantismo inglês existia um *clima* de helenismo surgido precisamente das contribuições clássicas e mantido

---

7. "No século XVIII, a Grécia havia sido glorificada como o Paraíso Perdido da humanidade, como terra do sol e da alegria, como país livre de superstições, de angústias e melancolias trágicas. Teria sido, segundo as ideias desta época, uma civilização 'de simplicidade nobre e serenidade grandiosa'. Hoelderlin descobriu nas antigas letras gregas o elemento, então desconhecido, do êxtase frenético, da dor desmedida, dos desejos hiperbólicos, das emoções místicas, da teosofia atormentada. Os achados modernos da arqueologia confirmaram sua tese de que, para os tempos de Hoelderlin, era uma outra prova de sua loucura incurável." HAAS, Alberto. *Historia de la literatura alemana moderna*. Buenos Aires, 1928. p. 82.)

8. NOVALIS, *Gérmenes o Fragmentos*, versão de J. Gebser. México, 1942, p. 38.

pela tradição universitária. Livros, temas, símbolos, constantes míticas, nada disso é acaso, mas, sim, sedimentação cultural deixada pelos séculos XVII e XVIII. O poeta incorpora à sua sensibilidade esse aparato científico e estético e extrai dele, junto com um sistema de valores alheios, a primeira consciência de que tais valores só historicamente lhe são alheios. O caminho da *apropriação* é agora privativo de sua intuição poética; atalho personalíssimo da *coexistência espiritual* fora do tempo e do espaço. "We are all Greeks", afirmará Shelley no prefácio de "Hellas": todos somos gregos. O século XX tem visto, em admirável conciliação, o espírito científico incorporando à sua atividade particular os produtos espirituais emanados dessa identificação anímica que *ele mesmo havia facilitado*; recobrando de certo modo justiceiramente um bem que lhe correspondia[9].

Nenhuma poesia inglesa anterior satisfazia a homens possuídos por este ideal interpenetrado do republicano e do artista, por esta paixão de liberdade e beleza; nem sequer Milton, o mais próximo deles. Preferiram antes voltar os olhos para a Grécia antiga e a Itália medieval... Assim, dentro do coração do Romantismo, levantou-se um movimento 'clássico', o qual, melhor do que qualquer outro traço, distingue nitidamente o terceiro grupo (de poetas) dos dois anteriores.

"... A expressão efetiva do novo helenismo começa com a denúncia de Byron diante da espoliação do Parthenon praticada por Lord Elgin. Embora muito longe de ser um grego, Byron fez mais do que qualquer outro para criar a paixão pela Grécia. E contudo esses mármores – trazidos por Elgin e adquiridos pela nação em 1816 graças às ansiosas instâncias de Haydon – converteram-se desde então em 'grandes aliados' da causa helênica. (Refere-se à causa da libertação da Grécia.) A lenda grega foi o refúgio escolhido de Keats, mas para

---

9. Pois os "caminhos" são sempre um em seu começo. Da apreensão intuitiva dos valores gregos surgirá a sistematização preceptiva do Classicismo. A bifurcação começa quando o racionalista dos séculos XVII e XVIII renuncia (ou não chega) à *totalidade de valores*; escolhe, hierarquiza os que prefere e estabelece arbitrariamente uma escala axiológica em que sua própria projeção racional colore com luz viva aqueles elementos preferidos, deixando na sombra outros aos quais somente a *total adesão* poética fará depois justiça.

Shelley e Byron foi a Grécia também a primeira terra histórica de liberdade, 'a mãe dos livres', 'a pátria dos exilados'[10]."

Não acerta Herford ao sustentar que nenhuma poesia inglesa anterior chegava a satisfazer aos românticos nos quais urge o duplo sentimento da liberdade e da beleza. O "retorno à Grécia" obedeceu essencialmente à primeira destas urgências, pois que a segunda se satisfazia simultaneamente com um retorno estético ao medieval (por que só ao da Itália quando Chatterton, Walter Scott e Coleridge são provas da amplíssima latitude desse medievalismo?), à poesia isabelina e ao tema grego. Daí que a repentina importância, que adquire o helênico ao iniciar-se o século (1816 – os frisos do Parthenon são adquiridos pela Inglaterra –, 1821/2 – morte de Keats e Shelley –), e o retrocesso perceptível dos restantes temas inspiradores em proveito destes poetas, provam inequivocamente a conexão entre os ideais democráticos do romantismo inglês – surgidos com Burns, Wordsworth e Coleridge que recebem e traduzem liricamente a mensagem da Revolução Francesa – e a paralela identificação estética com os gregos. Neste sentido é muito justa a referência de Herford a Byron, porta-voz na luta da Grécia moderna por libertar-se do jugo turco. E não é significativo lembrar que já Hölderlin tinha sentido esse mesmo entusiasmo e que dele havia de nascer seu "Hyperion"?

Entendemos, pois, que o tema da Grécia adquire um conteúdo vital para os românticos quando observam que ele *coincide* com a moderna valorização que fazem da dignidade humana e da sua expressão política. Pela coincidência dos ideais sociológicos chegar-se-á – nem sempre com consciência

---

10. "No previous English poetry wholly satisfied men possessed by this mingled ideal of the republican and the artist, this passion from freedom and beauty – not even Milton, who came nearest. Rather, they turned their eyes to ancient Greece and medieval Italy... Thus within the heart of Romanticism a 'classic' movement arose, which, more than any other trait, sharply marks off the later from the two early groups... "The effective expression of the new Hellenism begins with Byron's denunciation of Lord Elgin's spoliation of the Parthenon. Byron, though very far from a Greek, did more than any other single man to create the passion for Greece. The Elgin marbles, however, acquired for the nation in 1816 through the passionate urgency of Haydon, became thenceforth 'great al lies' of the Hellenic cause. Greek legend was the chosen haunt of Keats, but to Shelley and to Byron Greece was also the first historic land of freedom, 'the mother of the free' , the fatherland of exiles." (HERFORD, C. H. *The Age of Wordsworth*. Londres, 1939. pp. 218/20.)

do trânsito – a uma vivência mais profunda dos ideais estéticos. (Da mesma forma, a noção de que a arte grega só pôde ocorrer e florescer sob tais condições políticas fará com que os românticos, rebeldes e republicanos, encontrem nela por íntima simpatia uma fonte inesgotável de inspiração criadora. A rebelião prometeica, a caída de Hyperion – onde teriam encontrado Shelley e Keats melhores símbolos para traduzir sua liberdade moral e seu repúdio de todo dogmatismo?)

Podemos afirmar, portanto, que este movimento "clássico" no seio da segunda geração romântica inglesa sustenta-se em esferas radicalmente distintas das do período racionalista. Ao helenismo entendido aristocraticamente – provedor de uma ordem legal exterior e imperiosa – sucede um helenismo em que se admira a plenitude de uma arte realizada a partir da plena liberdade humana articulada pela democracia ateniense. Ao símbolo preceptivo sucede o símbolo vital. Após a Grécia de Sólon, a Grécia de Milcíades e Epaminondas; vaivém inevitável e necessário que permitirá por fim a concepção total da civilização helênica.

Isso explica por que nem Shelley nem Keats jamais admitiram que uma arte poética viesse travar a liberdade de sua lírica, nem acreditaram na imitação de estruturas como garantia de criação duradoura. Recorrem ao tema grego com um movimento espontâneo da sensibilidade, movida pelo prestígio revelado no século XVIII, e da inteligência estimulada pelas analogias políticas contemporâneas.

Move o presente ensaio a vontade de pesquisar esta atitude estética diante do tema helênico, com o exemplo de John Keats e sua "Ode a uma Urna Grega".

II

Keats emerge envolto em assombro e deslumbramento de seus encontros iniciais com o gênio helênico. "Ao ler pela primeira vez o Homero de Chapman", "Ao ver pela primeira vez os mármores de Elgin", "A Homero"[11] traduzem – com

11. "On first looking into Chapman's Homer", 1815. (Refere-se à tradução homérica de George Chapman, o dramaturgo isabelino; Keats conheceu incidentalmente a obra em casa de um amigo, e o soneto foi dado a este na manhã seguinte como prova de entusiasmo do jovem poeta. Não é vão assinalar que se trata do primeiro poema em que Keats mostra seu gênio.) ("On seeing the Elgin Marbles for the First Time", 1817; "To Homer", 1818.)

uma linguagem plena de desordem que procura a imagem vertiginosa e hiperbólica capaz de transmitir tanto assombro – esse contato que devia continuar, adesão identificadora, até a morte do poeta. "A Homero" – que contém entre versos fracos um dos mais formosos que escreveu Keats[12] – abre-se com o testemunho expresso da revelação que para ele havia de ser a epopeia grega, passagem da ignorância à luz:

> Afastado, em minha imensa ignorância
> ouço de ti e das Cícladas
> como aquele que na costa sente talvez nostalgia
> de visitar em profundos mares o coral dos delfins[13].

Os mármores do Parthenon haverão de mostrar-lhe então a réplica plástica de deuses e homens gregos, e é nestes onde a sensibilidade do jovem e ainda inseguro poeta sobe temerosa mas obstinadamente à coexistência espiritual com formas por trás das quais sua aguda intuição o faz ver palpitante a realidade – romanticamente exaltada – do grego. Versos como

> Frágil demais é meu espírito; a mortalidade
> pesa duramente sobre mim como um não buscado sonho...[14]

refletem o choque emocional do encontro. E não existe já uma *puríssima* visão no enumerar confuso que encerra o soneto?:

> Assim essas maravilhas causam-me uma dor vertiginosa
> que mistura grandeza grega com o áspero
> decair do velho tempo – com um mar agitado de ondas,
> um sol, a sombra de uma magnitude[15].

---

12. "There is a budding morrow in midnight."
13. "Standing aloof in giant ignorance,
    Of Thee I hear and of the Cyclades,
    As one who sits ashore and longs perchance
    To visit dolphin – coral in deep seas."
14. "My spirit is too weak; mortality
    Weighs heavily on me like unwilling sleep."
15. "So do these wonders a most dizzy pain,
    That mingles Grecian grandeur with the rude
    Wasting of old Time – with a billowy main,
    A sun, a shadow of a magnitude."

Keats entrega-se – com crescente delícia – ao tema grego, estimulando-se com os motivos da mitologia, que perdem sob um tratamento *adequado* o rançoso tom retórico que entrara no século XIX à maneira de lastro clássico do precedente. Nem sempre seus temas são historicamente gregos, mas, sim, a dimensão lírica em que se movem, salvo quando Keats se junta deliberadamente a outra de suas preferências poéticas[16]. Assim o "Ode ao Outono" lembra um eco em que Hesíodo se completa com harmonias virgilianas, e não é raro encontrar ao longo de sua obra mais variada imagens e desenvolvimentos paralelos aos dos líricos gregos, uma vez que a semelhança nasce aqui como produto necessário de uma *repetição analógica de condições*. A tal atitude poética acrescenta Keats a complacência plástica – gosto pela descrição, por *certa* descrição que culminará na "Urna Grega" – e um sensualismo bucólico e naturista, esse ar dionisíaco que circula inconfundível em Safo, Anacreonte, Baquílides, Píndaro, Corina, Teócrito e em todo grande lírico grego. Não é inútil observar desde já que a maior aproximação de Keats ao grego se faz na dimensão dionisíaca (e seus equivalentes: o pânico, o bucólico) enquanto Shelley – numa prodigiosa coincidência temporal com nosso poeta e como que preenchendo os claros que este deixava no tema grego – apreendia valores helênicos em alto grau de estilização essencial, apolíneos por excelência.

Os frisos e os vasos estavam mais na imaginação de Keats que ante seus olhos. Quanto pôde conhecer da arte grega além dos mármores áticos e de alguma peça de museu? Sua "cultura" grega (no estético, mitológico e poético) foi a dos manuais e dos textos de divulgação. Não o encontramos – aqui o testemunho de seus amigos: Leigh Hunt, Haydon, Reynolds, Brown – afundado em leituras sistemáticas como as que Mary Wollstonecraft nos informa de Shelley (em quem tinha se ido desenvolvendo um *scholar* profundo e afiado). Mas desde o início observa-se em Keats que seu temperamento o afasta de uma possível influência poética grega e entrega-o por outro lado docilmente à admiração pela plástica. Entre a palavra e a forma gregas vai Keats à forma que se lhe oferece sem a mediação degradante das traduções. Pode comu-

---

16. Cf. "The Eve of St. Agnes", "The Eve of St. Mark", "Isabella", "La Belle Dame sans Merci" etc.

nicar diretamente, e é o que busca até quando lê os poetas. Parece ver neles pintores e escultores mentais, pois que não é outra coisa a mitologia em suas obras... Até seu verso descreverá (e é outra penetrante analogia que pesquisaremos mais adiante) obras plásticas ao modo de Homero e Hesíodo, que encontram na descrição de escudos um incessante deleite poético. Quando, na "Urna Grega", atingir sua proximidade mais admirável com o gênio helênico, o verso estará ali para celebrar figuras marmóreas, a imaginária obra-prima de um anônimo cinzelador inspirado.

Tal coisa explica ao mesmo tempo a complacência de Keats para com as figuras mitológicas, seja como temas, seja como valores poéticos em esferas não mitológicas. A essencial plasticidade do panteão grego, a forte linha sensual que tão jubilosamente celebrará a pintura italiana do Renascimento, o rápido abandono de deidades abstratas e amorfas (Caos, Gea, Erebo, Nix, Urano) por aquelas que o louvor poético aproxima aos homens mediante uma estilização antropomórfica, deviam provocar em Keats o sentimento de todo poeta ante o mitológico – inesgotável catálogo de elementos aptos para o voo lírico –; sentimento acentuado em seu caso por uma mais funda captação de valores vitais, da carne e do sangue dos deuses que o classicismo setecentista reduzira a secas e sentenciosas alegorias de Virtudes, Forças e Castigos. Para Shelley – como para nosso pranteado Valéry – a mitologia era esse *cômodo sistema de referências mentais* a que se pode apelar com a vantagem de prescindir de explicação ao leitor medianamente cultivado, cujas personificações se despem da contingência temporal para conservar somente suas motivações primárias à maneira de um símbolo transparente[17], Narciso, Prometeu... A Psicanálise empreende hoje tarefa semelhante na estruturação de seu particular sistema de referências, e as entidades mitológicas terminam despojadas de todo helenismo para adquirir um sentido simbólico mais científico e ecumênico. Não acontece o mesmo com os episódios capitais dos ciclos bíblicos, a galeria de "tipos" romanos, a hagiografia cristã? Toda redução a sistema inteligível e intercambiável, toda conceituação do individual vi-

---

17. Esta função generalizadora que exercem os valores mitológicos na arte e nas letras foi argutamente estudada por Marguerite Yourcenar (Cf. Mythologie, em *Lettres Françaises*, Buenos Aires, n. 11, 1944.)

sando à sua projeção universal, é tarefa agradável à inteligência do homem segundo farta e belamente o mostrou Bergson, e a mitologia grega, ocidental, mediterrânea, e ainda por cima altamente bela, não podia escapar a esse processo de esquematização pragmática de que somente certos poetas mais desinteressados podiam eximi-la.

Keats era um desses poetas. A raiz de seu desapego pela obra shelleiana está em que lhe parece intolerável a *submissão* de elementos estéticos a uma poesia cujo fim ulterior termina por ser de ordem sociológica ou política. Carecemos de certeza explícita mas é de imaginar por analogia que o emprego dos mitos em Shelley ("Prometheus Unbound") devia parecer-lhe desnaturalizante e *injusto*, à margem da admiração que o tratamento lírico desses temas provocaram em sua fina apreciação da poesia contemporânea[18].

Ele assume essa mitologia – maravilhosamente apreendida na pobreza de dicionários e compêndios – sem outro fim que o de celebrá-la liricamente, como que por direito próprio. Assume-a do interior, inteira e viva, às vezes como tema, às vezes como concitação da poesia em torno de um tema. "Endymion" e "Hyperion" são os grandes exemplos dessa subordinação total a um ambiente mitológico[19], e "Sleep and

---

18. Cf. a carta a Shelley – agosto de 1820 – em que Keats defende apaixonadamente a pura tarefa artística: "...There is only one part of it I am judge of – the poetry and the dramatic effect, which by many spirit nowadays is considered the Mammon. A modern work, it is said, must have a purpose, which may be the Good. An artist must serve. Mammon; he must have 'self-concentration' – selfishness, perhaps. "Somente posso ser juiz por um lado (de "Los Cenci"); a poesia e o efeito dramático que são atualmente considerados por muitos espíritos como Mammon. Uma obra moderna – diz-se – deve ter um propósito, e esse propósito pode ser o Bem. Um artista (é Keats quem afirma) deve servir a Mammon; deve ter 'autoconcentração' – talvez até egoísmo". A. C. Bradley comenta: "... Essas sentenças coincidem perfeitamente com o desejo expresso de Keats de fazer o bem. O poeta deve fazer o bem; sim, porém o faz sendo poeta. Deve ter o propósito de fazer o bem com a poesia; sim, mas não forçá-lo em sua poesia ou mostrar-nos que tem tal intenção..." E logo em seguida: "Deve ser altruísta, sem dúvida, mas talvez realize isso sendo egoísta, recusando-se a ser afastado de sua maneira poética de fazer o Bem..." Tão firme adesão a "uma arte pela arte", cujo egoísmo essencial termina mediatamente na Beleza e no Bem, é o módulo invariável da lírica de Keats. (Cf. A C. Bradley, *Oxford Lectures on Poetry*, 1934, pp. 236-7.)

19. "Hyperion", cujas duas versões inacabadas não permitem mais do que conjeturar acerca da finalidade espiritual a que se propôs Keats com ele, foi analisado prolixamente por John Ralston Caldwell ("The Meaning of

Poetry" (Sonho e Poesia) com a "Ode to a Nightingale" (Ode a um Rouxinol) podem ilustrar a segunda atitude. A noção de mitologia como adorno retórico (pense-se na poesia espanhola dos séculos XVII e XVIII) opõe Keats uma visão do mundo mítico na qual empenha a atitude total de seu ser, sem apropriação literária antes como que *recobrando* um bem próprio e natural[20]. Espanta a liberdade com que recria, desde os seus mais tenros versos, as criaturas mitológicas. O homem que confunde imperturbavelmente Hernán Cortês com Vasco Núnez de Balboa[21], descobre desde o início os mais recônditos atributos de deuses e semideuses gregos, envolve-os numa adjetivação que tem a força da pindárica e a graça exatíssima do epíteto homérico:

As musgosas Dríadas...[22]

Todo o admirável hino a Pã, em "Endymion", onde Pã é chamado "símbolo de imensidade, firmamento refletido no mar", a notação de "dedos frios" atribuída à Náiade ("Hyperion", verso 14), seu

Chamejante Hipérion em seu redondo fogo (Id., v. 166)

Hyperion", v. LI-4 da *P.M.L.A. – Publication of the Modern Language Association*). Por nosso lado, parece-nos evidente que no poema Keats preocupou-se sobretudo com a Titanomaquia, com seu trágico nascimento de uma nova ordem divina, como severa possibilidade dramática depois da ligeira experiência de "Endymion". O tema prestava-se igualmente (o que já deveriam ter observado os gregos na *Teogonia* de Hesíodo) para mostrar o progresso estético que redunda do triunfo olímpico sobre os Titãs. "... (Para Keats) a ordem olímpica, vencedora, é um *avanço em Beleza*, há na natureza um progresso autodestrutivo para o bem, e a beleza, não a força, é a lei deste fluxo ou mudança." (Cf. ROBERT BRIDGES, "A Critical Introduction to Keats", em *Collected Essays*, IV, Oxford, 1933, p. 115.)
20. "...And (Keats) would point out to Severn how essentially modern, how imperishable, the Greek spirit is – a joy for ever" (E – Keats – observava a Severn quão essencialmente moderno e quão imperecível é o espírito grego – uma alegria eterna.) (Cf. BRADLEY, *op. Ht.*, p. 224.)
21. No famoso "On first Looking into Chapman's Homer":
"... Ou como o bravo Cortes quando, com olhos de águia,
contemplou o Pacífico – enquanto seus homens
olhavam-se entre si com dúvida selvagem –
silencioso, sobre um pico no Darién".
22. The moss-lain Dryads... (To Psyche).

assim como o tratamento geral das figuras em "Endymion" e "Hyperion" provam a imediata e total presença desses valores na sensibilidade de Keats[23].

O helênico se lhe apresentou, pois, em duas manifestações absorventes: a mitologia (a partir e fora dos textos poéticos – Homero, Hesíodo –) e as artes plásticas. Já se disse que para Keats não parece existir diferença entre ambas, uma vez que urnas e frisos são mitologia e os deuses constituem em sua imaginação algo assim como uma escultórica espiritual. As *formas* do grego atraem-no com aparente exclusão de valores ideais[24]; a plasticidade dos deuses, sua beleza – humana, mas inalcançável –, seu reflexo nos mármores e nos bronzes. O tema grego é visto romanticamente por Keats; daí que seus valores mais bem apreendidos sejam os sensuais e sentimentais, exatamente aqueles incompreendidos pelo classicismo racionalista; desse modo e através de sua particular visão romântica, o poeta *restitui* à mitologia e à arte

---

23. "...(The process by which) the will of Keats came into such entire harmony with the sensous workings of the old Grecian spirit, that not only did his imagination delight in the same objects, but that it was, in truth, what theirs under certain circumstances might have been". (O processo pelo qual) a vontade de Keats atingiu uma harmonia tão completa com as sensuais criações do antigo espírito grego, que não apenas se deleitou sua imaginação com os mesmos objetos, mas foi, na verdade, o que a imaginação helênica pode ser sob determinadas circunstâncias). (HOUGHTON, Lord. *Life and Letters of John Keats*. Oxford, p. 146.)

24. Aqui se coloca o problema do "sensualismo" de Keats. A verdade é que ele mesmo se propôs transcender a etapa pânica, dionisíaca, e ingressar num plano superior de existência. Cf., em *Sleep and Poetry*, os versos famosos:

E posso eu dizer adeus a essas delícias?
Sim, deverei transcendê-las por uma mais nobre vida,
onde encontrar as agonias, as lutas
de humanos corações... (versos 122-4).

"Hyperion" é prova simultânea de seu empenho e de seu fracasso parcial, e a morte prematura deixou como um enigma o possível futuro itinerário de Keats. Convém assinalar, contudo, que a sua noção de que a Beleza é o ápice da atividade espiritual humana sublima e purifica a comum atribuição "sensualista" que se faz ao poeta; pois sua noção de Beleza é identificada com "Verdade" ("Urna Grega") e com "Bem" (segundo pode inferir-se da carta a Shelley citada mais acima e da qual se depreende inequivocamente que para Keats o "bem" que ao poeta é dado fazer é sua própria poesia e não uma "mensagem" em verso), o que inclui uma escala de valores na qual o acento agudo recai sobre o estético diferente do critério platônico de um Shelley – mas sem terminar num esteticismo. A simples verdade é que em Keats havia antes de tudo um artista. Mais adiante voltaremos sobre este assunto.

gregas essa *vida das formas* que a legislação setecentista havia trocado às vezes deliberadamente por *formas da vida*. Tal aproximação – a primeira na poesia inglesa que alcança semelhante intensidade – pôde ocorrer somente pela adesão vital que permite a Keats retomar os temas gregos como se o cercassem historicamente, como se convivesse com eles na época. Sidney Colvin afirmou que "o ensino clássico da escola de Enfield não havia ido além do latim; nem na infância nem depois aprendeu Keats algo de grego; todavia, as criações da mitologia grega o atraíram pela avassaladora delícia que lhe causava sua beleza, e uma natural simpatia para com o tipo de imaginação que as engendrara"[25]. Essa *natural sympathy* a que alude Colvin será para Keats a própria condição do poeta; a que lhe permite concitar com precisão de testemunha o ambiente de "La Belle Dame sans Merci" e "Isabella", aproximar-se do helênico ou do isabelino e surpreender, à margem da circunstância histórica, as forças espirituais que a determinam. O próprio Colvin, empenhado em negar à poesia de Keats todo "helenismo" fundamental[26] conclui

25. SIDNEY COLVIN, "Keats", em *Cambridge History of English Literature*, Londres, 1906. "This is the Keats who wrote 'A thing of beauty is a joy for ever'; who found 'the Religion of Joy' in the monuments of the Greek spirit, in sculpture and vases, and mere translation and mere handbooks of mythology..." (Este é o Keats que escreveu: "Uma coisa bela é uma alegria eterna"; que encontrou a "religião da alegria" nos monumentos do espírito grego, em esculturas e vasos, em simples traduções e meros manuais de mitologia). (HRADLEY, *op. cit.*, p. 224.) "Tooke's *Pantheon*, Spence's *Polymetis*, and Lemprière *Dictionary*, were suficient fully to introduce his imagination to the enchanted world of old mythology; with this, at once, he became intimately acquainted, and a natural consanguinity, so to say, of intellect, soon domesticated him with the ancient ideal life, so that his scanty scholarship supplied him with a clear perception of classic beauty, and led the way to that wonderful reconstruction of Grecian feeling and fancy, of which his mind became afterwards capable." (O *Panteão* de Tooke, o *Polymetis* de Spence e o *Dicionário* de Lemprière foram suficientes para introduzir sua imaginação no mundo encantado da mitologia antiga; não demorou em encontrar-se assim intimamente vinculado a ele, e uma natural consanguinidade – por assim dizer – de seu intelecto, irmanou-o logo com a antiga vida ideal, tanto que a sua magra cultura lhe permitiu ter uma clara percepção da beleza clássica e o guiou para essa maravilhosa reconstrução do sentimento e da fantasia helênicos de que mais tarde foi capaz sua mente.) (HOUGHTON, *op. cit.*, pp. 5-6.)

26. Em parte porque Colvin participa grandemente do critério "clássico" sobre os ideais e os produtos estéticos da Hélade. Distancia Keats dos gregos, baseando-se na efusão romântica de um "Endymion" de que seria exemplo a frase de seu autor: "I think poetry should surprise by a fine excess" (Entendo que a poesia deve surpreender por um requintado excesso), e o fato de que a seu ver

admitindo: "Entretanto ainda que Keats veja de longe o mundo grego, o vê em sua verdade. O traço grego não é o seu, mas em seu estilo inglês, belo e ornamentado, ele escreve com uma segura visão interna do significado vital das ideias gregas..."[27].
Ideias? Formas, seria melhor. Keats não era poeta metafísico e seus desejos de chegar a sê-lo aparecem só fragmentariamente em poemas e cartas. A morte atingiu-o antes de ter cumprido a primeira etapa, essa "obra da visão"[28] à qual se deu com um abandono sensual incomparável. Sua poesia é a exploração do mundo através de suas formas, a complacência no espetáculo. Que tal atitude se fundasse em razões metafísicas, que de tal contemplação surgissem logo os valores em si – como no final da "Urna Grega" – tais abstrações ocupam sempre um lugar algo marginal na breve produção poética de Keats; ali a evidente, deliberada primazia das formas sustenta o poema e em nada empana sua alta qualidade lírica. Poesia do sensual... Sim, mas o fato de traduzir poeticamente essa sensualidade não supõe já redução a valores espirituais? Preferir a imagem de um poema ao objeto que a suscita – embora conservando nela vital identi-

o poeta não abstrai a beleza e os valores essenciais à maneira dos gregos. É evidente que em Keats há muito mais *romantismo* do que num poeta grego, sobretudo na forma, na notação pictórica e no fluir das imagens. Não compartilha, porém, essa admirável disciplina helênica da objetividade, da impessoalização, da fuga deliberada do confessionalismo subjetivo, do recato autobiográfico em todas suas formas? É por isso que Keats é "grego" e é "clássico" à margem da tradição formal da poesia inglesa que não teria podido ignorar sem retrocesso a linguagem isabelina (Spencer é o primeiro deslumbramento poético de Keats adolescente) e a pré-romântica. Note-se quão mais genuína é a *conciliação* que obtém Keats entre seu sentido clássico e seu temperamento romântico do que a realizada por Byron que encerra num verso setecentista a mais aguda explosão sentimental do romantismo inglês, criando uma fricção interna que gela e faz malograr boa parte de sua obra. Parece-nos que se Colvin houvesse pensado melhor sobre a objetividade quase sempre mantida por Keats em seus mais altos poemas, e também intuído na arte grega as expressões mais romanticamente dionisíacas, sua concepção do "helenismo" do poeta não teria sido tão condicionada. (Para melhor adequação do conceito "romântico" aplicado à Grécia, cf. MONDOLFO, *op. cit.*)
27. "But though Keats sees the Grecian world from afar, he sees it truly. The Greek touch is not his, but in his own rich and decorated English way he writes with a sure insight into the vital meaning of Greek ideas." (COLVIN, *op. cit.*, p. 155.)
28. Referimo-nos a uma imagem de Rainer Maria Rilke ("Wendung", em *Spaete Gedichte*) onde à "obra de visão" se opõe a "obra de coração", feito espiritual que deve elevar-se sobre a primeira e a partir dela.

ficação com seu sustentáculo sensível – constitui a chave da poesia de Keats. Outros poetas praticam a passagem como uma via catártica, e seus poemas aspiram a Ideias das quais o tema em si é já esquecido e longínquo evocador; como a cotovia em Shelley ou o tema de Kublai Khan em Coleridge. Keats parece dizer-nos que toda realização poética é *em si* uma catarse suficiente onde o luxo sensual e o hilozoísmo românticos podem atingir a extrema beleza sem despir-se de seus mais acalorados atributos[29].

Essa analogia com a visão plástica dos gregos fará com que Keats veja em sua estatuária e sua mitologia o avesso de toda didática e toda simbologia alegórica. À tarefa do filósofo, desentranhado de mitos, oporá o gozo do mito em si – ação, drama – e as formas do vaso grego não o levarão a depreender de sua argila abstrações sempre mais condicionadas ao particular entendimento do espectador do que ao *gozo inocente* e total do objeto belo.

Para essa projeção sentimental contava Keats com a admirável – e angustiante – característica de todo poeta: a de ser outro, estar sempre em e a partir de outra coisa. Sua consciência dessa ubiquidade dissolvente – que abre ao poeta os acessos do ser e lhe permite voltar com o poema à maneira de diário de viagem – revela-se nos seguintes parágrafos de uma carta: "Quanto ao caráter poético em si (refiro-me a esse caráter do qual, se algo significo, sou membro; essa espécie discernível da wordsworthiana ou elevação egotista; – que é algo *per se*, algo à parte), não é ele mesmo; não tem ser; é tudo e nada, carece de caráter, goza com a luz e a sombra, vive no simples gosto, seja falso ou correto, alto ou baixo, rico ou pobre, mesquinho ou elevado... e tem tanto prazer em imaginar um Iago como uma Imogena. Aquilo que choca o filósofo virtuoso, deleita o poeta camaleônico. Não causa dano, por sua complacência, no lado sombrio das coisas, nem por seu gosto, no lado luminoso, já que ambos terminam em especulação. Um poeta é o menos poético de tudo o que existe, porque lhe falta identidade; continuamente está indo para – e

---

29. Não obstante, era capaz do que esta frase traduz: "The mighty abstract Idea of Beauty in all things, I have, stifles the more divided and minute domestic happiness" (A ideia abstrata da beleza em todas as coisas afoga em mim as felicidades domésticas mais divididas e miúdas). (Citado por Houghton, *op. cit.*, p. 169.)

preenchendo – algum outro corpo. O sol, a lua, o mar, assim como homens e mulheres, que são criaturas de impulso, são poéticos e têm ao seu redor um atributo imutável; o poeta não, carece de identidade. Certamente é a menos poética das criaturas de Deus.

"... Parece mesquinho confessá-lo, mas é um fato que nenhuma palavra das que profiro pode ser aceita e acreditada como uma opinião nascida de minha própria natureza. Como poderia ser assim se não tenho natureza? Quando me encontro em um salão com outras pessoas, e se não estou pensando nas criações de meu cérebro, acontece que não sou eu mesmo quem encontra refúgio em meu ser senão que a identidade de todos quantos se encontram no salão começa a pressionar sobre mim, (de modo que) em pouco tempo fico aniquilado; e não só entre homens, o mesmo me aconteceria num quarto de crianças... Talvez nem sequer agora estou falando por mim mesmo mas a partir de alguma individualidade em cuja alma vivo neste instante"[30].

(Carta a que se deve acrescentar esta frase de outra, escrita em 1817: "Mal me lembro de jamais ter contado com a felicidade... Não a procuro, a não ser no momento em que vivo; nada me inquieta fora do Momento. O sol poente de-

---

[30]. "As to the poetical character itself (I mean that sort, if I am anything, I am a member; that sort distinguished from the Wordsworthian, or egotistical sublime; which is a thing *per se*, and stands alone), it is not itself – it has no self – it is every thing and nothing – it has no character – it enjoys light and shade – it lives in gusto, be it foud or fair, high or low, rich or poor, mean or elevate, – it has as much delight in conceiving an Iago as an Imogen. What shocks the virtuous philosopher delights the camaleon poet. It does no harm from its relish of the dark side of things, any more than from its taste for the bright one, because, they both end in speculation. A poet is the most unpoetical of anything in existence, because he has no identity; he is continually in for, and filling, some other body. The sun, the moon, the sea, and men and women, who are creatures of impulse, are poetical, and have about them an un changeable attribute; the poet has none, no identity. He is certainly the most unpoetical of all God's creatures... Is a wretched thing to confess, but it is a very fact, that not one word I ever utter can be taken for granted as an opinion growing out of my identical nature. How can it, when I have no nature? When I am in a room with people, if I am free from speculating on creations, of my own brain, then, not myself goes home to myself, but the identity of every one in the room begins to press upon me, (so) that I am in a very little time annihilated – not only among men; it would be the same in a nursery of children... But even now I am perhaps not speaking from myself, but from some character in whose soul I now live." (HOUGHTON; *op. cit.*, pp. 159-161.)

volve-me sempre o equilíbrio; ou se um pardal vem à minha janela, *eu tomo parte em sua existência e bico na areia*)[31].

Assim consegue Keats o ingresso na natureza, e assim o verá Shelley quando em "Adonais" evoca a imagem do jovem poeta imerso no ambiente circundante. Tem-se dito dos gregos que só lhes interessava o tema do homem e que a natureza era para eles uma simples decoração acessória; bastaria tal coisa para estabelecer uma nova distância espiritual entre nosso poeta e o mundo helênico. Observemos em primeiro lugar o exagero que é supor os gregos tão desinteressados da natureza quando o certo é que sua mitologia, sobretudo nas ordens menores – Ninfas (Oceânidas, Nereidas, Dríades, Hamadríades, Náiades), Silenos, Rios, Ventos – é jubilosa (embora vigilante) exaltação da Natureza, em que a projeção antropomórfica não elimina o deleite hilozoísta, antes o concilia com o tema do homem, caro à solicitude grega. E parece-nos óbvio insistir na importância que adquiriu o cenário natural nas etapas finais da bucólica, quando esse "retorno à natureza" que motiva forçosamente a saturação cultural helenística sob a qual cria um Teócrito sua obra. Em segundo lugar, Keats sacrifica o "tema do homem" porque o abuso didático e satírico do século XVIII tirava-lhe todo interesse diante da redescoberta da natureza que anuncia o pré-romantismo de Thomson e Gray e que explodirá no grande acorde da poesia de Burns e de Wordsworth. Como ser forçado a *imitar uma preferência* – embora fosse grega – quando a única maneira de *conviver* com o helênico era entregar-se somente àquelas formas simpaticamente adequadas às suas? Mitologia que é natureza filtrada por uma primeira visão poética; estatuária cujas formas interessam infinitamente mais do que seus modelos anônimos. Daí, pelo mesmo movimento de sensibilidade, Keats se lançará ao louvor da árvore e da flor com uma riqueza de matizes insuspeitada pela poesia grega, sempre mais *contida*; ao invés de esquematizar o narciso em seu jovem símbolo e ignorar aquele, sua poesia celebrará o mito, conservando, porém, imagens e sentimentos

---

31. "I scarcely remember counting upon any Happiness... I look not for it if it be not in the present hour – nothing startles me beyond the Moment. The setting sun will always set me to rights or if a Sparrow come before my window I take part in its existence and pick about the Gravel." (Citado por BETTY ASKWITH, "Keats", Londres, 1941, p. III.)

para o narciso despido de toda aderência culta, simples flor sustentada em sua beleza.

A "Ode a uma Urna Grega" foi escrita em 1819, o grande ano de poesia de Keats, e no mesmo mês de abril que viu nascer "La Belle Dame sans Merci" e a "Ode a Psique", Keats tinha vivido vinte e quatro e apenas dois o separavam da morte.

ON A GRECIAN URN

Thou still unravish'd bride of quietness!
Thou foster – child of Silence and slow Time,
Sylvan historian, who canst thus express
A flowery tale more sweetly than our rhyme:
What leaf-fringed legend haunts about thy shape
Of deities or mortals, or of both,
In Tempe or the dales of Arcady?
What men or gods are these? What maidens loath?
What mad pursuit? What struggle to escape?
What pipes and timbrels? What wild ecstasy?
Heard melodies are sweet, but those unheard
Are sweeter; therefore, ye soft pipes, play on;
Not to the sensual ear, but, more endear'd,
Pipe to the spirit ditties of no tone:
Fair youth, beneath the trees, thou canst not leave
Thy song, nor ever can those trees be bare;
Bold lover, never, never canst thou kiss,
Though winning near the goal – yet, do not grieve;
She cannot fade, though thou hast not thy bliss,
For ever wilt thou love, and she be fair!
Ah, happy, happy boughs! that cannot shed
Your leaves, nor ever bid the Spring adieu;
And happy melodist, unwearied,
More happy love! more happy, happy love!
For ever warm and still to be enjoy'd,
For ever panting and for ever young;
All breathing human passion far above,
That leaves a heart high sorrowful and cloy'd,
A burning, and a parching tongue.
Who are these coming to the sacrifice?
To what green altar, O mysterious priest,
Lead'st thou that heifer lowing at the skies,
And all her silken flanks with garlands drest?
What little town by river or sea-shore,
Or mountain built with peaceful citadel,
Is emptied of its folk, this pious morn?
And, little town, thy streets for evermore
Will silent be; and not a soul to tell
Why thou are desolate, can e'er return.

O Attic shape! Fair attitude! Whith brede
Or marble men and maidens overwrought,
With forest branches and the trodden weed;
Thou, silent form! dost tease us out of thought
As doth eternity: Cold Pastoral!
When old age shall this generation waste,
Thou shalt remain, in midst of other woe
Than ours, a friend to man, to whom thou say'st,
"Beauty is truth beauty", – that is all
Ye know on earth, and all ye need to know.

A UMA URNA GREGA

Tu, ainda imaculada noiva da quietude!
Filha adotiva do Silêncio e do Tempo,
silvestre narradora que nos contas tua
florida história com mais graça que estes versos.
Entre o folheado friso, que lenda te cerca
de deuses ou mortais, ou de ambos, que no Tempe
se veem ou pelos vales da Arcádia? Que deidades
são essas, ou que homens? Que donzelas rebeldes?
Que rapto delirante? Que agoniada fuga?
Que flautas e tamborins? Que êxtase selvagem?

Doces são as melodias ouvidas, mas as não ouvidas,
mais doces; tocai por isso, recatadas flautas,
não para os sentidos, mas, sim, mais delicadas,
tocai para o espírito músicas silenciosas.
Belo sob as árvores, teu canto já não podes
cessar, como não podem elas perder suas folhas.
Ousado amante, nunca poderás beijá-la,
embora quase a alcances. – Mas não te desesperes:
não pode ela afastar-se, embora não acalmes tua ânsia,
serás seu amante sempre, e ela para sempre bela!

Felizes, ah, felizes ramos de folhas perenes
que não deixarão jamais a primavera!
E tu, feliz músico, de tristezas ileso,
para sempre modulando tua canção sempre nova.
Feliz amor! Feliz amor, ainda mais feliz!
Para sempre vivo à beira do gozo demorado,
para sempre comovido e para sempre jovem;
quão superior a humanos desejos amorosos
que envolto em dor deixam o coração enfastiado,
a garganta e a fronte queimadas de ardores.

Quem são esses que vêm para o sacrifício?
Até que verde altar, misterioso oficiante,
levas essa novilha que para os céus muge,

39

os suaves flancos cheios de grinaldas pendentes?
Que diminuta cidade, junto ao rio ou à costa
ou erguida na montanha com sua plácida cidadela,
está despovoada nesta manhã augusta?
Ó pequenina cidade, para sempre silenciosa
tuas ruas ficarão, e nenhuma alma que saiba
por que estás desolada jamais poderá voltar.

Ática imagem! Bela atitude, com estirpe
marmórea e cinzelada de homens e donzelas,
com ramos de floresta e pisadas raízes!
Tu, silenciosa forma, do pensamento nos afastas
como a Eternidade! Oh fria Pastoral!
Quando a nossa geração destruir o tempo
tu permanecerás, entre dores diferentes
das nossas, amiga dos homens, dizendo:
"A beleza é verdade; a verdade, beleza" – Nada mais
se sabe neste mundo, e nada mais se precisa saber[32].

O tema do vaso ou da urna ronda a imaginação do poeta naqueles meses; revela primeiro o desejo de empregá-lo alegoricamente, sustentáculo plástico de um desfile de imagens concebidas em estado de semi-sonho: é a "Ode on Indolence" ('Ode à Indolência')[33]. Todavia, a urna, o prestígio de sua fran-

---

32. Esta versão, onde a disposição estrófica e a ordem das rimas – aqui toantes – foram preservadas, chega talvez a traduzir – em que pese a irreparável perda eufônica e rítmica – algo do sentido poético do original.
33. A indubitável origem deste poema está na experiência que Keats descreveu em uma carta a seu irmão (fevereiro de 1819, dois meses antes da "Urna Grega"): "This morning I am in a sort of temper, indolent and supremely careless; I long after a stanza or two of Thomson's *Castle of Indolence*; my passion are all asleep, from my having slumbered till nearly eleven, and weakened the animal fibre all over me, to a delightful sensation, about three degrees on this side of faintness. If I had teeth of pearl, and the breath of lilies, I should call it languor; but, as I am, I must call it laziness. In this state of effeminacy, the fibres of the brain are relaxed, in common with the rest of the body, and to such a happy degree, that pleasures has no show of enticement, and pain no unbearable frown; neither Poetry, nor Ambition, nor Love, have any altertness of countenance; as they pass by me, they seem rather like three figures on a Greek vase, two men and a woman, whom no one but myself could distinguish in their disguisement. This is the only happiness, and is a rare instance of advantage in the body overpowering the mind" (Esta manhã estou com um humor indolente e uma suprema preguiça; tenho a nostalgia de uma estrofe ou duas d'o *castelo da indolência* de Thomson; minhas paixões estão adormecidas, pois espreguicei até quase as onze, e enfraqueceu em mim a fibra animal até deixar-me uma deliciosa sensação – uns três graus neste sentido do relaxamento. Se tivesse dentes de pérolas e respiração de lírios chamá-lo-ia languidez, mas sendo como sou devo denominá-lo preguiça. Neste estado de voluptuosidade,

ja com cenas bucólicas e panoramas da idade de ouro grega, acaba por se impor como *razão* de um poema, obriga Keats a enfrentá-la com o monólogo meditativo da grande Ode.

Existe a urna cujo friso nos é assim descrito? Se as cenas de "Hyperion" impressionam como figuras de uma gigantesca urna cósmica, onde ressoam os trovões da titanomaquia, a Ode, pelo contrário, nos conduz às imagens reduzidas que rodeiam com sua lenda a forma de um simples recipiente de mármore. Em vão tem sido procurada e não há mais dúvida agora de que sua realidade é somente a imaginada pelo poeta. Urna ideal, constituída pela união de cenas e situações contempladas talvez em estampas de vasos ou comentários poéticos; fruto dessas andanças pelas galerias do British Museum de onde Keats saía deslumbrado e ansioso. Lembrança da contemplação dos frisos áticos, leituras de Homero, descrições helênicas de escudos e vasos. Elementos até então dispersos – aparecendo em gérmen desde poemas anteriores – purificam-se e concretizam-se finalmente naquela urna ideal, cuja descrição haveria de torná-la tão plasticamente correta como as que tirara do solo grego o empenho arqueológico[34].

as fibras do cérebro relaxam-se junto com o resto do corpo, em tão agradável grau que o prazer não dá sinais de engodo e a dor não representa uma tensão insuportável; nem a Poesia, nem a Ambição nem o Amor têm rostos atentos; enquanto desfilam diante de mim, parecem antes três figuras em um vaso grego, dois homens e uma mulher, aos quais ninguém senão eu poderia reconhecer em seus disfarces. Esta é a única felicidade, e uma rara amostra das vantagens de o corpo sobrepujar a mente.HOUGHTON, *op. cit.*, pp. 189-90.)

34. "The sight, or the imagination, of a piece of ancient sculpture had set the poet's mind at work, on the one hand conjuring up the scenes of ancient life and worship which lay behind and suggested the sculptured images; on other, speculating on the abstract relations of plastic art to life" (A visão ou a imaginação de uma obra de escultura antiga havia estimulado a mente do poeta, evocando por um lado as cenas de vida e adoração antigas que ficavam por detrás e tinham sugerido as imagens esculpidas; e por outro lado, especulando acerca das relações abstratas entre as artes plásticas e a vida. COLVIN, *op. cit.*, p. 172). "It seems clear that no single extant work of antiquity can have supplied Keats with the suggestion for this poem. There exists, indeed, at Holland House an urn wrought with just such a scene of pastoral sacrifice as is described in his fourth stanza: and of course no subject is commoner in Greek relief-sculpture than a Bacchanalian procession. But the two subjects do not, so far as I know, occur together in any single work of ancient art: and Keats probably imagined his urn by a combination of sculptures actually seen in the British Museum with others known to him only from engravings, and particularly from Piranesi's etchings. Lord Holland's urn is duly figured in fhe *Vasi e Candelabri* of that admirable master" (Parece claro que nenhuma obra antiga existente hoje pode ter dado a Keats a sugestão para este poema. Existe na Holland House

Surpreende o leitor educado na crença da "serenidade" helênica o tom de violência com que, desde a invocação e louvor iniciais, caminha Keats por uma teoria de perguntas cuja agitação formal coincide com as cenas que sua imaginação vê numa parte da franja:

> Que deidades
> são essas, ou que homens? Que donzelas rebeldes?
> Que rapto delirante? Que agoniada fuga?
> Que flautas e tamborins? Que êxtase selvagem?

Surpresa não injustificada se se pensa como ao abrir-se a segunda estrofe o verso torna-se repentinamente grave – até sentencioso na afirmação acerca da música – e parece querer adequar-se à fria serenidade do mármore que descreve. Mas a agitação subsiste, intensificada verbalmente pelo mármore análogo de uma linguagem puríssima, e a visão dos amantes – que prossegue na terceira estrofe – assim como o magnífico desenvolvimento da quarta estrofe, não são senão fixação estética de tanta exaltação numa eternidade que o poema pretende, comenta e louva. Deter o instante – movimento, ação, desejo, drama – sem petrificá-lo poeticamente, preservando sua graça fugidia – que por fugidia é ali graça –, realizar o milagre poético de um "instante eterno", tal é o propósito em torno do qual convoca Keats o tema plástico, as ressonâncias espirituais que dele nascem e o próprio verso que intensifica ambos.

Por isso a violência não é desordem nem fixação rígida. Sem cair nos extremos de um arcaico torso apolíneo ou de

uma urna onde figura a cena de um sacrifício pastoral como o descrito pela quarta estrofe; e, além disso, nenhum tema é mais comum nos relevos gregos do que uma procissão báquica. Todavia, ambos os temas não aparecem juntos, que eu saiba, em nenhuma obra de arte antiga. Provavelmente Keats imaginou sua urna, combinando esculturas realmente vistas no British Museum, com outras apenas conhecidas de gravuras, particularmente as águas-fortes de Piranesi. A urna de Lord Holland está muito bem reproduzida nos *Vasi e Candelabri* desse admirável artista. *Id.*, p. 174). "About the middle of February he speaks of having taken a stroll among the marbles of the British Museum..." (Em meados de fevereiro, ele fala em ter percorrido os mármores do British Museum. *Id.*, p. (3). É o mês da carta citada na nota 33, e dois meses' mais tarde será escrita a "Urna Grega"). O efeito que os frisos do Parthenon causaram em Keats foi já registrado a respeito do soneto "On seeing the Elgin Marbles tor the First Time", assim como "On First Looking into Chapman's Homer" prova o seu deslumbramento frente ao homérico. Das descrições clássicas de vasos e escudos, que Keats certamente leu, fala-se com detalhe mais adiante.

um mármore helenístico, Keats imagina sua urna como filha do momento em que a estatuária grega havia atingido – entre o hieratismo e o desenfreio – seu ápice de equilíbrio interno[35].

Aproxima, assim, Keats – mediante um itinerário estético semelhante ao do século V ático – o sentido dinâmico, temporal do Romantismo, ao desejo clássico de intemporalidade, conciliando no poema (terra de ninguém onde as categorias cedem e são substituídas por outras dimensões) uma *fixação* que não é *prisão*, forma mágica em que a vida e o movimento concebidos em seu instante mais formoso, reiteram-se eternamente sem decadência nem enfado.

> Felizes, ah, felizes ramos de folhas perenes
> que não deixarão jamais a primavera!

Desejo de eternidade habita todo artista e vale como seu sinal identificador; porque se, na verdade, é o homem esse animal *que quer permanecer*, o artista busca permanência transferindo-se para sua obra, fazendo-se sua própria obra, e atinge-a na medida em que se torna obra. O que caberia chamar a *esperança estética do homem* – perpetuação de um gesto belo, um passo, um ritmo – é sempre simbolicamente *esperança de ser*, evasão catártica e eternizante. A possíveis fórmulas de permanência – como não pensar aqui em Miguel de Unamuno? – o artista incorpora a sua: *pela Beleza vai-se ao eterno*. Essa beleza que será depositária de sua esperança de criador, resume-o, sustenta-o e preserva-o. Por isso o *tema*

---

35. Ápice de equilíbrio interno: hoje sabemos que a "unilateralidade" da arte ática possui uma identidade oposta que permite precisamente sustentar mais justa noção de equilíbrio. Ao "nada em excesso", da arte do século V corresponde uma arte menor como a dos vasos, que ante o sereno idealismo escultórico – tema olímpico ou heroico – desenvolve o realismo de suas figuras cheias de movimento, loucura báquica, e às vezes disformes e obscenas (Cf. Mondolfo, *op. cit.*, p. 86). É aqui, pois, onde se insere *legitimamente e sem distanciamento dos valores gregos*, o movimento delirante da primeira estrofe do poema. "Que donzelas rebeldes? Que êxtase selvagem?" As perguntas, de onde se eleva o fascínio de uma descrição apenas sugerida, à qual a ansiedade interrogativa do poeta infunde palpitação e movimento, lembram a todo conhecedor de urnas e vasos a imagem das mênades dançantes. Não por inteira coincidência com a alusão de Keats, mas, sim, por analogia que do verso aponta para essas figuras arrebatadas, de túnicas agitadas por um ritmo orgiástico. Keats pôde ver vasos (ou sua reprodução) com o tema muito repisado das mênades. O leitor encontrará alguns no livro de Gisèle M.A. Richter (*The Sculpture and the Sculptors of the Greek*, Yale, Oxford University Press, 1930, p 516) que lhe mostrarão sua correspondência com a primeira estrofe do poema.

do homem é tema inesgotável do artista grego sedento de permanência humana; de permanência na Terra.

Visto assim a sua motivação, a Ode ilumina-se com um esplendor quase inefável porque não apenas é tentativa poética de eternidade – que isso são todos os poemas – mas defronta-se consigo mesma, considera-se e reflete-se, buscando-se eterna. Tal angústia de permanência encontra aqui sua voz mais pura desde o "Detém-te... eras tão belo!" fáustico[36]; enquanto poetas e artistas românticos confiam sua esperança à única beleza de suas obras, Keats ultrapassa essa esperança e sobre um tema que *já é eterno em si*, sobre a base intemporal da urna, levanta o verso que em seu redor dança e firma em intemporalidade verbal essas imorredouras imagens esculpidas.

> Belo sob as árvores, teu canto já não podes
> cessar, como não podem elas perder suas folhas...

A tal identificação de uma ordem intemporal com um verbo que a enuncia e a interroga, intensificando-a amorosamente, não chegou Keats sem etapas de aproximação, das quais "Endymion" e "Hyperion" são significativos testemunhos. "Endymion" abre-se com um verso famoso:

> A thing of beauty is a joy for ever[37].

For ever preludia o tema da eternidade estética, mas ainda em função do homem e não por si mesma. Esse júbilo – *joy* – é posto por aquele que, perecível, inclina-se sobre o objeto belo para logo afastar-se e dar seu lugar a outra geração contemplativa.

> Quanto à coisa bela,
> Seu encanto acresce; nunca
> ingressará no nada...[38]

Como se deve entender esse *increases?* A patina do tempo, a afinação axiológica do homem?[39] Essa "coisa bela"

---

36. "Verweile doch! du bist so schoen!" (GOETHE, *Faust*, I, ato I, cena IV.)
37. Uma coisa bela é uma alegria eterna.
38. "Its loveliness increases; it will never
    Pass into nothingness..."
39. Aquilo a que se refere a brincadeira de Pablo Picasso, na qual – como em todas as suas *boutades* – se esconde algo mais profundo: "Os museus estão cheios de quadros que foram maus e que de repente se tornaram bons" (cita-

de Keats está ainda imersa em temporalidade, devir, continua sendo obra do homem até por seus caracteres mutáveis. A urna grega, desfeitos todos os laços, é bela por si, transcende todo acontecer e repete-se a si própria infinitamente – como um borbulhar de fonte – a franja onde já nada pode acontecer e onde tudo está acontecendo.

(O que torna por sua vez mais dolorosa a "Ode à Melancolia" são os versos da última estrofe onde se constata que a melancolia

> Com a Beleza mora – a Beleza que morre
> e a Alegria que levanta a mão até seus
> lábios dizendo adeus...[40]

Beleza frágil e efêmera, a salvar-se só alguma vez nas doloridas mãos do poeta.)

"Hyperion", do qual dissemos que parece um friso ciclópico, é sem dúvida ação no tempo. Não procurou mostrar Keats o drama da *substituição*, não cai uma ordem divina dominada pela juventude e a graça da geração olímpica? A franja da urna universal altera-se e renova-se... Somente na Ode proclamará Keats a abolição do temporal *a partir* do próprio temporal, pelo milagre estético. Pois convém lembrar que as cenas que descreve a franja (perseguições, fugas, músicas, amor, a folhagem, o sacrifício, a procissão) *estavam acontecendo*, tinham lugar no tempo até um determinado instante em que o grito de Fausto (a mais absoluta *Ars poetica* jamais formulada) deteve-os sem detê-los, fixou-os em seu cume de formosura sem petrificá-los, realizou enfim esse ideal que horrivelmente balbuciava Górgona desde o mito antigo.

Não podia escapar à sensibilidade de Keats que o eterno, por oposição à ordem humana, não se mostra poeticamente sem uma obrigatória perda de valores estéticos próximos e caros à sensibilidade do homem. As figuras da urna não alcançariam eternidade sem ser *inumanas*, não poderiam mostrar perfeição sem revelar simultaneamente seu absoluto isolamento intemporal. Infundir-lhes beleza sem elevá-las muito além de nossas

---

do por Ramón Gómez de la Serna no prefácio à versão espanhola de "Opium" de Jean Cocteau).
40. "She dwells with Beauty – Beauty that must die;
And joy, whose hand is ever at his lips
Bidding adieu –".

dimensões, só se podia obter por *interfusão de planos*, por uma aproximação que melhor permitisse distinguir a distância. Keats inicia o poema com um deliberado fluir de perguntas, como cedendo – e fazendo-nos ceder – ao rio temporal. Tudo ali acontece, e o poeta espanta-se com essa vertigem sucessiva que seu olhar constata ao percorrer a fita. Deuses, homens, instrumentos de bacanal, rajada pânica em que o nada alude ao mármore ... E então, como operando por si mesmo o milagre de deter esse devir, os dois versos centrais da segunda estrofe:

> Belo sob as árvores, teu canto já não podes cessar,
> como não podem elas perder suas folhas...

O canto – agora ideal e por isso mais belo – fica a salvo do silêncio, devorador de toda música sensível. As folhas não cairão e nelas se sustentará levemente uma primavera sem adeuses.

Do tempo ao intemporal, do humano ao divino. Mas não ao divino inumano, senão ao valor divindade entendido por uma imaginação grega. Estes pastores e estes oficiantes estão bem mais próximos de nós do que sua eternidade marmórea pareceria sugerir. Não é só na projeção sentimental do contemplador da urna que esse amante persiste em seu ímpeto apaixonado, nem que uma solitária cidadezinha aguarda em amarga solidão a impossível volta de seus moradores. Aqui é onde o gênio de Keats realiza sua mais alta poesia: ao saltar das imagens da urna uma fina, doce, quase desejável melancolia – sua, não posta por nós – que matiza com um valor mais sutil seu gozo que, do contrário, talvez fosse monótono. As dores dos deuses são intervalo incitante entre dois prazeres, o prelúdio a um novo júbilo. O gênio grego não teria concebido uma felicidade monótona; Keats sabe que esse amor

> para sempre vivo à beira do gozo demorado

nos fará ingressar nas dimensões da urna por um caminho de sentimento, de participação, em cujo fim espera a pura e desprendida perpetuidade da Beleza. Essa participação alcança sua maior profundidade – produto do deliberado *pathos* infundido por Keats na paisagem – no panorama que oferece a cidade abandonada. Convém lembrar que um dos bons intérpretes de Keats – Sidney Colvin – crê ver nessa trágica desolação um erro do poeta que destrói a impressão estética de eternidade. A seu ver, essa "dilação de vida", pela qual a cidadezinha e seus moradores ficarão separados para sempre, é como um castigo imposto a uma esfera da realidade, da vida, e não condição necessária nas dimensões da arte. Muito pelo contrário, a quarta estrofe constitui o momento mais alto dessa atribuição vital às figuras da urna que antecipam as palavras ao amante (versos 17-20), e penetrante melancolia da referência à cidade desolada é *a mais profunda via de acesso*, para aqueles que atinjam seu *pathos*, às esferas eternas e, contudo, ainda nossas do friso. A voz quase confidencial e carinhosa do poeta, sua invocação em tom menor à *little town* (pequenina cidade), provam como quis fazer desta passagem a ponte acessível à sensibilidade capaz de compartilhar e conviver:

> Ó pequenina cidade, para sempre silenciosas
> tuas ruas ficarão, e nenhuma alma que saiba
> por que estás desolada jamais poderá voltar.

A beleza da imagem como visão poética surge dessa petrificada permanência na qual a capacidade de sentir não foi abolida, onde a cidadezinha *sofre sua eternidade*; somente por essa palpitação melancólica chegamos a medir, de nossa condição efêmera, a amplitude da felicidade que envolve os amantes e as árvores do friso:

> Felizes, ah, felizes ramos de folhas perenes
> que não deixarão jamais a primavera!

Versos como estes indicam um dos sentimentos de Keats e são o resumo da nostalgia grega – compartilhada por todo artista – ante a juventude que passa. Como impulso sentimental – talvez a autêntica alavanca do poema – essa nostalgia lateja por sob a serenidade da Ode e tinge-a com um matiz tipicamente romântico. Contra o decair, contra o passar, instaura Keats não sem fingida melancolia as figuras imorredouras da urna. A própria urna é *still unravish'd* – ainda imaculada –, conserva sua virgindade e a transfere para a lenda que ronda o folheado friso. O consolo que o poeta oferece ao amante está cheio da tristeza de quem não pode segui-lo por si mesmo (como o confirmam os versos 28-30). E essa mesma reflexão, docemente dolorosa por contraste com nossa efemeridade, Keats a repetirá em um verso da "Ode a Psique":

> Seus lábios não se tocavam, mas
> não se separavam...[41]

É a mesma sensibilidade aumentada em angústia, a obstinada aderência ao presente para resistir ao declínio, que torna quase terríveis, por contraste, as odes anacreônticas[42]. Ali está a própria raiz de onde brotarão como uma alegre, jubilosa defesa, as leves flores da poesia do *carpe diem*, cara a Keats por seu duplo apego ao clássico e ao isabelino. As figuras da urna estão a salvo dessa angústia e seu gozo é de eternidade e de infinito. Mas e esses olhos que a veem, essas mãos que a fazem girar pausadamente? Aquiles dizendo amargamente a Odisseu que teria preferido ser escravo de um pastor na Terra do que rei no Hades, é porta-voz póstumo dessa sede vital que afinal provoca o nascimento das artes e que o sensualismo panteísta de Keats mantém até mesmo em sua tentativa poética mais desprendida, mais próxima do domínio das essências. Ali onde não se espera Céu nenhum, a terra e o paraíso confundem-se endemicamente e o homem sente vibrar nele e sua circunstância uma única, presente, irrepetível realidade. Na preservada graça da urna, toda sobra sensível fica reduzida ao matiz de melancolia a que já nos referimos; uma passagem de *tema a obra* desloca a vida para uma condição ideal. É o que resumem – talvez com a imagem mais pura e formosa da poesia inglesa – os versos iniciais da segunda estrofe:

> Doces são as melodias ouvidas, mas as
> não ouvidas, mais doces...

A poesia grega nunca chegou a expressar deste modo quase inefável a catarse artística; as dimensões poéticas realizadas por negação, abstratamente, são conquistas contemporâneas e

---

41. Their lips touch'd not, but had not bade adieu – (Cf. Her-ford, "Keats", em *Cambridge History of English Literature*).
42. Cf. (citamos pela versão de Leconte de Lisle) IV: "Deitado sobre mirtos tenros..."; XXIII: "Se a abundância de ouro..."; XXIV: "Nasci mortal..."; XXV: "Quando bebo vinho..."; XLI: "Contentes e bebendo..."; XIV: "Enquanto vejo a multidão dos jovens..."; LVII: "Já branqueiam minhas têmporas..." etc.

produtos do refinamento na temática e na atitude do poeta[43]. Entretanto – e isto nos aproxima da analogia mais extraordinária entre a Ode e o espírito grego que a enforma – não é lícito suspeitar que a frequente complacência dos poetas helênicos na descrição de escudos e de vasos nasce de uma obscura intuição da referida passagem catártica? O tema começa com Homero em sua plástica narrativa do escudo do Pélida; descrição que lhe deve ter parecido fundamental desde que a interpola rompendo a ação em seu momento mais dramático e não vacila em retirar-se do cenário épico para demorar nas cenas em que Hefesto martela sobre o quente bronze. E é só por influência que Hesíodo, agindo do mesmo modo, suspende a iminência do encontro entre Héracles e Cicno e nos conduz sinuosamente pelos panoramas coloridos que povoam o escudo do herói? E há apenas longínquo reflexo no apaixonado pormenor com que Teócrito descreve o vaso que há de premiar o bucolista de seu primeiro idílio? Conviria antes perguntar: que fascinação especial existe em descrever algo *que já é uma descrição?* As razões que levam Keats a conceber uma urna e elevar-se liricamente a seu friso, não coincidirão esteticamente com as razões de Homero e de Hesíodo? Não acharão os poetas um prazer especial nessas razões, não vislumbrarão talvez uma possibilidade estética mais pura?

Antes de mais nada, a descrição de escudos e vasos (reais ou imaginários) implica a possibilidade de ser poeticamente fiel sem incorrer em eliminações simplistas; transpor para a palavra um elemento visual, plástico, sem acréscimos extrapoéticos e adventícios; porque o fabricante do escudo e o ceramista do vaso praticaram já *uma primeira eliminação* e transferiram apenas valores dominantes de paisagem e ação em seus esquemas puros. Estamos diante de uma *obra de arte* com tudo o que ela supõe de divisão, síntese, escolha e adequação[44]. Se o escudo de Aquiles está repleto de agitação e de vida cotidiana, e o de Héracles é como a petrificação ainda

---

43. Cf. ALBERT THIBAUDET, *La poésie de Stéphane Mallarmé*, Paris, Gallimard, 1936, Cap. "Les Ordres Négatifs".
44. Que é o que podemos observar nestas ideias de Lessing: "Quando Virgilio descreve o escudo de Enéas, imita, na primeira acepção da palavra (fazer da obra alheia objeto de imitação) o artista que fez este escudo. A obra de arte, e não o que representa, é o objeto de sua imitação, e ainda que descreva ao mesmo tempo o que nele vê representado, descreve-o unicamente como parte do escudo e não como objeto em si mesmo" (*Laocoonte*, VII).

palpitante de um grito de guerra, o vaso de Teócrito mostra já claramente essa simplificação com vistas à harmonia serena, redução de uma cena às únicas linhas que lhe conferem formosura. A urna de Keats se vai despindo de movimento desde a notação inicial até a solidão vazia da cidade abandonada. Uma linha de purificação temática age a partir do escudo até sua moderna, quase inesperada ressonância na Ode. Cada vez mais aumenta o prazer do poema ante um tema que já é ideal, e daí a comum atitude de admiração que vem de Homero a Keats, o elevar-se quase temeroso ao escudo ou à franja tentando cantar essas presenças inteligíveis e eternas num mundo sensível fluente. Além disso, contudo, há outro deleite, e este do mais puro *more poético*: o que emana sempre da transposição estética, da correspondência analógica entre artes distintas em sua forma expressiva. A passagem do pictórico ao verbal, a inserção de valores musicais e plásticos no poema, a surda e continuada suspeita de que só exteriormente se isolam e classificam as artes do homem, encontra nestas descrições de origem arcaica seu mais pungente testemunho. Como poderiam Homero, Hesíodo e Teócrito – poetas de um povo onde a diferença entre fundo e forma é menos sensível nas artes porque no conjunto existe uma maior unidade espiritual – recusar admiração por temas em que a própria síntese das artes parecia residir? Se o poeta é sempre "algum outro", sua poesia tende a ser igualmente "a partir de outra coisa", a encerrar visões multiformes da realidade na recriação singularíssima da palavra. À vista disso, a poesia – Keats o soube muito bem – está mais capacitada do que as artes plásticas para tomar emprestados elementos estéticos essencialmente alheios, já que em última instância o valor final de concreção será o poético e somente ele. Enquanto vemos a pintura degenerar rapidamente quando se tinge de compromissos poéticos (cf. o pré-rafaelismo) e a música tornar-se "de programa" apenas se afasta de sua específica esfera sonora, o valor poesia age sempre como redutor a seus próprios valores[45] e é definitivamente quem desorganiza uma certa ordem com o fim único de

---

45. "Le don poétique est si puissant chez eux qu'il embrase et porte à l'état de fusion les matériaux les plus résistants: les connaissances claires et précises, les nécessités les plus prosaïques de la langue. Tout brûle chez ces 'ravisseurs du feu', et tout prend la forme que veut le bon plaisir de la poésie". Raissa Maritain. MARITAIN, Jacques & Raïssa. *Situation de la Poésie*. Desclée de Brouwer, 1938, p. 33.)

recriá-la poeticamente. (Notemos de passagem que tal é a diferença essencial entre "poesia de imitação" e "poesia de correspondência".) Se "les parfums, les couleurs et les sons se répondent", como recusar encontrar em outras obras de arte – linha, cor, sons elevados já à Beleza – uma fonte de deleite poético?[46] E finalmente o cantor de escudos e urnas vai a eles com a confiança que lhe dá sabê-los numa ordem ideal, acrônica, de imutabilidade estética. É o que tão alegremente celebra Keats ao final da Ode, esse

> Thou shalt remain – tu permanecerás –

um pouco como se a perpetuidade do tema se juntasse à do poema em si para aumentar sua garantia contra todo vir-a-ser. A poesia é fecunda nessa afirmação da sobrevivência da arte. Desde os justamente orgulhosos *Non omnis moriar* clássicos até a fina segurança de um Gautier:

> Tout passe. L'art robuste
> Seul a l'éternité,
> Le buste
> Survit a la cité[47].

---

46. Os "escudos" de Homero e Hesíodo – tão imaginários quanto a urna de Keats – oferecem neste ponto exemplos admiráveis de interfusão deliberada que explicará o prazer – de alto sentido estético – em tais descrições:
"... As noivas saíam de suas habitações e eram acompanhadas pela cidade à luz de tochas acesas, *ouviam-se repetidos cantos de himeneus* jovens dançarinas formavam círculos, dentro dos quais *soavam flautas e cítaras...*" (HOMERO. "Escudo de Aquiles", *Ilíada*, Canto XVIII).
"... E arrastava, tomando-o pelos pés, pelo campo de batalha, um terceiro que já tinha morrido; e a roupagem que cobria suas costas *estava tingida de sangue humano...*" (*Id.*).
"... Donzelas e mancebos, pensando em coisas ternas, carregavam o doce fruto em cestos de vime; um rapaz tangia suavemente a harmoniosa citara e *entoava com tênue voz* um formoso lamento e todos o acompanhavam cantando, emitindo vozes de alegria..." (*Id.*).
"...Seu traje manchado de sangue flutuava em torno de seus ombros; olhava-a com olhos espantados e *irrompia em brados...*" (HESÍODO, *Escudo de Héracles*).
"...E *rangiam seus dentes* enquanto a Anfitrionada combatia..." (*Id.*).
"... Estava em pé, rangendo os dentes, e um remoinho de pó espesso envolvia os seus ombros, e este pó estava úmido de lágrimas..." (*Id.*).
"... Voando no ar, uns cisnes irrompiam em altos clamores, e outros muitos nadavam na superfície da água, e próximo dali brincavam os peixes, coisa maravilhosa até para Zeus retumbante..." (*Id.*).
47. THÉOPHILE GAUTIER, *L'Art* ("Émaux et Camées").

E também – citemo-lo como um último eco grego na linha que vem desde Keats – a admirável "Ilíada" de Humbert Wolfe, onde está dito:

> Not Helen's wonder
> not Paris stirs,
> but the bright, untender
> hexameters.
> And thus, all passion
> is nothing made
> but a star to flash in
> an Iliad.
> Mad heart, you were wrong!
> No love of yours,
> but only what's sung
> when love's over, endures[48].

Por estas razões – suspeitadas poeticamente mais do que preceituadas como aqui se mostram – os escudos gregos, o vaso alexandrino e a urna inglesa são celebrados como tema poético e entendidos de um modo cada vez mais ideal. Será Keats quem encerrará esta linha de idealização com a imagem das "não ouvidas melodias" que, opondo-se ao realismo dos cantos de himeneu, cítaras, brados e vozes de Homero e Hesíodo, mostra o refinamento metafórico a que havia de chegar esta recriação de um tema plástico. Talvez não se tenha assinalado suficientemente o progressivo ingresso na poesia moderna das "dimensões negativas" que alcançarão seu mais alto sentido na poesia de Stéphane Mallarmé. De meio século precede a imagem de Keats à do poeta de "Sainte":

> ... Du doigt que, sans le vieux santal,
> Ni le vieux livre, elle balance
> Sur le plumage instrumental,
> Musicienne du silence.

48. Nem o milagre de Helena
   nem de Paris os raptos
   senão o brilhante, duro
   hexâmetro.
   Assim, toda paixão
   a nada reduzida;
   mera estrela que brilha numa
   Ilíada.
   ó louco coração, te enganavas!
   Quando o amor se esfuma,
   não o teu mas só o que é cantado
   perdura.

Ambas, ao resgatar à música do som – sua aderência sensível – enunciam como jamais se poderia fazer de outra linguagem a ambição final da Arte, última Thule onde as categorias do homem caem diante do absoluto. Ali a música não precisa de som para existir, como o poema está livre de palavras. Mais ainda então recusará Keats uma eternidade e uma pureza que tornem a Arte alheia às ordens humanas, e embora os tocadores da urna não atinjam seu ouvido ele mostra o caminho – ponte incessante do homem ao friso e do friso ao homem, que os reúne e reconcilia – por onde as charameias lhe ofertarão sua melodia:

> ...tocai por isso, recatadas flautas,
> não para os sentidos, mas, sim, mais delicadas,
> tocai para o espírito músicas silenciosas.

"Desde a embriaguez sonolenta dos sentidos" – dirá Herford – "Keats eleva-se em uma gloriosa, lúcida apreensão da eternidade espiritual que a arte, com suas 'não ouvidas melodias', permite[49]."

Diante das imagens da franja, o poeta não quis contentar-se com a mera descrição poética dos valores plásticos ali combinados. Toda a Ode é uma tentativa de superá-los, de *conhecer* liricamente os valores essenciais subjacentes. Dessa descida ao mundo estranho e recolhido do friso retorna Keats com a síntese que expressarão os dois últimos versos do poema:

> "A beleza é verdade; a verdade, beleza" – Nada mais
> se sabe neste mundo, e nada mais se precisa saber."

Todo leitor da obra completa de Keats – e de suas admiráveis cartas – observará que o périplo do poeta não o levou além de si mesmo, de suas próprias crenças reiteradamente sustentadas antes e depois de escrever a Ode. No friso de mármore, ele se reconheceu entre alguns dos flautistas, amantes ou sacerdotes. A mensagem que a urna – amiga dos homens – expressará em seu verso, é o credo estético a que Keats aderiu e cuja verdade lhe foi sempre evidente e inconfundível. Uma carta antiga, escrita a Bayley em 1817, anuncia em uma

---

49. Cf. "Keats" (*Cambridge History of English Literature*).

passagem famosa esta concepção da beleza como indício inequívoco de verdade: "Não estou certo senão do sagrado dos afetos do coração e da verdade da imaginação. O que a imaginação apreende como Belo tem que ser Verdade, existisse antes ou não... A imaginação pode ser comparada ao sonho de Adão: acordou e achou que era verdade". E adiante, numa inferência obrigatória, o enunciado de seu sensualismo: "Jamais pude entender como é possível conhecer alguma coisa por raciocínio dedutivo... Seja como for, oh quanto é melhor uma vida de sensações que uma de pensamentos![50]"

É preciso, contudo, voltar ao "sensualismo" de Keats para separar do termo toda aderência grosseira que certo uso agressivo de raiz religiosa e filosófica costuma dar-lhe. Pensamos que foi Bradley o melhor intérprete do verdadeiro sensualismo de Keats, quando afirma: "A palavra sensação – como um cotejo de passagens o demonstraria imediatamente – não tem em suas cartas o significado usual. Keats entende-a como sensação *poética* e ainda muito mais que isso. Em termos gerais, é um nome para *toda* a experiência poética ou imaginativa...[51]" Depois de um começo adolescente de excessivo apego ao sensível, Keats reconheceu no fragmento já citado de *Sleep and Poetry* (Sonho e Poesia) a necessidade de elevar-se a uma ordem mais pura de contemplação e ação. Sem renunciar ao seu prazer pelos objetos, que a realidade lhe oferecia tangivelmente, seu dom poético operou neles a abstração do que Shelley chamará metafisicamente *the principle of Beauty*, a Beleza como fusão espiritual na matéria. Todavia, por ser Keats um poeta essencialmente *artista*, em quem os valores estéticos são a alavanca e o impulso capital da poesia, não lhe era dado renunciar ao espetáculo da natureza, a essa interpenetração de seu ser e da realidade sensível onde inesgotavelmente encontrou as fontes de sua lírica. Recusa toda metafísica nascida de uma física e logo desdenhosa e deliberadamente isolado entende que o mundo ideal está em tudo quanto apareça marcado pelo sinal da Beleza, e a viagem de Endymion pela terra e seus elementos é alegoria

---

50. "I am certain of nothing but of the holiness of the heart's affection, and the truth of Imagination. What the Imagination seizes as Beauty must be Truth, whether it existed before or not... The Imagination may be compared to Adam's dream: he awoke and found it truth... However it may be, O for a life sensations rather than of toughts!" (HOUGHTON, *op. cit.*, pp. 46-47.)
51. *Op. cit.*, p. 234.

suficiente desta aderência ao sensível não por si mesmo mas pela presença panteísta, em seu seio, de valores eternos. E não revela tal coisa a própria reprodução da mitologia segundo os poetas e artistas da Grécia? E não concorda em tudo com o sensualismo transcendente de Keats?

Um parágrafo de outras cartas afirma sem titubeio: "Num grande poeta, o sentido da beleza sobrepuja toda outra consideração, ou antes, anula toda consideração"[52]. Esse é o suporte especulativo do conselho que Keats se atreveu a dar a um Shelley subordinador da beleza a razões éticas, e o preciso matiz que em sua obra tem o critério sensualista e da "arte pela arte".

A urna oferece, pois, sua mensagem que é resumo de uma experiência apaixonada na qual Keats, ao contrário de outros poetas românticos, assume uma ordem ideal por via estética e defende esta via como único critério invariável de certeza. Pois também "a verdade é beleza" já que o sinal do inteligível na ordem sensível revela-se através da beleza, sendo beleza. A eliminação do último degrau platônico na progressão Belo-Verdadeiro-Bom deve-se a que Keats, como bem o viu Bradley, era "um poeta puro e simples"[53], mais do que Wordsworth, Coleridge e Shelley, seus companheiros românticos absorvidos pelo problema moral e dispostos não raras vezes a submeter a ordem poética a participações que muito melhor poderiam manifestar-se em sua particular esfera axiológica. Poeta puro e simples e, por isso, obstinado em defender seu bem que não é o da moral mas o da Beleza. Recusa altiva em partilhar valores tão especificamente humanos? Não, consciência claríssima, de que também na esfera espiritual pode estabelecer-se uma "teoria de correspondências" e que o criador faz o bem através da beleza que nasce de seu verso; não é outro o sentido da citada carta a Shelley, nem outro o valor final do tão agredido sensualismo desta poesia pânica, imersa na realidade sensível e consagrada ao seu louvor.

Essa lealdade vital à natureza, esse extrair dela as quintessências sem logo voltar-lhes as costas, é também tema grego. Ninguém como Shelley viu Keats – pranteado Adonais de sua

---

52. "...With a great poet the sense of Beauty overcomes every other consideration, or rather ogliterates all consideration." (HOUGHTON, *op. cit.*, pp. 67-8.)
53. *Op. cit.*, p. 236.

elegia – submerso no interior das coisas, unificado com a natureza e por isso mesmo mais próximo de seus princípios anímicos:

> Está já confundido com a Natureza; ouve-se
> sua voz em todas suas músicas, desde o queixume
> do trovão até o canto do doce pássaro noturno
> ele é uma presença que se sente e se reconhece
> em trevas e em luz, desde a erva à pedra,
> incluindo-se em todo lugar onde atua esse Poder
> que ofereceu seu ser ao seu,
> que rege o mundo com um amor incansável,
> sustenta-o em suas bases e inflama-o no alto[54].

Esse poder transcendente que Shelley louva sob diferentes nomes em sua poesia – presença do divino no terreno – é razão não declarada de toda arte grega e esperança não personificada na poesia de John Keats. Fazia falta nomeá-la quando sua essência embebia cada verso? Não em vão o autor de "Hellas" pressentiu sua íntima identidade com o jovem morto de Roma e o pranteou a partir de um nome imemorialmente entregue pela Grécia à lamentação poética: Adônis. Os poetas se compreendem de poema a poema melhor do que em seus encontros pessoais. Talvez tenha sido Shelley o primeiro a captar a mensagem da urna grega e a descobrir que seus versos finais não eliminavam uma ordem mais amplamente humana e a substituíam pela simples adesão hedonista. Percebeu ali o Bem como o percebiam os artistas helênicos: não enunciado com personificações ou erigido numa didática, mas emanando inefavelmente da própria beleza do poema que por isso é verdadeiro e por isso é bom.

---

54. He is made one with nature: there is heard
   His voice in all her music, from the moan
   Of thunder, to the song of night's sweet bird;
   He is a presence to be felt and known
   In darkness and in light, from herb and stone,
   Spreading itself where'er that Power may move
   Which has withdrawn his being to its own;
   Which wields the world with never-earied love,
   Sustains it from beneath, and kindles it above.
   ("Adonais", XLII).

2. MORTE DE ANTONIN ARTAUD

Com Antonin Artaud calou na França uma palavra dilacerada que só esteve pela metade do lado dos vivos enquanto o resto, partindo de uma linguagem inalcançável, invocava e propunha uma realidade vislumbrada nas insônias de Rodez. Como continua sendo natural entre nós, soubemos dessa morte por vinte e cinco minguadas linhas de uma "carta da França" que mensalmente envia o senhor Juan Saavedra[1]; é certo que Artaud não é nem muito nem bem lido em parte alguma, uma vez que a sua significação já definitiva é a do Surrealismo no mais alto e difícil grau de autenticidade: um surrealismo não literário, anti e extraliterário; e não se pode pedir a todo mundo que reveja suas ideias sobre a literatura, a função do escritor etc.

Dá nojo, contudo, observar a violenta pressão de raiz estética e professoral que se esmera em integrar o Surrealismo num capítulo a mais da história literária e se fecha

[1]. Para a revista *Cabalgata*.

para o seu legítimo sentido. Os próprios chefes desfalecem esgotados, voltam com cabeças amolecidas ao "volume de poemas" (tão outra coisa do que poemas em volume), ao arcano 17, ao manifesto repetitivo. Por isso é preciso reiterar: a razão do Surrealismo ultrapassa toda literatura, toda arte, todo método localizado e todo produto resultante. Surrealismo é cosmovisão, não escola ou ismo: uma empresa de conquista da realidade, que é a realidade certa em vez da outra de papelão e para sempre ressequida; uma reconquista do mal conquistado (o conquistado a meias: com a fragmentação de uma ciência, uma razão discursiva, uma estética, uma moral, uma teleologia) e não a mera continuação, dialeticamente antitética, da velha ordem supostamente progressiva.

A salvo de toda domesticação, graças a um estado que o manteve até o fim numa contínua aptidão de pureza, Antonin Artaud é esse homem para quem o Surrealismo representa o estado e o comportamento próprios do animal humano. Por isso lhe era dado proclamar-se surrealista com a mesma essencialidade com que qualquer um se reconhece homem; maneira de ser indubitavelmente imediata e primeira, e não contaminação cultural à maneira de todo ismo. Pois já é tempo de se observar melhor isto: dirijo-me aos jovens supostamente surrealistas, que tendem ao *tic*, à determinação típica, que dizem "isto é surrealista" como quem mostra o antílope ou o rinoceronte à criança, e que desenham coisas surrealistas partindo de uma ideia realista deformada, simples teratólogos; já é tempo de se observar como a mais surrealismo correspondem menos traços com etiqueta surrealista (relógios moles, monas-lisas com bigode, retratos tortos premonitórios, exposições e antologias). Simplesmente porque o aprofundamento surrealista acentua mais o indivíduo do que os seus produtos, sabendo-se que todo produto tende a nascer de insuficiências, substitui e consola com a tristeza do sucedâneo. Viver importa mais do que escrever, a não ser que o escrever seja – como tão poucas vezes – um viver. Salto para a ação, o Surrealismo propõe o reconhecimento da realidade como poética, e sua autêntica vivência: assim é que em última análise não se entende que continue existindo diferença essencial entre um poema de Desnos (modo verbal da realidade) e um acontecimento poético – certo crime, certo *knockout*, certa mulher – (modos fatuais da mesma realidade).

"Se sou poeta ou ator, não o sou para escrever ou declamar poesias, mas para vivê-las", afirma Antonin Artaud numa de suas cartas a Henri Parisot, escrita do asilo de alienados de Rodez. "Quando recito um poema, não é para ser aplaudido mas para sentir os corpos de homens e mulheres, disse *os corpos*, tremer e rodar em uníssono com o meu, rodar como se roda da obtusa contemplação do Buda sentado, pernas cruzadas e sexo gratuito, para a alma, quer dizer para a materialização corporal e real de um ser integral de poesia. Quero que os poemas de François Villon, de Charles Baudelaire, de Edgar Poe ou de Gérard de Nerval tornem-se verdadeiros, e que a vida saia dos livros, das revistas, dos teatros ou das missas que a retêm e a crucificam para captá-la, e que passe para o plano desta imagem interna de corpos..." Quem poderia dizê-lo melhor do que ele, Antonin Artaud, lançado à vida surrealista mais exemplar deste tempo. Ameaçado por males incontáveis, dono de um falaz bastão mágico com que procurou um dia sublevar os irlandeses de Dublin, cortando o ar de Paris com sua faca contra os ensalmos e com seus exorcismos, viajante fabuloso no país dos Tarahumaras, este homem pagou cedo o preço de quem marcha adiante. *Não quero dizer que fosse um perseguido*, não entrarei numa lamentação sobre o destino do precursor etc. Creio que são outras as forças que contiveram Artaud na própria beira do grande salto; creio que essas forças residiam nele, como em todo homem ainda realista apesar de sua vontade de se super-realizar; suspeito de que sua loucura – sim, professores, calma: estava *louco* – é um testemunho da luta entre o *Homo sapiens* milenário (Êh, Soren Kierkegaard!) e esse outro que balbucia mais no fundo, se agarra com unhas noturnas de baixo, sobe e se debate, procurando com razão coexistir e aproximar-se até a fusão total. Artaud foi a sua própria amarga batalha, sua chacina de meio século; seu ir e vir do *Je* ao *Autre* que Rimbaud, profeta maior e não no sentido que pretendia o sinistro Claudel, vociferou em seu dia vertiginoso. Agora ele morreu, e da batalha restam pedaços de coisas e um ar úmido sem luz. As horríveis cartas escritas do asilo de Rodez a Henri Parisot são um testamento que alguns de nós não esqueceremos.

3. SITUAÇÃO DO ROMANCE

Tenho pensado algumas vezes se a literatura não merecia ser considerara uma empresa de conquista verbal da realidade. Não por razões de magia, para a qual o nome das coisas (o nome verdadeiro, oculto, esse que todo escritor persegue embora não o saiba) dá a posse da própria coisa. Nem tampouco dentro de uma concepção da escritura literária segundo a entendia (e previa) Mallarmé, espécie de abolição da realidade fenomênica numa progressiva eternização de essências. Esta ideia da conquista verbal da realidade é mais direta e sem dúvida menos poética; nasce sobretudo da leitura de tantos romances e também, provavelmente, da necessidade e da ambição de escrevê-los. Tão logo se transpõe a etapa da adolescência em que se leem romances para desmentir com um tempo fictício os desencantos incessantes do próprio tempo, ingressando-se na idade analítica quando o conteúdo do romance perde interesse juntamente com o mecanismo literário que o configura, descobre-se que cada livro realiza a redução ao verbal de um pequeno fragmento da realidade, e que a acumulação de volumes em nossa biblioteca vai parecendo cada vez mais com um microfilme do universo; materialmente pequeno, mas com uma projeção em cada leitor que devolve as coisas a seu tamanho mental primitivo. É assim que enquanto as artes plásticas põem novos objetos no mundo, quadros, catedrais, estátuas, a literatura vai apoderando-se paulatinamente das coisas (o que depois chamamos "temas") e de certa forma as subtrai, rouba-as do mundo; é assim que existe um segundo rapto de Helena de Tróia, esse que a separa do tempo.

Encarando desta maneira a literatura, sua "história" consistiria não tanto na evolução das formas quanto nas direções e estratégia de sua empresa de conquista. Se se trata de apoderar-se do mundo, se a linguagem pode ser concebida como um superafastamento que nos utiliza há 5 000 anos para seu imperialismo universal, as etapas desta posse delineiam-se através do nascimento dos gêneros, cada um dos quais tem certos objetivos, e a variação nas preferências temáticas, que revelam a tomada definitiva de um setor e a passagem imediata ao que segue. Deste modo, é fácil reconhecer as grandes ofensivas como aquela, por exemplo, em que o mundo cartaginês sucumbe ante a linguagem em *Salammbô*. E ao falar de romance histórico cabe inclusive sugerir com alguma malícia que o que chamamos história é a presa mais certa e completa da linguagem. As pirâmides estão ali, é claro, mas a coisa começa a ter sentido quando Champollion trava batalha contra a pedra, a pedra de Roseta, e faz surgir a história nas evocações do Livro dos Mortos.

Por isso a literatura não é muito feliz num domínio de reconstrução total que compete a seu aliado, o historiador, e se entrega com maior prazer a outros temas; logo se observa que prefere as zonas mais amiudadas no tempo e os objetos mais próximos do interesse humano enquanto coisas vivas e pessoais. Por isso, e uma vez que Narciso continua sendo a imagem mais cabal do homem, a literatura organiza-se em torno de sua flor falante, e se empenha (está nisso) na batalha mais difícil e caprichosa de sua conquista: a batalha pelo indivíduo humano, vivo e presente, vocês e eu, aqui, agora, esta noite, amanhã. Os temas, por compreensíveis razões estratégicas, tornam-se mais imediatos no tempo e no espaço. Já a *Ilíada* está, nesse sentido, mais próxima da literatura atual do que a *Odisseia*, onde o tempo se dilui e os homens são guiados pelos acontecimentos, muito tempo havia passado ante as portas de Ilion, mas a narrativa começa num dado momento e o transcurso adquire um valor de jornadas repletas de acontecimentos. Nada se dilui ali, Aquiles e Heitor são a prefiguração do indivíduo que se assume inteiramente na hora, em *sua* hora, e joga o seu jogo. Também Fausto, depois. E bastará um dia da história da cidade de Dublin, Irlanda, para que a linguagem se apodere do senhor Leopold Bloom e de todo o seu ambiente. Como se, apertando o tempo, a literatura expandisse o homem.

Deixando de lado os temas, vale a pena provar nossa concepção do literário pela forma como evoluem os chamados "gêneros". Interessa aqui observar a vigência especial de cada gênero em relação às diferentes épocas, porque neste jogo de substituições e renascimentos, de modas fulminantes e grandes decadências, ocorre a adequação do literário a seu propósito essencial. O vasto mundo: eis aqui uma qualificação que começa cedo no assombro do homem diante do que o envolve e prolonga. Vasto e variado, teatro para uma inacabável caçada. Há então uma partilha vocacional e dessa partilha surgem os gêneros: eis o nefelibata e o nomenclador, o arpoador dos conflitos internos, o que tece as redes das categorias, o que transcende as aparências, o que joga com elas; logo é a poesia ou a comédia, o romance ou o tratado. Primeiro (sempre foi igual, veja-se a marcha da filosofia ou da ciência) aferra-se ao de fora. É preciso nomear (porque nomear é apreender). Aí está tudo: essa estrela esperando que a chamemos Sírio, essas outras oferecendo-se aos lapidados para que construam as constelações. O mar, para que lhe digam que é purpúreo, ou nosso rio para que lhe ensinem que é da cor do leão. Tudo espera que o homem o conheça. Tudo pode ser conhecido. Até o dia em que surge a dúvida sobre a legitimidade desse conhecimento; então a literatura ajuda a revisão prévia e interna, o ajuste de instrumentos pessoais e verbais. À ingênua alegria da épica e ao salto icárico da lírica segue o cauteloso palpar do terreno imediato, o estudo de se a alegria é possível, se o trampolim ajudará o salto.

Pois bem, esta lúcida consciência, presente em toda literatura moderna, para a qual nada é mais importante do que o homem como tema de exploração e conquista, explica o desenvolvimento e o estado atual do romance como forma preferida de nosso tempo. Todavia, aqui me interessa desfazer um mal-entendido que poderia confundir tudo o que segue. Atualmente nos curamos do rigoroso conceito apolíneo do passado clássico, e nos é fácil observar as sombras que projetam as claras colunas áticas e as serenas paisagens virgilianas. Nas figuras aparentemente mais objetivas da literatura antiga descobrimos uma subjetividade que a psicologia contemporânea põe à luz com toda sua riqueza. Vendo assim as coisas, poder-se-ia supor que Édipo – como personagem de romance; não quero me ligar academicamente ao conceito normativo de romance, é tão contemporâneo nosso quanto um herói de Mary Webb ou de François Mauriac. O mal-entendido, entretanto, estaria em se deter nas figuras já dadas e não no processo causal que lhes dá nascimento. É nesse processo, exatamente, onde está a diferença principal entre nossa novelística e a linha do romance do passado. Esquilo dá-nos em Édipo um produto de obscuras intuições míticas e pessoais; privilégio de poeta é prescindir da verdade discursivamente procurada e encontrada. Esquilo também pode afirmar que não procura mas que encontra. Édipo salta à cena como saltam no coração de Rilke os versos de sua primeira elegia de Duíno. E se tomamos Aquiles, muito mais primário, simples e objetivado do que Édipo, observa-se em seguida que se seus movimentos psicológicos ocorrem como coisa vista, experimentada ou suposta por Homero, mas a ênfase do romancista (não se me negará que a *Ilíada* é um esplêndido romance) está posta, não na análise destes movimentos, mas apenas em sua comprovação e sua tradução em atos, em acontecimentos. Eis aqui a épica em sua própria raiz, e a épica é a mãe de todo romance como se pode ler nos compêndios escolares. "Canta, oh Musa, a cólera do Pélida Aquiles..." Mas o que se canta não é a cólera, mas sim suas consequências. No entanto, todo romance significativo de nossa época termina ali onde começa o romancista épico:

o que importa é saber por que Aquiles está agastado, e uma vez sabido isto, por que a causa provocava cólera em Aquiles e não outros sentimentos. E então, que é a cólera? E, além disso, é preciso encolerizar-se? O homem é cólera? E também, o que esconde, por sob suas formas aparentes, a cólera?

Este repertório de perguntas constitui a temática essencial do romance moderno, embora importe estabelecer duas etapas sucessivas em seu desenvolvimento. De repente, e por causas que entroncam com o descrédito dos ideais épicos da Idade Média, o romance renasce de seus esboços clássicos, passeia incerto pelo Renascimento onde lhe enchem os alforjes de abundante material discursivo e de refugo (a grandeza do romance, seu abarcamento infinito, é às vezes sua pior miséria), e depois de emendar-se com Cervantes e os autores do século XVII, inicia no XVIII a primeira de suas duas etapas modernas, que chamarei gnosiológica para continuar a comparação que fiz antes com a evolução da filosofia. O romance enfoca os problemas de sempre com uma intenção nova e especial: conhecer e apoderar-se do comportamento psicológico humano, e narrar isso, exatamente isso, em vez das consequências fatuais de tal comportamento. As perguntas acerca de como é possível a cólera de Aquiles começam a ser respondidas, e cada romance representa ou tenta uma nova contribuição ao conhecimento do mundo subjetivo; conhecimento imperfeito por falhas no instrumental (como se verá logo) mas que interessa ao romancista enquanto operação preliminar de toda volta à narrativa pura e simples. Sem que eles próprios notem às vezes, dir-se-ia que no romancista do século XVIII e especialmente do século XIX há uma consciência envergonhada, um sentimento de culpa que o leva a se explorar como pessoa (Rousseau, o *Adolphe* de Benjamin Constant) e explorar o mundo de seus heróis (Prévost, Stendhal, Dickens, Balzac) para se assegurar de que o homem como tal pode chegar a conhecer-se o bastante para daí, por projeção sentimental e intelectiva, renovar sobre bases sólidas a empresa de conquista verbal da realidade que os clássicos haviam tentado com seu livre desembaraço.

Esta primeira etapa do romance moderno é, pois, de tipo manifestamente gnoseológico e se diria que o espírito de Emanuel Kant a sobrevoa como exigência de autoconhecimento prévio. Por felicidade, o romancista é esse homem que não se assusta com o número, embora o suspeite oculto e fora do alcance de suas palavras. Por isso, dentro da etapa que procuro caracterizar, à sondagem intensiva da subjetividade humana, elevada ao primeiro plano e a grande tema do romance com o Romantismo, junta-se logo a análise de como essa subjetividade se derrama sobre o contorno do personagem, condiciona e explica seus atos. Assim nasce Emma Bovary que carrega consigo a província até no afã ridículo e patético de se despronvicianizar. Assim se configura a teoria dos Rougon-Macquart, as vidas doloridas de Oliver Twist e de David Copperfield, a carreira dos rapazes balzaquianos que correm a assaltar Paris. Creio poder afirmar que, à margem de suas imensas diferenças locais e pessoais, o romance do século XIX é uma resposta multifacetada à pergunta de *como* é o homem, uma gigantesca teoria do caráter e sua projeção na sociedade. O romance antigo ensina-nos que o homem é; nos começos da era contemporânea indaga como ele é; romance de hoje perguntar-se-á seu *porquê* e seu *para quê*.

Todavia esta última etapa nos atinge e nos envolve, é nosso romance e tudo o que hei de dizer sobre ele tenderá a elucidar sua diferença e o que creio – num sentido extraliterário – seu progresso sobre a etapa oito e novecentista. Já no umbral de nosso tempo quero fazer o alto necessário para colocar esta questão prévia: Por que existem romances? Ou melhor: Por que, entre todos os gêneros literários, nada parece hoje tão *significativo* como o romance?

Vejo-me forçado a repetir uma noção, que, por causa de seu uso indiscriminado e entusiástico, vai tomando cada vez mais a duvidosa vigência dos lugares-comuns. É esta: o que chamamos poesia implica a mais profunda penetração no ser de que é capaz o homem. Sedenta de ser, enamorada de ser, a poesia cruza as camadas superficiais sem iluminá-las de todo, centrando seu foco nas dimensões profundas. E então ocorre que como o homem está fenomenicamente em relação com suas essências como a massa de esfera em relação com seu centro, a poesia incide no centro, instala-se no plano absoluto do ser, e só a sua irradiação reflexa volta à superfície e envolve seu conteúdo em seu luminoso continente. A esfera humana brilha então porque há uma opulência, uma superabundância de luz que a embebe. A luz vai, porém, ao centro da esfera, ao centro de cada objeto que a atrai ou a suscita. Por isso, embora tudo possa ser motivo de poesia, e tudo espere seu poeta para ser matéria de poesia, o homem precisa sem dúvida do romance para conhecer-se e conhecer. Poesia é sumo-conhecimento, mas as relações pessoais do homem consigo mesmo e do homem com sua circunstância não sobrevivem a um clima de absoluto; sua escala é por princípio relativa, e se esta folha de papel guarda o mistério da essência que inquietava, a um poeta como Mallarmé, eu necessito dela agora enquanto fenômeno, enquanto soma de propriedades que provavelmente lhe outorgo com meus sentidos: a brancura, a suavidade, o tamanho. O mistério de seu ser chamar-me-á talvez um dia e me arrancará o poema que o procure e talvez o encontre e nomeie. Mas hoje passei esta folha pelo rolo de uma máquina, e pus-lhe em cima centenas de manchas de tinta que formam palavras. Isto é já visão de romancista, tarefa de romance, objeto de romance.

Digo, então, que a presença inequívoca do romance em nosso tempo, se deve ao fato de ser ele o instrumento verbal necessário para a posse do *homem como pessoa*, do homem vivendo e sentindo-se viver. O romance é a mão que sustenta a esfera humana entre os dedos, move-a e a faz girar, apalpando-a e mostrando-a. Abarca-a inteiramente por fora (como já o fazia a narrativa clássica) e procura penetrar na transparência enganosa que lhe concede pouco a pouco uma entrada e uma topografia. E por isso – digamo-lo desde já para voltar depois em detalhe –, como o romance quer chegar ao centro da esfera, alcançar a esfericidade, e não o pode fazer com seus recursos próprios (a mão literária, que fica por fora), então apela – já veremos como – para a via poética de acesso. No momento consideremo-lo sozinho e com os recursos narrativos tradicionais, ante o seu propósito básico: o de chegar a compreender (no duplo valor do termo) a totalidade do homem pessoa, do homem Julien Sorel, Antoine Roquentin, Hans Castorp, Clarissa Dalloway.

Dir-me-ão que, além da poesia, existem outros meios de conhecimento antropológico. Mas o teatro não vai além da exploração da pessoa, e o território de sua complexa ação no tempo e no espaço lhe está vedado por razões de obrigação estética. E por razões semelhantes, o conto fica restrito à sua básica exigência estrutural, somente capaz de realizar-se com um tema e uma matéria previamente adequados a essa regra áurea que lhe dá beleza e perfeição. Toda regra áurea obriga, no entanto, a escolher, separar, avaliar. Todo conto e toda obra de teatro implicam um sacrifício; para nos mostrar uma formiga devem isolá-la, levantá-la de seu formigueiro. O romance se propôs dar-nos a formiga e o formigueiro, o homem em sua cidade, a ação e suas últimas consequências. O à vontade do romance, sua falta de escrúpulos, seu papo de avestruz e seus hábitos de xexéu, o que em definitivo tem de *antiliterário*, levou-o desde 1900 até hoje a partir pelo eixo (belíssima expressão) toda a cristalografia literária. Profundamente imoral dentro da escala de valores acadêmicos, o romance supera todo o concebível em matéria de parasitismo, simbiose, roubo com agressão e imposição de sua personalidade. Poliédrico, amorfo, crescendo como o bicho do travesseiro no conto de Horacio Quiroga, magnífico de coragem e sem preconceito, leva seu avanço até nossa condição, até nosso sentido. E para submetê-los à linguagem, lhes sustenta o ombro e trata-os de igual para igual, como cúmplices. Observe-se que já não há *personagens* no romance moderno; há somente cúmplices. Nossos cúmplices, que são também testemunhas e sobem a um estrado para declarar coisas que – quase sempre – nos condenam; de quando em quando há algum que dá testemunho a favor, e nos ajuda a compreender com mais clareza a natureza exata da situação humana de nosso tempo.

Se isto explica porque o romance supõe e procura com seu impuro sistema verbal o impuro sistema do homem, será fácil segui-lo agora em sua evolução formal, que me parece muito mais significativa e reveladora do que o enfoque histórico de seus temas, suas escolas e seus representantes. É tradicional, com efeito, partir das intenções e propósitos do romancista, para mostrar logo sua técnica e seu ofício. Sem me pôr numa rigorosa posição estilística, proponho que olhemos o romance pelo lado de sua relojoaria, sua maquinaria; como derrubar uma tartaruga na areia para espiar seu aparelho locomotor. E assim – em linhas muito gerais – se verá que o romance moderno caminha pelos séculos XVIII e XIX sem alterar de maneira fundamental sua linguagem, sua estrutura verbal, seus recursos de apreensão; o que é compreensível porque a riqueza de temas, o mundo que se oferece como material para o romancista, é de uma abundância e uma variedade tão assombrosas, que o escritor se sente como que sobrepujado em suas possibilidades, e seu problema é sobretudo o de preferir, escolher, narrar uma coisa entre cem igualmente narráveis. O que se conta importa sempre mais do que o como se conta. O problema é de excesso, e semelhante ao dos primeiros viajantes na América ou na África; avança-se em qualquer direção, aos quatro ventos. O passado deixa-se exumar para delícia do romantismo medievalista; o presente dá tudo: os costumes, o exotismo, Paulo e Virgínia, o bom selvagem, Amália, as dores de Werther, a província que encantará George Sand e José Maria de Pereda, a crítica social, a comédia humana, o chiste ao burguês, a boêmia, Rodolfo e Mimi, o vigário de Wakefield, a casa dos mortos, os mistérios de Paris, a guerra e a paz. Cito umas quantas e insuficientes referências a títulos e conteúdos de romances famosos; poderíamos continuar assim durante horas: Gógol, as irmãs Bronte, Flaubert... A variedade de intenções e temas é infinita; porém o instrumento, a linguagem que suporta cada um destes inúmeros romances, é essencialmente o mesmo: é uma linguagem reflexiva, que emprega técnicas racionais para expressar e traduzir os sentimentos, que funciona como um produto consciente do romancista, um produto de vigília, de lucidez. Se a técnica de cada um diferencia e distingue planos e acentuações dentro desta linguagem, sua base continua sendo a mesma: base *estética* de ajuste entre o que se expõe e sua formulação verbal mais adequada, incluindo e aperfeiçoando todos os recursos da literatura para criar as ilusões verbais do romance, a recriação da paisagem, o sentimento e as paixões por meio de um cuidadoso método racional. Convenhamos em chamar estética esta linguagem do romance dos séculos XVIII e XIX, e assinalemos sinteticamente suas características capitais: racionalidade, mediação derivada da visão racional do mundo ou, no caso de romancistas que já iniciam uma visão mais intuitiva e simpática do mundo, mediação verbal ocasionada pelo emprego de uma linguagem que não se presta – por sua estrutura – a expressar essa visão. Um último traço: prodigioso desenvolvimento técnico da linguagem: como na pintura do Renascimento, estudo, aplicação das mais sutis artimanhas técnicas para privilegiar a profundidade, a perspectiva, a cor e a linha.

Assim, por mais sutil que seja a indagação psicológica – e penso no *Adolphe* de Constant, e em todo Stendhal –, trata-se na realidade de uma dissecação anímica; o que se quer é compreender, entender, revelar, e inclusive catalogar. Balzac, e mais tarde George Meredith, realizam sutilíssimas aproximações aos movimentos mais secretos da alma humana. Porém sua intenção final é racionalizar esses movimentos, e por isso os tratam com uma linguagem que corresponde a essa visão e a essa intenção. São os romancistas do conhecimento; contam explicando, ou (os melhores deles) *explicam contando*. E cito de novo Stendhal. Por isso, quando no meio desta novelística surgem as páginas de certas obras como *Hyperion* e *Aurélia*; quando, simultaneamente mas em seu território isolado e fosco, os poetas alemães e franceses lançam uma primeira investida contra a linguagem de uso estético, aspirando a uma palavra que expresse uma esfera distinta de visão, o romance dá sinais de inquietação, afasta e indaga, inicia tímidos ensaios de apropriação, e entra em nosso século com evidentes manifestações de inquietação formal, de ansiedade que a levará a dar por fim um passo de incalculável importância; a incorporação da linguagem de raiz poética, a linguagem de expressão imediata das intuições.

Isto, porém, só podia ocorrer quando o romancista, afastando-se do *estudo* do mundo e do homem, da observação voluntária das coisas e dos fatos, se sentisse submetido por outro mundo que esperava ser dito e apreendido; o da visão pura, o contato imediato e nunca analítico; o que, precisamente, havia roçado Nerval com a prosa do século anterior, e que a mais alta poesia da Europa propunha como objetivo e sofrimento do homem.

Pela primeira vez e de maneira explícita, o romance renuncia a utilizar valores poéticos como meros adornos e complementos da prosa (conforme faziam um Walter Scott ou um Henrique Sienkiewicz), e admite um fato fundamental: que a linguagem de raiz estética não é apta para expressar valores poéticos, e ao mesmo tempo que esses valores, com sua forma direta de expressão, representam o vislumbre mais profundo desse âmbito total de conquista pelo qual se interessa o romance: o que cabe chamar o coração da esfera. Ao ingressar em nosso tempo, o romance inclina-se para a realidade imediata, o que está mais aquém de toda descrição e só admite ser apreendido na imagem de raiz poética que a persegue e revela. Alguns romancistas reconhecem que, nesse fundo inacessível para suas pinças dialéticas joga-se o jogo do mistério humano, o suporte de suas objetivações posteriores. E então se precipitam pelo caminho poético, arremessam pela amurada a linguagem mediadora, substituem a fórmula pelo ensalmo, a descrição pela visão, a ciência pela magia.

Mas ele é o romance, a coisa impura, o monstro de muitas patas e muitos olhos. Tudo ali vale, tudo se aproveita e confunde. É o romance, não a poesia. E ainda que (olhando a coisa pelo outro lado) esta evolução importa num avanço da poesia sobre a prosa, não é menos certo que o romance não se deixa liquidar como tal, porque a maioria de seus objetivos continua à margem dos objetivos poéticos, é material discursivo e apreensível somente por via racional. O romance é narração, o que por um instante se pareceu quase esquecer, deixando-se substituir pela apresentação estática própria do poema. O romance é *ação*; e além disso é compromisso, transação, aliança de elementos díspares que permitam a submissão de um mundo igualmente transacional, heterogêneo e ativo. O importante é que o avanço da poesia sobre o romance que colore todo nosso tempo, significou um furo em profundidade como nenhuma narrativa do período estético tinha podido atingir por limitação instrumental. O golpe de estado que dá a poesia no próprio território da prosa ficcional (da qual havia sido até então mero adorno e complemento) revela em toda sua violência magnífica as ambições de nosso tempo e seus lucros. O século se inicia com o impacto da filosofia bergsoniana, e sua correspondência instantânea na obra de Marcel Proust prova até que ponto o romance esperava e requeria as dimensões da intuição pura, o passo adiante que fosse fiel a essa intenção. Aqui quero assinalar, para evitar ambiguidades, que a irrupção da poesia no romance não supôs necessariamente a adoção de formas verbais poemáticas, nem sequer isso que tão vagamente se chamava em certo tempo "prosa poética", ou o denominado "estilo artista" à maneira dos Goncourt. O que conta é *a atitude poética* no romancista (que justamente não tinham os Goncourt, tão finos esteticamente); o que conta é a negativa em mediatizar, embelezar, fazer literatura. Esta atitude pode chegar a formas extremas, à quase total substituição do *conto* pelo *conto*; exemplo admirável, *Naissance de l'Odyssée* de Jean Giono; a entrega ao livre jogo das associações, como em tantos capítulos de *Ulysses*; o aproveitamento da fórmula com valor simultaneamente aforístico e mágico, como *Les Enfants Terribles* de Cocteau e *Le Diable au Corps* de Radiguet; ou à salmodia como valor de poema *in extenso*, que atua por acumulação e fisga-nos por cansaço (frase que na esfera da poesia tem um sentido profundíssimo): valham como exemplo tantos romances de Gabriel D'Annunzio (*Le Vergini délie Rocce*, e um conto como *Notturno*), parte da obra de Gabriel Miro, e nosso *Don Segundo Sombra*, cada um com sua maneira especial de morder a matéria poética.

Por certo a presença do irracional iluminou em todos os tempos o romance; mas agora, nas três primeiras décadas de nosso século, encontramo-nos antes uma deliberada submissão do romancista às ordens que o podem conduzir a uma nova metafísica, não já ingênua como a inicial, e a uma gnoseologia, não já analítica mas de contato. O expressionismo germânico, o surrealismo francês (onde não há fronteiras entre o romance e o poema, onde o conto, por exemplo, une e anula o que antes constituía gêneros prolixamente demarcados) avançam por essas terras em que o tempo do sonho atinge validez verbal com importância não menor do que o tempo de vigília. Da empresa sinfônica que é *Ulysses*, espécie de mostruário técnico, depreendem-se por influência ou coincidência os muitos ramos deste impulso comum. É preciso pensar que, de 1910 a 1930, os romancistas cuja obra nos parece hoje viva e significativa são precisamente os que levam ao extremo, de uma ou outra maneira, esta tendência a conceder o primeiro plano a uma atmosfera ou a uma intenção manifestamente irracional. Joyce, Proust, Gide – tão lúcido, tão "artista", mas o pai de Lafcadio, de Nathanael, de Michel e Ménalque –; D. H. Lawrence, cuja *Plumed Serpent* é magia ritual pura; Kafka; William Faulkner, o homem que busca a metafísica da guerra de 14 com olhos de alucinado, que deslumbrou a adolescência dos homens de minha geração cem um conto traduzido pela *Revista de Occidente*: "Todos os aviadores mortos"; Thomas Mann, que põe sua dialética a serviço de uma dança macabra, *A Montanha Mágica*, indagação da morte a partir da própria morte; Fedin, com o caleidoscópio de *As Cidades e os Anos*, talvez a última consequência coerente da filiação dostoievskiana na Rússia; Hermann Broch, já no limite da Segunda Guerra, e Virgínia Woolf, flor perfeita desta árvore poética do romance, sua última Thule, a prova refinada de sua grandeza e também de sua fraqueza.

Neste inventário de grandes nomes ter-se-á notado a ausência de Henry James, Mauriac, Galsworthy, Huxley, Conrad, Montherlant, Forster, Cholokhov, Steinbeck, Charles Morgan. Estão ausentes porque estes magníficos romancistas são continuadores da linha tradicional, romancistas à maneira em que se entendia o termo no século passado. Vivem nosso tempo, dele participam e o padecem profundamente; nada têm de passadistas; mas sua *atitude* literária é a de continuadores. São no romance atual o que é Paul Valéry na poesia francesa, ou Bonnard e Maillol nas artes plásticas. São também provas luminosas de que o romance está longe de haver esgotado seus objetivos tradicionais, sua captação e ainda explicação estética do mundo.

Na vasta produção ficcional de nosso tempo, a linha de raiz e método poéticos representa um salto solitário a cargo de uns poucos nos quais o sentido especial de sua experiência e sua visão dá-se simultaneamente como necessidade narrativa (por isso são romancistas) e suspensão de todo compromisso formal e de todo correlato objetivo (por isso são poetas). O que uma obra como a de Virginia Woolf pode ter contribuído para a consciência de nosso tempo, está em lhe ter mostrado a "pouco realidade" da realidade entendida prosaicamente, e a presença avassaladora da realidade informe e inominável, a superfície igual, mas nunca repetida do mar humano, cujas ondas dão nome ao seu mais belo romance.

Em geral cabe situar entre 1915 e 1935 a zona de desenvolvimento e influência desta linha; porém os resultados formais de tão brilhante heterodoxia prolongam-se até hoje, de modo que me parece possível assentar como fato indubitável que a prosa tradicional do romance (cujas limitações assinalamos) já não pode merecer a menor confiança se pretende superar sua função descritiva de fenômenos, se procura sair do que por necessidade é: um órgão expressivo do conhecimento racional. O que importa é mostrar mais uma vez que no romance não há *fundo* e *forma*; o fundo da forma, *é* a forma. Prova-o o fato de que a linguagem de raiz poética não se presta para a reflexão, para a descrição objetiva, cujas formas naturais estão na prosa discursiva.

(Talvez a herança mais importante que nos deixa esta linha de poesia no romance resida na clara consciência de uma abolição de fronteiras falsas, de categorias retóricas. Já não existe romance ou poema: existem situações que se veem e se resolvem em sua esfera verbal própria. Creio que Hermann Broch e Henry Miller representam hoje o lado mais avançado desta linha de libertação total.)

Tocamos agora o tempo que nos circunda. Desde 1930 eram visíveis os sinais de inquietação no romance, os saltos à direita e à esquerda traduzindo-se em obras tão distintas, mas tão iguais na inquietação, como as primeiras de André Malraux e certa escola "dura" nos E.U.A. Já na posse da extrema possibilidade verbal que lhes dava o romance de raiz poética; livres para aprofundar a liquidação final dos gêneros, inclusive da própria *literatura* como recriação (no duplo sentido do termo), é visível em escritores de todas as filiações e lugares que seu interesse se volta para algo diferente, que parecem fartos da experiência verbal libertadora; quase diria que estão fartos de escrever e de ver escrever as coisas que se escrevem; e que o fazem por seu lado para apressar a morte da literatura como tal. Se aplicamos a fórmula de Jean-Paul Sartre: "O prosador – digamos o romancista – é um homem que escolheu um certo modo de ação secundária", observaremos que a cólera destes jovens de 1930 em diante é precisamente a de não encontrar na literatura mais do que uma ação secundária, quase diria viçaria; desde que a eles lhes interessa a ação em si; não a pergunta sobre o *quê* do homem, mas a manifestação ativa do próprio homem. O grande paradoxo é que a cultura e a vocação os atira na linguagem como as mariposas na chama. Escrevem ardendo, e seus livros são sempre o *ersatz* de algum ato, de alguma certeza pela qual se angustiam.

Suponho que o leitor conhece o livro de René-Marill Albérès sobre a rebelião dos escritores atuais[1]; este lúcido ensaio cerca de alguns escritores franceses – Malraux, Bernanos, Camus, Sartre, Aragon e outros – livra-me de toda prolixidade ao considerar o romance que eles, junto com seus semelhantes de outros países, representam hoje. Usarei, à maneira de chave, uma fórmula que acredito eficaz. Dir-se-ia que o romance, nos primeiros trinta anos do século, desenvolveu e lançou a fundo o que poderíamos denominar *a ação das formas*; seus êxitos máximos foram formais, deram como resultado a extensão, liberdade e riqueza quase infinitas da linguagem; e não porque seu objetivo fosse a forma em si mesma, mas porque suas finalidades só poderiam ser atingidas mediante a audaz libertação das formas, e daí a batalha de *Ulysses*, a empresa intuitivo-analítica de Proust, o inusitado experimento surrealista, o fuzilamento pelas costas de Descartes. Mas é inegável que esta conquista de uma linguagem legítima influiu sobre seus atores, e que em boa parte de sua obra os êxitos valem como produto formal, estão indissoluvelmente amalgamados à linguagem que permitiu atingi-los. Existe aí uma ação das formas; mas o romance que continua, e cuja subida à cena ocorreu a partir de 1930, se propõe exatamente o contrário: integra e corporifica as *formas da ação*. Os *tough writers* dos Estados Unidos, o grupo existencialista europeu, os solitários como Malraux e Graham Greene, preenchem as ramificações e as modalidades desta novelística a contragosto, esta espécie de resignação em escrever – ação secundária – que encobre a nostalgia e o desejo de uma ação imediata e direta que revele e construa por fim o homem verdadeiro em seu verdadeiro mundo. Num estudo sobre o que é literatura, Sartre afirma com toda

[1]. *La Révolte des Écrivains d'aujourd'hui* (Corrêa, 1949).

clareza: "A literatura é, por essência, a subjetividade de uma sociedade em revolução permanente. Numa sociedade (que tivesse ultrapassado esse estado de coisas), a literatura superaria *a antinomia da palavra e da ação*". A gente se pergunta, está claro, se, superar a antinomia palavra-ação, não acabaria com a própria literatura, sobretudo com o romance, que tem seu alimento central nessa fricção e nesse desacordo. Mas no fundo – parecem pensar estes rebeldes – a liquidação do romance bem valeria seu preço, se lembramos que os romances são escritos e lidos por duas razões: para escapar de certa realidade, ou para se opor a ela, mostrando-a tal como é ou deveria ser. O romance hedonista ou o romance de intenção social deixariam ambos de ter sentido ao cessar o que Sartre chama "sociedade em revolução permanente": o primeiro, porque o hedonismo retornaria aos gêneros que lhe são naturais, as artes em primeiro lugar; o segundo, porque a sociedade funcionaria eficazmente e não daria ao romancista além do tema do indivíduo. Todavia, embora tudo isso seja bastante ocioso, interessa-me vê-lo de soslaio porque revela o desprezo para com o romance, que subjaz nos romances de nossos últimos anos. Desprezo tanto mais raivoso quanto o romancista está condenado a sê-lo. Como o pobre herói de Somerset Maugham, vive fazendo cenas para acabar voltando ao lado dessa amante que simultaneamente gostaria de matar e não perder.

A plataforma de lançamento destes romancistas está no desejo visível de estabelecer contato direto com a problemática atual do homem num plano de fatos, de participação e vida imediata. Tende-se a afastar toda busca de essências que não se vinculem ao comportamento, à condição, ao destino do homem, e o que é mais, ao destino social e coletivo do homem. Embora se pesquise a essencialidade de seres solitários e individuais (os heróis de Graham Greene, por exemplo), ao romancista interessam sobretudo os conflitos que se produzem na zona de atrito, quando a solidão se torna companhia, quando o solitário entra na cidade, quando o assassino começa a conviver com seu assassinado na vida moral. Como uma tácita homenagem ao que foi alcançado pela novelística das três primeiras décadas, parece dar por assente que a via poética fez o seu, desentranhou as raízes da conduta pessoal. Todos eles partem daí em diante, querem tratar com o *Homo faber*, com a ação do homem, com seu batalhar diário. E nada é mais revelador deste caminho que o itinerário de André Malraux, desde a prova do indivíduo que expõe um romance como *La Voie Royale*, até o progressivo ingresso na confrontação que anuncia *Les Conquérants*, que se joga com *La Condition Humaine* e adquire dimensão histórica com *L'Espoir*. É aqui que desejo acrescentar outra fórmula, reveladora por vir de quem vem; em 1945 disse André Breton: "É preciso que o homem se passe, com armas e bagagens, para o lado do homem". Nesta frase não há ilusão alguma, mas há, como em Malraux, esperança, embora caiba pensar que a esperança pode ser a última das ilusões humanas. O importante está em não confundir aqui o avanço para o homem que traduz esta corrente, com essas formas que se costumam englobar sob a denominação de "literatura social", e que consistem *grosso modo* em apoiar uma convicção prévia com um material ficcional que a documente, ilustre e propugne. Romancistas como Greene, Malraux e Albert Camus jamais tentaram convencer alguém por via persuasiva; sua obra não dá nada por resolvido, senão que é o próprio problema mostrando-se e debatendo-se. E como essa problematicidade em plena ação é precisamente a angústia e a batalha do homem por sua liberdade, da dúvida do homem ante as encruzilhadas de uma liberdade sem decálogos infalíveis, ocorre que em torno deste movimento que nada nos impede chamar de existencial agrupam-se os homens (romancistas e leitores) para quem nenhum poder é aceitável quando se trata do homem como pessoa e como conduta; para quem – segundo tão bem o viu Francisco Ayala – todo domínio imposto por um homem sobre outro é uma usurpação. O homem é uma natureza ignóbil, parece dizer Jean-Paul Sartre; mas o homem pode salvar-se por sua ação, que é mais do que ele, e porque a ação que o homem espera do homem deve comportar sua ética, uma *praxis* confundida e manifestada na ética, uma ética dando-se, não em decálogos, mas em fatos que só por abstração permitam deduzir os decálogos. E Camus, que semelhante a Malraux caminha progressivamente da negação altiva à confrontação e por fim à reunião, diz isto tão bem em suas cartas a um amigo alemão: "Continuo acreditando que este mundo não tem sentido superior. Todavia sei que há algo nele que tem sentido, e é o homem, porque é o único ser que exige esse sentido". Frase que se aprofunda ainda mais em *La Peste*, onde se fala de "aqueles a quem lhes basta o homem, e seu pobre e terrível amor".

Permito-me insistir em que esta *situação do homem enquanto homem*, que marca a mais inquieta novelística destes dias, nada tem a ver com o "romance social" entendida como complemento literário de uma dialética política, histórica ou sociológica. Por isso provoca tanta indignação naqueles que escrevem ou apreciam o romance como uma prova *a posteriori* de algo, um pró ou um contra em relação a um estado de coisas, sendo que este romance é ao contrário o próprio estado de coisas, o problema coexistindo com sua análise, sua experiência e sua elucidação. O romance social caminha atrás do avanço teórico. O romance existencial (peço perdão por estes dois termos tão equívocos) entranha sua própria teoria, em certa medida a cria e a anula de uma só vez porque suas intenções são sua ação e representação puras. Dir-se-á que o romance existencialista veio atrás da correspondente exploração filosófica, mas o que fez este romance foi mostrar e expressar o existencial em suas próprias situações, em sua circunstância; quer dizer, mostrar a angústia, o combate, a liberação ou a rendição do homem a partir da situação em si e com a única linguagem que podia expressá-la: a do romance, que procura desde tanto tempo ser de certo modo a situação em si, a experiência da vida e seu sentido no grau mais imediato. O próprio Kierkegaard, socorrendo-se de símbolos e narrativas, entrevia já o que um Sartre desenvolve hoje com o desdobramento simultâneo de seus tratados, seu romance e seu teatro; a experiência do personagem de *La Nausée* só se pode apreender mediante uma situação como a sua, e uma situação como a sua só se pode comunicar ao leitor mediante um romance. Ora, como este tipo de romance não se presta à indução, tão cara aos amigos da literatura "social", estes últimos acusam-na de individualismo (grande censura de algumas bocas) e de que pretende isolar o homem de sua circunstância. O romance social privilegia a indução porque está baseada nela; o soldado de *Sem Novi-*

dades no Front tipifica todos os soldados do mundo; Roubachof, o herói de *O Zero e o Infinito* de Koestler, vale por todos os anti-stalinistas submetidos a situações semelhantes à sua; ao contrário, Garine, o chefe de *Les Conquérants* de Malraux, é somente Garine, um homem diante de si mesmo; e, no entanto, eu afirmo que Garine é também qualquer um de nós, não por uma cômoda indução que nos põe a seu lado, mas cada vez que um de nós repete pessoalmente, dentro de sua situação humana individual, o processo para a autoconsciência que empreende Garine. Naturalmente, no estado atual da sociedade, os homens capazes desta confrontação são poucos, e as vias docentes e persuasivas do romance com intenção social revelam-se mais eficazes num sentido político. De minha parte – e em matéria de romances não cabe esmiuçar, porque é matéria entranhadamente humana – minha escolha está feita: penso com André Gide que "o mundo será salvo por uns poucos", e acrescento que esses poucos não estarão instalados no poder, nem ditarão da cátedra as fórmulas da salvação. Serão apenas indivíduos que – à maneira de um Gandhi, por exemplo, embora não necessariamente *como* um Gandhi – mostrarão sem ensino algum uma liberdade atingida na luta pessoal. Não será um ensino o seu, mas uma presença, um testemunho. E um dia, distantíssimo, os homens começarão a ter vergonha de si mesmos. O clima dos romances existenciais é já o clima dessa vergonha.

Quero dizer neste ponto que a novelística de grande tensão existencial, de compromisso com o imanente humano, é a que aponta com mais clareza de interrogação de nosso tempo. Repito que se o romance clássico narrou o mundo do homem, se o romance do século passado perguntou-se gnoseologicamente o *como* do mundo do homem, esta corrente que nos envolve hoje procura a resposta para o *porquê* e para o *para quê* do mundo do homem.

Paralelamente a seu curso caminham outras linhas novelísticas dignas de consideração porque representam, não exatamente posições antagônicas, mas antes a apreensão de aspectos correlativos do homem contemporâneo. Uma dessas linhas parece ocorrer na obra dos romancistas italianos que, acabado o grande isolamento do fascismo, interessam hoje ao mundo inteiro. Todavia o ramo mais significativo (não faço questão de qualidade, mas de peculiaridade) parece-me ser a dos *tough writers* dos Estados Unidos, os escritores "duros" criados na escola de Hemingway (alguém poderia dizer que, mais do que escola, isso foi um reformatório), romancistas como James Cain, Dashiell Hammett e Raymond Chandler. Parto da observação de que nenhum destes romancistas é um grande escritor; como sê-lo, se todos eles representam uma forma extrema e violentíssima desse repúdio consciente ou inconsciente da literatura que assinalamos antes? Neles se faz intensa a necessidade sempre adiada de atirar a linguagem à margem. A abundância do insulto, da obscenidade verbal, do uso crescente do *slang*, são manifestações deste desprezo para com a palavra enquanto eufemismo do pensamento e do sentimento. Tudo suporta aqui um processo de envilecimento deliberado; este escritor faz com o idioma o que seus heróis com as mulheres; é que ambos têm a suspeita de sua traição. Não se pode matar a linguagem, mas cabe reduzi-la à pior das escravidões. E então o *tough writer* nega-se a descrever (porque isso dá vantagem à linguagem) e utiliza apenas o necessário para representar as situações. Não contente com isto, recusa-se a empregar as grandes conquistas verbais do romance psicológico, e escolhe uma ação romanesca da pele para fora. Os personagens de Hammett *não pensam nunca* verbalmente: atuam. Não sei se se notou que suas melhores obras – *The Glass Key, The Maltese Falcon, Red Harvest* – são ação pura, creio que o primeiro caso de livros onde em vão se buscará a menor reflexão, o mais primário pensamento, a mais leve anotação de um gesto interior, de um sentimento, de um impulso. E o que é mais assombroso, alguns destes livros (como também os de Chandler) estão escritos em primeira pessoa, a pessoa confidencial por excelência em toda literatura. Estes romances, além disso, pertencem aos chamados policiais. Mas simultaneamente representam uma reação total contra o gênero, de que apenas guardam a estrutura à base de um mistério a resolver. Roger Caillois estudou a fisionomia especial destes *detetives* de Hammett, quase delinquentes eles próprios, enfrentando os criminosos com armas semelhantes, com a mentira, a traição e a violência. Aqui também o romance policial baixa de suas alturas estéticas – desde Conan Doyle a Van Dine – para situar-se num plano de turva e direta humanidade. O paradoxo é que a linguagem, rebaixada na mesma proporção, vinga-se dos Hammett e dos Chandler; há momentos em seus romances em que a ação narrada está tão absolutamente realizada como ação, que se converte no virtuosismo do trapezista ou do equilibrista; estiliza-se, desumaniza-se, como as lutas de murros das películas ianques, que são o cúmulo da irrealidade por excesso de realismo. Não há ação sem titubeios de qualquer ordem; o que é mais, não há ação sem premeditação ou, pelo menos, sem reflexão. No cinema não vemos nem ouvimos pensar; porém os rostos e os gestos pensam em voz alta, isso corre por conta dos atores. Aqui não há sequer isso; o romance chegou a seu ponto extremo; querendo eliminar intermediários verbais e psicológicos, dá-nos fatos puros; mas ocorre que não há fatos puros; vê-se que o desejo está, não em dizer o fato, mas em encarná-lo, incorporar-se e incorporar-nos à situação. Entre a coisa e nós há um mínimo de linguagem, apenas o necessário para mostrá-la. O curioso é que a narração de um fato, reduzida à representação pura do fato, obriga um Hammett a decompô-lo como os muitos quadros que formam um só movimento quando se recompõem na tela cinematográfica. Fugindo do luxo verbal, das atenuações e das sugestões em que abunda a técnica do romance, cai-se no luxo da ação; vemos um personagem chegar a uma casa, tocar a campainha, esperar, ajeitar a gravata, conversar com o porteiro, entrar numa sala cujas paredes e mobiliário são registrados como num inventário. O personagem põe sua mão direita no bolso direito da jaqueta, tira um maço de cigarros, escolhe um, leva-o à boca, tira seu isqueiro, faz com que funcione, acende o cigarro, aspira o fumo, expele-o lentamente pelo nariz... Não exagero; leia-se, como prova, *Farewell, my Lovely*, de Raymond Chandler.

Esta novelística (que cito, é claro, em suas formas extremas) responde claramente a uma reação contra o romance psicológico, e a um obscuro desígnio de *compartilhar o presente do homem*, de *coexistir com seu leitor* num grau que jamais teve antes o romance. Tal coexistência supõe o afastamento da "literatura" enquanto esta represente uma fuga ou um ensino; supõe a busca de uma linguagem que seja o homem em vez de – meramente – expressá-lo. Isto pode parecer demasiadamente intuitivo, mas tudo o que foi dito mais acima evidencia que as linguagens "literárias" estão liquidadas como tais (ao menos nos romances representativos, já que os doutores Cronin continuam por seu lado e gozam de muito boa saúde) ; liquidadas quando são infiéis ou insuficientes para a necessidade de imediatismo humano; é este imediatismo o que leva o romancista a afundar na linguagem (e daí sai a obra de um Henry Miller, por exemplo) ou a reduzi-la ressentidamente a uma estrita enunciação objetiva (e este é Raymond Chandler); em ambos os casos o que se procura é *aderir*; não importa se a obra de Albert Camus é mais importante do que a de Dashiell Hammett, se o homem ao qual adere uma narrativa como *L'Étranger* é mais significativo para nossos dias do que o homem cujo turvo itinerário explora *The Maltese Falcon*. Ao contrário o que me parece importante é que ambos, Mersault e Sam Spade, sejam nós, sejam imediatismo. Não como contemporâneos, mas como testemunhas de uma condição, de uma humilhação, de uma sempre esperada libertação. No romance do século XIX, os heróis e seus leitores participavam de uma cultura, mas não compartilhavam seus destinos de maneira entranhada; romances eram lidos como fuga ou forma de ilusão, jamais como forma de encontro ou de antecipação: eram escritos como nostalgia da Arcádia, como pintura social crítica ou utopia com fins didáticos; agora são escritos ou lidos para confrontar-se *hoje* e *aqui*; com todo o vago, nebuloso e contraditório que possa caber nestes termos. Não em vão a frase de Donne sobre o dobrar dos sinos adquiriu entre nós tão grande valor simbólico. Não em vão o melhor individualismo de nosso tempo contém uma aguda consciência dos restantes individualismos, e se quer livre de todo egoísmo e de todo isolamento. René Daumal escreveu esta frase maravilhosa: "Sozinhos, depois de acabar com a ilusão de não estar sozinhos, não somos já os únicos que estamos sozinhos". Por isso o guilhotinado de *L'Étranger*, o sórdido jogador de *The Glass Key*, os bailarinos de *They Shoot Horses, don't They?*, o menino imerso em vitríolo de *Bringhton Rock* incluem-nos em tão grande medida; sua culpa é a nossa, e não que o saibamos através do autor, mas o vivemos. Tanto o vivemos que cada um desses romances *nos adoece*, faz-nos cair em nós mesmos, em nossa culpa. Creio que o romance que hoje importa é o que não foge à indagação dessa culpa; creio também que seu futuro já se anuncia através de obras em que a treva se espessa para que a luz, a pequena luz que treme nelas, brilhe melhor e seja reconhecida. Em plena noite, esse lume chega a iluminar o rosto de quem a leva consigo e protege-a com a mão.

4. PARA UMA POÉTICA

Analogia

> *Et que la poésie dût nécessairement s'exprimer par l'image et la métaphore ne se comprendrait pas si, en profondeur, l'expérience poétique pouvait être autre chose que le sentiment d'une relation privilégiée de l'homme et du monde.*
>
> GAËTAN PICON, *Sur Eluard.*

Talvez convenha voltar uma vez mais à interrogação que aponta em cheio para o mistério poético. Por que toda poesia é fundamentalmente imagem, por que a imagem se destaca no poema como o instrumento encantatório por excelência? Gaétan Picon alude a uma "relação privilegiada do homem com o mundo", que a experiência poética nos levaria a suspeitar e nos revelaria. Não pouco privilegiada, na verdade, uma relação que permite sentir próximos e conexos elementos que a ciência considera isolados e heterogêneos; sentir,

por exemplo, que beleza = encontro fortuito de um guarda-
-chuva e uma máquina de costura (Lautréamont). Mas, ob-
servando melhor, na realidade é a ciência que estabelece
relações "privilegiadas" e, em última análise, *alheias* ao homem que tem de incorporá-las pouco a pouco e por aprendi-
zagem. Uma criança de quatro anos pode dizer com toda a
espontaneidade: "Que esquisito: as árvores se agasalham no
verão, ao contrário da gente", mas só aos oito, e com que
trabalho, aprenderá as características dos vegetais e o que vai
de uma árvore a um legume. Foi suficientemente provado que
a tendência metafórica é lugar-comum do homem, e não atitude privativa da poesia; basta perguntar a Jean Paulhan. A
poesia surge num terreno comum e até vulgar, como o cisne
no conto de Andersen; e o que pode despertar curiosidade é
que, entre tanto patinho, cresça de quando em quando um
com destino diferente. Os fatos são simples: de certo modo,
a linguagem íntegra é metafórica, referendando a tendência
humana para a concepção analógica do mundo e o ingresso
(poético ou não) das analogias nas formas da linguagem. Essa
urgência de apreensão por analogia, de vinculação pré-cien-
tífica, nascendo no homem desde as primeiras operações
sensíveis e intelectuais, é que o leva a suspeitar uma força,
uma direção do seu ser para a concepção simpática, muito
mais importante e transcendente do que todo racionalismo
quer admitir. Essa *direção analógica* do homem, superada
pouco a pouco pelo predomínio da versão racional do mundo,
que no Ocidente determina a história e o destino das culturas,
persiste em diversos estratos e com diversos graus de intensidade em todo indivíduo. Constitui o elemento emotivo e de
descarga da linguagem nos diversos falares, desde o rural
("*Tiene más acomodos que gallina com treinta huevos*";
"*Puso unos ojos como rueda e "sulky*"), e o suburbano
("*Pianté de la noria... i Se fue mi mujer!*"), até a língua culta, as formas-clichê da comunicação oral cotidiana, e, em
último termo, a elaboração literária de grande estilo – a imagem luxuosa e inédita, roçando a esfera poética ou já em cheio
nela. Sua permanência e frescor invariáveis, sua renovação
que todos os dias e em milhões de formas novas agita o vocabulário humano no fundo do cadinho chamado Terra, acentua a convicção de que, se o homem *se ordena*, se comporta
racionalmente, aceitando o juízo lógico como eixo da sua

estrutura social, ao mesmo tempo e com a mesma força (embora essa força não tenha *eficácia*), se entrega à simpatia, à comunicação analógica com o ambiente. O mesmo homem que julga, racionalmente, que a vida é dolorosa, sente o obscuro prazer de enunciar esse fato com uma imagem: a vida é uma cebola, que é preciso descascar chorando.

Então, se a poesia compartilha e leva ao extremo esta premência analógica comum, fazendo da imagem o seu eixo estrutural, a "lógica afetiva" que, ao mesmo tempo, a arquiteta e habita; e se a *direção analógica* é uma força contínua e inalienável em todo homem, não será hora de descer da consideração *somente poética* da imagem à busca da sua raiz, esse algo que subjaz e assoma à vida junto com a cor de nossos olhos e nosso grupo sanguíneo?

Aceitar este método supõe e exige algumas etapas e distinções imediatas: 1) O "demônio da analogia" é incubo, é familiar, ninguém pode deixar de suportá-lo. Mas, 2) só o poeta é esse indivíduo que, movido por sua própria condição, vê na analogia uma força *ativa*, uma aptidão que se converte, por sua vontade, em *instrumento*; que *escolhe a direção analógica*, nadando ostensivamente contra a corrente comum, para a qual a aptidão analógica é *surplus*, floreio de conversa, cômodo clichê que descarrega tensões e resume esquemas para a comunicação imediata – como os gestos ou as inflexões vocais.

Feita essa distinção, 3) cabe perguntar – não pela primeira vez – se a direção analógica não será muito mais que um auxiliar instintivo, um luxo que coexiste com a razão discursiva, dando-lhe apoio para conceituar e julgar. Ao responder a esta pergunta, o poeta se apresenta como o homem que reconhece na direção analógica uma faculdade essencial, um meio instrumental eficaz; não um *surplus*, mas um *sentido espiritual* – alguma coisa como olhos e ouvidos e tato projetados fora do sensível, apreensores de relações e constantes, exploradores de um mundo irredutível em sua essência à razão.

Mas se falamos de um meio instrumental eficaz, a que eficácia se refere o poeta? Qual pode ser a eficácia da atividade analógica?

Interlúdio mágico

Quando alguém afirmou, com perfeição, que a metáfora é a forma *mágica* do princípio de identidade, tornou evidente a concepção poética essencial da realidade, e a afirmação de um enfoque estrutural e ontológico alheio (mas sem antagonismo implícito, quando muito indiferença) ao entendimento científico do real. Uma simples revisão antropológica mostra de imediato que tal concepção coincide (analogicamente, claro!) com a noção mágica do mundo que é própria do primitivo. A velha aproximação entre o poeta e o primitivo pode ser reiterada com razões mais profundas que as empregadas habitualmente. Diz-se que o poeta é um "primitivo" na medida em que está fora de todo sistema conceptual petrificante, porque prefere sentir a julgar, porque entra no mundo das próprias coisas e não dos nomes que acabam por apagar as coisas etc. Agora podemos dizer que o poeta e o primitivo coincidem quanto ao fato de neles ser *intencional* a direção analógica, erigida em método e instrumento. Magia do primitivo e poesia do poeta são, como vamos ver, dois planos e duas finalidades de uma idêntica direção.

A evolução racionalizante do homem foi eliminando progressivamente a cosmovisão mágica, substituindo-a pelas articulações que ilustram toda a história da filosofia e da ciência. Em planos iguais (pois ambas as formas de conhecimento, de *desejo de conhecimento*, são *interessadas*, visam ao *domínio* da realidade) o método mágico foi gradualmente desalojado pelo método filosófico-científico. O antagonismo evidente entre ambos ainda hoje se traduz em restos de batalha, como a que travam o médico e o curandeiro, mas é evidente que o homem renunciou quase que totalmente a uma concepção mágica do mundo para *fins de domínio*. Permanecem as formas aberrantes, as recorrências próprias do inconsciente coletivo que encontra saídas isoladas na magia negra ou branca, nas simbioses com superstições religiosas, nos cultos esotéricos nas grandes cidades. Mas a escolha entre a bola de cristal e o doutorado em Letras, entre o passe magnético e a injeção de estreptomicina, está definitivamente feita.

Mas eis que, enquanto de século em século se travava o combate entre o mago e o filósofo, entre o curandeiro e o médico, *um terceiro combatente chamado poeta continuava sem oposição alguma uma tarefa estranhamente análoga à atividade mágica primitiva*. A aparente diferença entre ele e o mago (fato que o salvou da extinção) era um não menos aparente *desinteresse*, o fato de proceder "por amor à arte", por nada, por um punhado de formosos frutos, inofensivos e consoladores: beleza, louvor, catarse, alegria, comemoração. À ânsia de domínio da realidade – o grande e único objetivo da magia – sucedia por parte do poeta um exercício que se restringia ao espiritual, sem acesso ao fatual. E, como à primeira vista o poeta não disputava com o filósofo a verdade física e metafísica (verdade que, para o filósofo e para o *savant*, equivale a *posse* e *domínio*, e pela qual combatem), o poeta foi deixado em paz, olhado com indulgência, e, se foi expulso da República, foi a título de advertência e de demarcação higiênica de territórios.

Sem ir além do esboço – o tema é prodigiosamente rico –, procuraremos precisar a proximidade que, de modo irracional, pré-lógico, se verifica entre este mago vencido e o poeta que sobrevive a ele. O fato extraordinário de que existam, atualmente, povos primitivos que não alteraram sua visão do mundo, permite aos antropólogos assistir às manifestações dessa *direção analógica* que no mago, o bruxo da tribo, se estrutura como técnica de conhecimento e domínio. E permite-me a mim abranger numa única visada o comportamento de um matabelê e o de, digamos, um alto produto ocidental como Dylan Thomas. Cortando caminho: o poeta continua e defende um sistema análogo ao do mago, compartilhando com ele a suspeita de uma onipotência do pensamento intuitivo, a eficácia da palavra, o "valor sagrado" dos produtos metafóricos. Ao pensamento lógico, o pensamento (melhor: o sentimento) mágico-poético responde com a possibilidade A = B. Na base, o primitivo e o poeta aceitam como satisfatória (dizer "verdadeira" seria falsear a coisa) toda conexão analógica, toda imagem que enlace determinados dados. Aceitam essa *visão* que contém em si a sua própria prova de validez. Aceitam a imagem absoluta: A é B (ou C, ou B e C); aceitam a identificação que faz saltar em pedaços o princípio de identidade. Mesmo o símile, metáfora comprometida, com o seu amável "como" servindo de ponte ("linda como uma rosa"), não é senão uma forma já retórica, destinada à inteligência: uma apresentação da poesia em sociedade. Mas o primitivo e o poeta sabem que se o cervo é *como* um vento escuro, há condições de visão em que o cervo *é* vento escuro, e esse vento essencializador não está aí à maneira de ponte, mas como uma manifestação verbal de uma unidade satisfatória, sem outra prova a não ser a sua irrupção, a sua evidência – sua beleza.

Aqui dirá um desconfiado: "Não me venha comparar a crença de um matabelê com a de um Ezra Pound. Pode ocorrer a ambos que o cervo é um vento escuro, mas Pound não crê que o animal *cervus elaphus* seja a mesma coisa que um vento". Deve-se responder a isto que tampouco o matabelê o crê, pela simples razão de que a sua noção de "identidade" não é a nossa. O cervo e o vento não são para ele *duas coisas que são uma*, mas uma "participação" no sentido apontado por Lévy-Bruhl. E se não, veja-se isto:

"Conhecer é, em geral, objetivar; objetivar é lançar para fora de si, como algo estranho, o que se deve conhecer. Ao contrário, que comunhão íntima asseguram as representações coletivas da mentalidade pré-*lógica entre os seres que participam uns dos outros!* A essência da participação consiste, precisamente, em apagar toda dualidade; apesar do princípio de contradição, o sujeito é ao mesmo tempo ele próprio e o ser do qual participa..."[1] e então cabem observações como esta:

"... não se trata aqui apenas de analogia ou de associação, mas propriamente de identidade. Lumholz é muito categórico neste ponto: segundo os huichol, o cervo *é* hikuli, o hikuli *é* trigo, o trigo *é* cervo, o cervo *é* pena. Por outro lado, sabemos que a maioria dos deuses e das deusas são serpentes, serpentes também, as aguadas e as fontes onde vivem as divindades; e serpentes, os bastões dos deuses. Do ponto de vista do pensamento lógico, essas "identidades" são e permanecem ininteligíveis. Um ser é o símbolo de outro, mas não o outro. Do ponto de vista da mentalidade pré-lógica essas identidades podem ser compreendidas: são identidades de participação. O cervo *é* hikuli..."[2]

---

1. Lévy-Bruhl. *Las funciones mentales en las sociedades inferiores*. Buenos Aires, Lautaro, p. 346.
2. *Id., ib.*, pp. 109-110.

Uma das diferenças *exteriores* entre o matabelê e Pedro Salinas (vou mudando de poeta para que não se pense numa questão pessoal) é que Salinas *sabe* perfeitamente que a sua certeza poética vale enquanto poesia e não como técnica de vida, onde cervos são cervos; cede, assim, ao aparecimento momentâneo de tais certezas, sem que isso interfira de fato em suas noções científicas do cervo e do vento; esses episódios regressivos, essas recorrências do primitivo no civilizado, têm validez poética absoluta uma *intenção* especial própria do poeta – que já veremos; mas basta isto para ridicularizar a frequente pecha de mistificador que se atribui ao poeta como, nos respectivos campos estéticos, ao pintor e ao escultor.

O matabelê, em troca, não tem outra visão senão a pré--lógica e a ela se entrega. Vamos acompanhá-lo no safari dos técnicos e ver que coisas *tão conhecidas* ocorrem neste pretensamente desconhecido continente negro.

"A descrição, tão completa quanto possível, dos procedimentos de adivinhação" – diz Lévy-Bruhl – "não nos revela todo o seu sentido. Deixa necessariamente na sombra elementos essenciais que provêm da estrutura própria da mentalidade primitiva. Ali onde nós vemos apenas relações simbólicas, eles sentem uma íntima participação. Esta não pode ser traduzida em nosso pensamento nem em nossa linguagem, muito mais conceptual que a dos primitivos[3]. O termo que a expressaria menos mal neste caso seria 'identidade momentânea de essência'"[4].

A participação determina, segundo Charles Blondel, uma "classificação" dos elementos reais, para mim absolutamente análoga à que importa ao poeta. No caso do primitivo, o critério de classificação é a propriedade "mística" de cada coisa; como essas propriedades lhe interessam muito mais que os caracteres objetivos, surgem daí grupos heterogêneos (árvore-eu-sapo-vermelho) mas que têm para ele a homogeneidade mística comum. E Blondel nos diz: "O sentimento que a mentalidade primitiva tem (da coisa) é

---

3. Não pode? Pois justamente o poeta, sim, pode – ou luta para poder, e se é capaz chega a isso. Não há como um antropólogo para se esquecer do *ántropos*.
4. *La mentalidad* primitiva. Buenos Aires, Lautaro, p. 195.

muito intenso; a ideia que dela faz é extremamente confusa"[5].

É isto, precisamente, que aproxima o primitivo do poeta: o estabelecimento de *relações válidas* entre as coisas por analogia sentimental, porque certas coisas *são* às vezes o que são outras coisas, porque se para o primitivo há árvore-eu--sapo-vermelho, também para nós, de repente, esse telefone que chama num quarto vazio é a face do inverno, ou o cheiro de umas luvas onde houve mãos que hoje remoem o próprio pó.

A série árvore-eu-sapo-vermelho vale como grupo homogêneo para o primitivo, porque cada elemento participa de uma idêntica propriedade "mística"; eliminemos essa referência transcendente (será para o primitivo?), substituindo-a por *participação sentimental*, por analogia intuitiva, por *simpatia*. Assim juntos o primitivo e o poeta, convém a ambos esta observação de Blondel: "A mentalidade primitiva não julga, pois, as relações das coisas entre si pelo que seus caracteres objetivos oferecem de idêntico ou de contraditório"[6]. Identidade, contradição, são posteriores a esta necessidade de articular mais obscura e confusa. No primitivo, a lógica ainda não começou; em nós, é ama e senhora diurna, mas por debaixo, como dizia Rimbaud, "la symphonie fait son remuement dans les profondeurs", e por isso, debaixo da mesa onde se ensina geometria, o bom matabelê e Henri Michaux roçam os narizes e se entendem. Como resistir aqui a estas palavras de Blondel: "Le propre de telles représentations est plutôt de faire batre les coeurs que d'illuminer les intelligences"?[7]

O que vou transcrever agora, como corolário deste aspecto, se refere à mentalidade primitiva; veja-se, porém, se não valeria a pena lançar diante dos que ainda acham que a poesia e a pintura deveriam ajustar-se aos critérios tristemente nascidos com os Boileau deste mundo:

"A lógica e a pré-lógica, na mentalidade das sociedades inferiores, não se superpõem, separando-se uma da outra, como o azeite e a água num recipiente. Interpenetram-se e o

---

5. BLONDEL, Charles. *La mentalité primitive*. Paris, Stock, 1926.
6. *Id., ib.*, p. 53.
7. *Id., ib.*, p. 69. ("O próprio de tais representações é antes fazer bater os corações que iluminar as inteligências.")

resultado é uma mescla em que temos grande dificuldade para manter separados os elementos. Como em nosso pensamento a exigência lógica exclui, sem transigência possível, tudo o que lhe é evidentemente contrário, não nos podemos adaptar à mentalidade em que a lógica e a pré-lógica coexistem e se fazem sentir simultaneamente nas operações do espírito. A parte da pré-lógica que subsiste em nossas representações coletivas é muito fraca para permitir-nos restituir um estado mental em que a pré-lógica, que domina, não exclui a lógica"[8].

Exatamente assim é todo poeta. Por isso Robert Browning não podia "explicar" *Sordello*.

(E agora este outro, em que Lévy-Bruhl procura nos dar uma ideia – aí está o xis! – do que ocorre dentro da cabeça do nosso matabelê, e que para mim serve perfeitamente para Neruda, René Char ou Antonin Artaud):

"Sua atividade mental é muito pouco diferenciada para que seja possível considerar separadamente as ideias e as imagens dos objetos, independentemente dos sentimentos, das emoções, das paixões que evocam essas ideias e essas imagens, ou que são evocadas por elas. Precisamente porque nossa atividade mental está mais diferenciada, e também porque a análise de suas funções nos é familiar, é difícil para nós conceber, mediante um esforço da imaginação, estados mais complexos, em que os elementos emocionais ou motores sejam *partes integrantes* das representações. E, com efeito, para manter esse termo, é necessário modificar-lhe o sentido. Deve-se entender por esta forma de atividade mental entre os primitivos, não um fenômeno intelectual ou cognoscitivo puro, ou quase puro, mas um fenômeno mais complexo, no qual o que para nós é verdadeiramente "representação" se acha ainda confundido com outros elementos de caráter emocional ou motor, colorido, marcado por eles, implicando, por conseguinte, uma outra atitude com relação aos objetos representados"[9].

Vale a pena uma citação tão longa, quando cada palavra testemunha exatamente o que para alguns continua sendo o "mistério" poético. Mistério, de acordo; mas essencial, so-

---

8. Lévy-Bruhl. *Las funciones*..., p. 83.
9. *Id., ib.*, pp. 31-32.

lidário com o mistério que é o homem; não um mistério de superfície, que basta ser sensível para se atingir e se compartilhar.

Uma última explicação: estas referências de Lévy-Bruhl a "elementos... motores", coincide – na esfera poética, por certo – com o *verso* como célula verbal motora, sonora, psíquica, munida de todos os estímulos que o poeta sente (claro!) coexistir com a imagem que lhe chega *com* eles, *neles*, *eles*. (Outra vez A = B.) Todo verso é *encantamento*, por mais livre e inocente que se ofereça, é criação de um *tempo*, de um *estar* fora do habitual, uma *imposição* de elementos. Bem o viu Robert de Souza: "Como o sentido encantatório, propriamente mágico, das pinturas, esculturas, danças, cantos dos modos primitivos, poderá se desvanecer inteiramente na espiritualização poética moderna?"[10] E ele mesmo cita testemunhos de Marcel Jousse e Jules de Gaultier que reafirmam a noção de que a poesia, nascida da mesma direção analógica própria do primitivo, se dá com o clima emocional e motor que tem para este toda magia. Em *The Trees of Pride*, G. K. Chesterton suspeitou esta identidade: "O poeta tem razão. O poeta sempre tem razão. Oh, ele tem estado aqui desde o começo do mundo, e tem visto maravilhas e terrores que espreitam em nosso caminho, escondidos atrás de uma árvore ou de uma pedra..."

E agora deixemos ir o matabelê, para nos fixar nesta operação poética cujas latências são as do inconsciente coletivo, *manifestando-se num meio de altíssima cultura intelectual* – frase que sublinho para afastar, de todo, o nosso bom selvagem e evitar que me acusem de sustentar que o poeta *é um primitivo*. O poeta não é um primitivo, mas, sim, esse homem que reconhece e acata as formas primitivas: formas que, olhando-se bem, seria melhor chamar "primordiais", anteriores a hegemonia racional, e logo subjacentes ao seu famigerado império.

Um mínimo resumo: dissemos que o poeta aceita a direção analógica – de onde nasce a imagem, o poema – como um certo *instrumento* que julga eficaz. Perguntávamos, então, qual podia ser essa eficácia. O mago via na direção analógica o seu instrumento de domínio da realidade. O alfinete na

---

10. "Un Débat sur la Poésie", em *La Poésie Pure*, de Henri Brémond.

bonequinha de cera mata o inimigo: a cruz de sal e o machado vencem a tempestade.

E o poeta... ?

Quero mostrar, a seguir, que o poeta significa o prosseguimento da magia *em outro plano*; e que, embora não pareça, suas aspirações são ainda mais ambiciosas e absolutas que as do mago.

Alhear-se e admirar-se

O cervo é um vento escuro... Ao eliminar o "como" (pontezinha de condescendência, metáfora para a inteligência), os poetas não perpetram audácia alguma; expressam *simplesmente* o sentimento de um salto no ser, uma irrupção em outro ser, em outra forma do ser: uma participação. Pois o que o poeta consegue expressar com as imagens é *transposição poética da sua angústia pessoal de alheamento*. E com a nossa primeira pergunta: Por que é a imagem instrumento poético por excelência?, enlaça agora uma segunda de maior importância: Por que o poeta anseia ser em outra coisa, ser outra coisa? O cervo é um vento escuro; o poeta, em sua ansiedade, parece esse cervo saído de si mesmo (e, contudo, sempre cervo) que assume a essência do escuro vento. Paradoxalmente, poderíamos empregar por nossa vez a analogia e sustentar que também o poeta (fazedor de intercâmbios ontológicos) deve cumprir a forma mágica do princípio de identidade e *ser outra coisa*. "Se um pardal vem à minha janela, participo da existência dele e bico os grãozinhos de areia..." (John Keats).

Mas ambas as perguntas admitem uma redução que será caminho para uma possível resposta. Reconhecemos na atividade poética o produto de uma urgência que não é apenas "estética", que não aponta somente para o resultado lírico, para o poema. Na verdade, para o poeta angustiado – e a esse nos referimos aqui – todo poema é um *desencanto*, um produto desconsolador de ambições profundas mais ou menos definidas, de um balbucio existencial que se agita e urge, e que só a poesia do poema (não o poema como produto estético) pode, analogicamente, evocar e reconstruir. Aqui se inserem a imagem e todos os recursos formais da analogia, como expressões poéticas dessa urgência existencial. Observe-se que as duas perguntas são uma só, desdobrada antes em termos de *causa* e *efeito* (ou de fim e meio); o poeta e suas imagens constituem e manifestam *um único desejo de salto, de irrupção, de ser outra coisa*. A constante presença da metáfora na poesia logra uma primeira explicação: o poeta confia à imagem – baseando-se nas propriedades dela – uma sede pessoal de alheamento.

Mas esse homem que canta é, como o filósofo, um indivíduo capaz de *admiração*. Assim surge, na origem, a poesia, que nasce do primitivo confundida com as restantes possibilidades de conhecimento. Se o sentimento religioso principia aí onde já não há palavras para a admiração (ou para o temor que a envolve quase sempre), a admiração *ao que possa ser nomeado ou aludido* engendra a poesia, que se proporá precisamente essa nomeação, cujas raízes de clara origem mágico-poética persistem na linguagem, grande poema coletivo do homem[11].

Pois bem, poesia é também magia nas suas origens. E à admiração desinteressada se incorpora uma ânsia de exploração da realidade por via analógica[12]. Exploração daquilo-que-não-é-o-homem, e que, contudo, se adivinha obscuramente ligado por analogias a serem descobertas. Encontrada a analogia (pensará o poeta-mago), se *possui a coisa*. Uma ânsia de domínio irmana o mago ao poeta e torna os dois um só indivíduo ávido do poder que será a sua defesa e seu prestígio.

Mas agora que o bruxo matabelê e Paul Eluard estão separados por toda a extensão da cultura, que nos resta desses estágios iniciais da poesia? Fica-nos, virgem como o primeiro dia do homem, a capacidade de admirar. Fica –

---

11. "Le poète qui multiplie les figures ne fait... que retrouver en lui-même le language à l'état naissant" (O poeta que multiplica as figuras não faz senão reencontrar nele próprio a linguagem em estado nascente). VALÉRY, Paul. *Introduction à la Poétique*. Gallimard, p. 12.

12. A aproximação das noções de *imagem poética* e de *exploração* é frequente nos estudiosos do fenômeno poético. Middleton Murry diz, não me lembro onde: "A metáfora aparece como o ato instintivo e necessário da mente explorando a realidade e ordenando a experiência". E Cecil Day Lewis: "A imagem (romântica) é um modo de explorar a realidade, mediante o qual o poeta interroga as imagens para que lhe revelem o sentido da sua própria experiência" (*The Poetic Image*, p. 58).

transladada a um plano metafísico, ontológico – a ânsia de poderio. Tocamos aqui a própria raiz do lírico, que é um ir em direção ao ser, um avançar *à procura* de ser. O poeta herda dos seus remotos ascendentes uma ânsia de domínio, embora não já na esfera fatual; o mago, nele, foi vencido e só resta o poeta, *mago metafísico*, evocador de essências, ansioso pela posse crescente da realidade no plano do ser. Em, todo objeto – do qual o mago busca apropriar-se *como tal* – o poeta vê uma essência diferente da sua, cuja posse o enriquecerá ontologicamente. Tornamo-nos mais ricos de ser quando, além de cervo, conseguimos ingressar no vento escuro.

Um breve poema de *Eternidades* mostra, com versos de Juan Ramón, este abandono da coisa enquanto coisa (empresa mágica) pela sua essência entendida poeticamente:

> ... Que mi palavra sea
> la cosa misma,
> creada por mi alma nuevamente.

"Criada" poeticamente; isto é, "essencializada". E a palavra – angustiosa necessidade do poeta – não vale já como signo tradutor dessa essência, mas como portadora do que afinal é a própria coisa na sua forma, sua ideia, seu estado mais puro e alto.

O canto e o ser

Mas a poesia é canto, louvor. A ânsia de ser surge confundida num verso que celebra, que explica liricamente. Como seria isto possível se não lembrássemos que poesia implica admiração? Admiração e entusiasmo, e algo mais fundo ainda: a noção obscura, mas insistente, comum a todo poeta, de que *só pelo canto se atinge o ser do que é cantado*.

> Da stiegt ein Baum. O reine Ubersteigung!
> O Orpheus singt! O hoher Baum im Ohr![13]

(*) Alçou-se uma árvore, ó pura transcendência! / Ó Orfeu que canta! Alta árvore no ouvido!
13. RILKE. *Primeiro soneto a Orfeu*.

Renunciando sabiamente à senda discursiva, o celebrante irrompe no essencial, cedendo à sua conaturalidade afetiva, estimulando uma possibilidade analógica exaltada, *musicalizada*, para fazê-la *servir essências* e ir direta e profundamente ao ser. *A música verbal é um ato catartico pelo qual a metáfora, a imagem* (flecha lançada ao ente que ela nomeia, e que realiza simultaneamente o retorno dessa viagem intemporal e inespacial) *se liberta de toda referência significativa*[14] *para não nomear e não assumir senão a essência dos seus objetos*. E isto supõe, num trânsito inefável, ser os seus objetos no plano ontológico.

O domínio da analogia fica assim dividido em território poético e território "lógico". Este compreende toda "correspondência" que possa ser estabelecida mentalmente – a partir de uma apreensão analógica irracional ou racional – enquanto que, no primeiro, as analogias surgem condicionadas, escolhidas, intuídas poeticamente, *musicalmente*.

Todo poeta parece ter *sentido* sempre que cantar um objeto (um "tema") equivale a apropriar-se da essência dele; que só seria possível ir em direção a outra coisa e ingressar nela por via da celebração. O que um conceito conota e denota é, na esfera poética, o que o poeta *celebra e explica liricamente*. Cantar a coisa ("Fazei a laranja dançar!", exclama Rilke) é unir-se, no ato poético, à *qualidades* ontológicas que *não são as do homem*, qualidades essas que o homem, descobridor maravilhado, anseia atingir e ser na fusão do poema, que o amalgama ao objeto cantado, cedendo-lhe a entidade deste e enriquecendo-o. Porque "o outro" é, na verdade, aquilo que lhe pode dar graus do ser alheios à específica condição humana.

Ser algo, ou – para não levar ao extremo um acerto que só grandes poetas conseguem inteiramente – cantar o ser de alguma coisa, supõe conhecimento e, na esfera ontológica em que nos movemos, *posse*. O problema do "conhecimento poético" tem merecido ilustres exegeses contemporâneas, depois que uma corrente nascida em certas passagens da prosa de Edgar Allan Poe e elevada ao hiperbólico pela ten-

---

14. No sentido do vocabulário racional e científico; com a diferença, por exemplo, que vai de rosa, na sua acepção botânica, a "la rose cruelle, Hérodiade en fleur du jardin clair...", de Mallarmé.

tativa de Rimbaud, quis ver na poesia, em certa "alquimia do verbo", um *método* de conhecimento, uma fuga do homem, um baudelairiano ir-se embora.

<blockquote>Au delà du possible, au delà du connu!</blockquote>

Assinala, com profundidade, Jacques Maritain que toda poesia é conhecimento, mas não meio de conhecimento. Segundo esta distinção, o poeta deveria dizer como Pablo Picasso: "Eu não busco, encontro"[15]. Aquele que busca *perverte* a sua poesia, torna-a repertório mágico, formulística evocatória –: tudo isso que obriga um Rimbaud a lançar o horrível alarido do seu silêncio final. Procurei mostrar como o ato poético entranha algo mais profundo que um conhecimento em si; deter-se neste equivaleria a ignorar o último passo do esforço poético, passo que implica necessariamente conhecimento, mas não se projeta no poema *pelo conhecimento mesmo*. Mais que o possível afã de conhecer – que se dá somente em poetas "pervertidos" à maneira alquimista – importa o que clara ou obscuramente é comum a todo poeta: a ânsia de ser cada vez mais. De ser por agregação ontológica, pela soma de ser que recolhe, assume e incorpora a obra poética em seu criador.

Porque o poeta lírico não se interessa em conhecer por conhecer simplesmente. Eis aqui onde sua especial apreensão da realidade se afasta fundamentalmente do conhecer filosófico-científico. Observando-se como costuma se antecipar ao filósofo em matéria de conhecimento, o único fato que se constata é que o poeta não perde tempo em comprovar o seu conhecimento, não se detém a corroborá-lo. Não mostra já isso que o conhecimento em si não lhe interessa? A comprovação possível das suas vivências não tem sentido algum para ele. Se o cervo é um vento escuro, acaso nos dará maior satisfação a decomposição elementar da imagem, a imbricação das suas conotações parciais? É como se na esfera da afetividade – confinante com a esfera poética pela nota comum da irracionalidade básica de ambas o amor aumentasse

---

15. "Eu não busco, encontro"; mas os encontros de alta natureza só ocorrem àqueles que, sem buscar sistematicamente, são "cabeças de tormenta", vórtice para o qual as coisas são atraídas. O para-raios não sobe até as nuvens.

depois de um prolixo eletrocardiograma psicológico. De repente sabemos que os olhos dela são uma medusa reflexiva; que confirmação acentuará a própria evidência desse conhecer poético?

Se fosse necessária outra prova de que não interessa ao poeta o conhecimento pelo próprio conhecimento, seria conveniente comparar a noção de progresso na ciência e na poesia. Uma ciência é *uma certa vontade de avançar*, de substituir erros por verdades, ignorâncias por conhecimentos. Cada um destes últimos é sustentáculo do seguinte na articulação geral do saber científico. O poeta, ao contrário, não aspira a progresso algum a não ser no aspecto instrumental do seu *métier*. Em *A Tradição e o Talento Individual*, T. S. Eliot mostrou como, aplicada à poesia e à arte, a ideia de progresso se torna absurda. A "poética" do Abade Brémond supõe um progresso em relação à de Horácio, mas é claro que esse progresso diz respeito à apreciação crítica de algo e não a esse algo; os comutadores de flamejante baquelita deixam passar a mesma eletricidade que os velhos e pesados comutadores de porcelana.

Assim, o poeta não está interessado em aumentar o seu conhecimento, em progredir. Assume *o que encontra* e o celebra na medida em que esse conhecimento o enriquece ontologicamente. O poeta é aquele que *conhece para ser*; todo o acento recai no segundo, na satisfação existencial, em face da qual toda complacência circunstanciada de saber se aniquila e dilui. Por esse conhecer se vai ao ser; ou melhor, o ser da coisa apreendida ("sida") poeticamente, irrompe do conhecimento e se incorpora ao ser que o anseia. Nas formas absolutas do ato poético, o conhecimento como tal (sujeito cognoscente e objeto conhecido) é superado pela direta fusão de essências: o poeta é o que anseia ser. (Em termos de obra: o poeta é o seu canto.)

Mas não continua a poesia a atitude mágica no plano ontológico? Magia, já o dissemos, é concepção fundamentalmente assentada na analogia, e suas manifestações técnicas apontam para um domínio, para uma posse da realidade. Da mesma forma nosso poeta, mago ontológico lança sua poesia (ação sagrada, evocação ritual) em direção às essências que lhe são especificamente alheias, para se apropriar delas. Poesia é vontade de posse, é *posse*. O poeta agrega ao seu ser as essências do que canta: *canta por isso e para isso*. À vontade de poderio fatual do mago, sucede a vontade de posse ontológica. Ser, e ser *mais* que um homem; ser todos os graus possíveis da essência, as formas ônticas que abrigam o caracol, o rouxinol, Betelgeuse.

> ... Que mi palabra sea
> la cosa misma...

Assim perpetua – no plano mais alto – a magia. Não quer as coisas: quer a essência delas. Mas procede ritualmente como a magia, depois de se purificar de toda aderência que não aponte para o essencial. Em vez de fetiches, palavras-chave; em vez de danças, música do verbo; em vez de ritos, imagens caçadoras. A poesia prolonga e exercita em nossos tempos a obscura e imperiosa angústia de *posse da realidade*, essa licantropia inserta no coração do homem que não se conformará jamais – se é poeta – com ser somente um homem. Por isso o poeta se sente crescer em sua obra. Cada poema o enriquece em ser. Cada poema é uma armadilha onde cai um novo fragmento da realidade. Mallarmé concebeu o poético como

> divine transposition du fait à l'idéal.

As coisas em si são irredutíveis; haverá sempre um sujeito em face do resto do Cosmos. Mas o poeta se transporta poeticamente ao plano essencial da realidade; o poema e a imagem analógica que o nutre são a zona onde as coisas renunciam à solidão e se deixam habitar, onde alguém pode dizer:

> yo no soy un poeta, ni un hombre, ni una hoja, ...
> pero si un pulso herido que ronda las cosas del otro lado.
>
> (Federico Garcia Lorca)

E, por isso, a imagem é *forma lírica* da ânsia de ser sempre mais, e a sua presença incessante na poesia revela a tremenda força que (saiba-o ou não o poeta) atinge nele a urgência metafísica de posse.

5. POE : O POETA, O NARRADOR E O CRÍTICO

A leitura dos livros mais notáveis consagrados a Poe, durante a primeira metade deste século, permite observar duas tendências gerais. A primeira procura submeter a crítica de sua obra às circunstâncias de caráter pessoal e psicológico que puderam condicioná-la, acentuando, portanto, os estudos clínicos do "caso Poe", em busca de uma compreensão da obra. Edward Shanks denunciou melhor que ninguém esta inclinação para o terreno pessoal, reclamando um maior interesse pela obra de Poe no plano somente textual, em sua qualidade de fato literário. Nada melhor, pois, nesta sucinta introdução aos contos e ensaios do poeta, que propor uma visada crítica centrada principalmente nos próprios textos, com o objetivo de proporcionar ao leitor uma localização no ambiente e de favorecer sua apreciação pessoal do sentido e do valor de tais textos.

A segunda tendência traduz uma certa depreciação da poesia e da literatura de Poe. Por um lado, esta atitude constitui um retorno necessário ao equilíbrio depois da avalancha indiscriminada de exaltações e elogios (provenientes em grande medida da França, por causa da profundíssima influência de Poe em Baudelaire e nos simbolistas). Por outro lado, porém, esta frieza, paradoxalmente visível no entusiasmo da investigação, deriva de uma atitude condenável: a de desconhecer que a profunda presença de Poe na literatura é um fato mais importante que as fraquezas ou deméritos de uma parte de sua obra. Quando um Aldous Huxley borda filigranas em torno do mau gosto de Poe, exemplificando-o com passagens dos poemas mais famosos deste autor, cabe perguntar por que esses poemas estão presentes na sua memória e na sua irritação, quando tantos outros de impecável fatura dormem esquecidos por ele e por todos nós. Quando para citar um dentre muitos – um Joseph Wood Krutch se pronuncia terminantemente sobre a inépcia, a inanidade e a vesânia de *Eureka*, não é demais perguntar por que a leitura desse curioso texto ocupou as horas de um Paul Valéry, e pode nos devolver algo do tremor de maravilha que as noites estreladas traziam à nossa infância. Sem medo de incorrer num critério meramente sentimental, cremos que um balanço da obra de Poe e de suas consequências, do absoluto e do relativo nela, não pode ser realizado se ela for reduzida a um caso clínico ou a uma série de textos literários. Há mais, há sempre mais. Há em nós uma presença obscura de Poe, uma latência de Poe. Todos nós, em algum lugar de nossa pessoa, somos ele, e ele foi um dos grandes porta-vozes do homem, aquele que anuncia o seu tempo noite adentro. Por isso sua obra, atingindo dimensões extratemporais, as dimensões da natureza profunda do homem sem disfarces, é tão profundamente temporal a ponto de viver num contínuo presente, tanto nas vitrinas das livrarias como nas imagens dos pesadelos, na maldade humana e também na busca de certos ideais e de certos sonhos.

Poe e sua época

Comecemos este caminho tratando de situar Poe em seu ambiente. Não se pode dizer que tenha tido sorte nesse terreno, pois à sua aristocracia intelectual teria sido conveniente um meio de alta cultura. Entre 1830 e 1850, os Estados

Unidos iniciavam titubeantes a sua história literária. Havia pioneiros de mérito e uns poucos escritores de primeira linha: Emerson, Nathaniel Hawthorne, James Russell Lowell, Oliver Wendell Holmes e, naturalmente, Longfellow, o mais popular. A nação encaminhava-se para o industrialismo, e a onda do progresso mecânico começava a abater as frágeis defesas de um tempo mais pastoril e ingênuo. Poe iria assistir ao início dos conflitos abolicionistas e escravistas, aos prelúdios da guerra entre o Norte e o Sul. Criado no interior provinciano da Virgínia, sempre se sentiria incômodo e fora de mão em cidades como Filadélfia, Nova York e Baltimore, fervilhantes de "avanço" e de comércio. Mas, paralelamente a este clima progressista, a literatura se refugiava em pacatos moldes do século XVIII, no respeito ao "engenho" e às elegâncias retóricas, aspirando timidamente os ares violentos do romantismo inglês e francês que chegavam em forma de romances e poemas libertados de todo jugo que não fosse o sacrossanto jugo do Eu. Boston e a sua área de influência intelectual elaboravam uma filosofia transcendentalista sem maior originalidade; em Nova York e Filadélfia pululavam "círculos literários", onde as poetisas constituíam um encanto um tanto duvidoso; as revistas literárias prolongavam as linhas das grandes e famosas publicações inglesas e escocesas, sem aspirar à independência linguística ou temática. A mitologia continuava sendo invocada profusamente, e o mesmerismo, o espiritismo e a telepatia faziam bom negócio nos salões das senhoras inclinadas a buscar no além o que não viam a dois passos no aquém.

A leitura das resenhas e dos ensaios críticos do próprio Poe pode mostrar melhor do que nada o medíocre nível intelectual do seu tempo. Afora as suas próprias limitações, que assinalaremos no momento oportuno, o que mais prejudica esta parte da sua obra é a insignificância geral dos temas: péssimos romances e poemas, ensaios triviais ou extravagantes, contos insípidos. Só de vez em quando assomam páginas dedicadas a um Hawthorne, a um Macaulay, a um Bulwer Lytton. A famosa série *Os "literati"*, na qual Poe traçou perfis críticos de trinta e oito escritoras e escritores de Nova York, se tornou ilegível pela simples razão de que seus trinta e oito temas são ainda muito mais ilegíveis. Como percorrer durante horas a descrição de uma galeria de quadros desaparecidos?

"A época – diz Hervey Allen –, a peculiar metade do século XIX, na qual Poe viveu, converteu-se num país perdido para os que vieram logo depois, um país mais remoto e singular que o Sião. Quando se contemplam seus vestidos esquisitos, sua estranha arquitetura rococó, suas crenças, preconceitos, esperanças e ambições, suas convenções carentes hoje de sentido, mas sobretudo se se busca uma aproximação através da sua literatura popular, parece como que um estranho oceano neblinoso, onde, através de ruas apenas entrevistas, em povoados oniricamente grotescos, se movessem – por motivos esquecidos – os fantasmas dos trajes. Fora desta terra de vaga agitação e de apagados lampejos, como um campanário sobre a névoa que cobre a cidade e sob a qual se ouve passar o tráfego invisível, umas poucas coisas aparecem delineadas e definidas claramente. Uma delas é a prosa de ficção e a poesia de Edgar Allan Poe."

E Van Wyck Brooks caracterizará, assim, as razões do isolamento inevitável de Poe: "É claro que durante o que se chamou o período clássico da literatura norte-americana a alma da América do Norte se negava a se distrair da acumulação de dólares; é claro que o instinto pioneiro da autoafirmação econômica era a lei da tribo... O imenso, vago e nebuloso dossel de idealismos que pairou sobre o povo norte-americano durante o século XIX não foi jamais autorizado, de fato, a interferir na direção prática da vida. Os escritores mais famosos e de maior êxito, Bryant e Longfellow, por exemplo, promoveram este idealismo, mostrando-se, até onde conseguimos ver, satisfeitos com as práticas sociais; aceitavam tacitamente o peculiar dualismo presente na raiz de cada ponto de vista nacional. O equívoco dualismo de Emerson afirmou, por um lado, a liberdade e a confiança em si mesmo, e, por outro, justificou a conveniência privada e sem limites do homem de negócios. E, como sugestivo corolário de tudo isto, os dois principais artistas da literatura norte-americana, Poe e Hawthorne, ficaram distanciados da sociedade como poucos no mundo jamais ficaram; aos olhos dos contemporâneos deveriam parecer espectrais e distantes, quase nem humanos, e seria fácil mostrar que não é menos marcante a reação que um mundo essencialmente irreal para eles produz em suas obras".

A página em branco

Imaginemos Edgar Poe num dia qualquer de 1843. Sentou-se para escrever numa das muitas mesas (quase nunca próprias), numa das muitas casas onde viveu passageiramente. Tem diante de si uma página em branco. Provavelmente será de noite, e logo Mrs. Clemm virá trazer-lhe uma xícara de café. Edgar vai escrever um conto, e suponhamos que seja *O gato preto*, que foi publicado nesse ano. O autor tem trinta e quatro anos, está em plena maturidade intelectual. Já escreveu *O poço e o pêndulo*, *A queda da casa de Usher*, *William Wilson* e *Ligéia*. E também *Os crimes da rua Morgue* e *O homem da multidão*. Um ano depois terminará *O corvo*, seu poema mais famoso.

Que inevitáveis fatores pessoais vão desembocar nesse novo conto, e que elementos exteriores se incorporarão à sua trama? Qual é o processo, o silencioso ciclone do ato literário, cujo vórtice está na pena que Poe apoia neste instante sobre a página? Era um homem que amava seu gato, até que um dia começou a odiá-lo e lhe arrancou um olho... O monstruoso está de imediato aí, presente e inequívoco. A noção de anormalidade se destaca com violência da totalidade de elementos que integram sua obra, seja poesia, sejam contos. Às vezes, é um idealismo angélico, uma visão assexuada de mulheres radiantes e benéficas; às vezes, essas mesmas mulheres incitam ao enterro em vida ou à profanação de uma tumba, e o halo angelical se transforma numa aura de mistério, de enfermidade fatal, de revelação inexprimível; às vezes, há um festim de canibais num navio à deriva, um balão que atravessa o Atlântico em cinco dias, ou chega à Lua depois de assombrosas experiências. Mas nada, diurno ou noturno, feliz ou infeliz, é normal no sentido corrente que aplicamos mesmo às anormalidades vulgares que nos rodeiam e nos dominam e que já quase não consideramos como tais. O anormal, em Poe, pertence sempre à grande espécie.

O homem que se dispõe a escrever é orgulhoso, mas seu orgulho nasce de uma fraqueza essencial que se refugiou, como o caranguejo ermitão, num caracol de violência luciferina, de arrebatamento incontrolável. O caranguejo Poe só abandona a concha do orgulho diante dos seres queridos, seus pouquíssimos seres queridos. Eles – Mrs. Clemm, Virgínia, algumas outras mulheres, sempre mulheres! – saberão de suas lágrimas, de seu terror, de sua necessidade de se refugiar nelas, de ser mimado. Perante o mundo e os homens, Edgar Poe se ergue altaneiro, impõe toda vez que pode sua superioridade intelectual, sua causticidade, sua técnica de ataque e defesa. E como seu orgulho é o orgulho do fraco e ele o sabe, os heróis de seus contos noturnos serão às vezes como ele, e às vezes como ele gostaria de ser; serão orgulhosos por fraqueza, como Roderick Usher, como o pobre diabo de *O coração delator*; ou serão orgulhosos porque se sentem fortes, como Metzengerstein ou William Wilson.

Este grande orgulhoso é um fraco, mas ninguém medirá nunca o que a fraqueza proporcionou à literatura. Poe a resolve num orgulho que o obriga a dar o melhor de si naquelas páginas escritas sem compromisso exteriores, escritas a sós, divorciadas de uma realidade bem cedo considerada precária, insuficiente, falsa. E o orgulho assume ainda o matiz característico do egotismo. Poe é um dos egotistas mais cabais da literatura. Se no fundo ignorou sempre o diálogo, a presença do *tu*, que é a autêntica inauguração do mundo, isto se deve ao fato de que só consigo mesmo se dignava falar. Por isso, não lhe importava que os seres queridos não o compreendessem. Bastava-lhe o carinho e o cuidado; não necessitava deles para a confidencia intelectual. E diante de seus pares no mundo literário, diante de um Russell Lowell ou de um Hawthorne, irrita-o de imediato o fato de não aceitarem às cegas sua primazia intelectual. Seu trabalho de crítico nas revistas lhe permitiu ser um "pequeno deus", miúdo árbitro num mundo artístico também miúdo. Compensação magra, mas que o acalmava. Por fim o egotismo desembocará na loucura. Dirá tranquilamente ao editor de *Eureka* que seu livro é tão importante que requer uma primeira tiragem de 50 000 exemplares, pois causaria uma incalculável revolução no mundo.

À luz de tudo isto, alguns parágrafos da sua *Marginalia* assumem um tom pateticamente pessoal: "Entretive-me, às vezes, tratando de imaginar qual seria o destino de um indivíduo dono (ou mais propriamente vítima) de um intelecto *muito* superior aos da sua raça. Naturalmente teria consciência da sua superioridade e não poderia impedir-se (se estivesse constituído em tudo o mais como homem) de manifestar essa consciência. Assim faria inimigos em toda parte. E como suas opiniões e especulações diferiam amplamente das de *toda* a humanidade, não cabe dúvida de que o considerariam louco. Que horrível seria semelhante condição! O inferno é incapaz de inventar uma tortura pior do que a de sermos acusados de fraqueza anormal pelo fato de sermos anormalmente fortes...".

A consequência inevitável de todo orgulho e de todo egotismo é a incapacidade de compreender o humano, de se aproximar dos outros, de medir a dimensão alheia. Por isso, Poe não conseguirá criar nunca uma só personagem com vida interior; o chamado romance psicológico o teria desconcertado. Como imaginá-lo, por exemplo, lendo Stendhal, que publicava por essa época *La Chartreuse de Parme*? Muitas vezes se tem assinalado que seus heróis são manequins, seres impelidos por uma fatalidade exterior, como Arthur Gordon Pym, ou interior, como o criminoso de *O gato preto*. Num caso cedem aos ventos, às marés, aos acasos da natureza; noutro, se abandonam à neurose, à mania, à anormalidade ou ao vício, sem a menor sutileza, a menor distinção, a menor gradação. Quando Poe nos apresenta um Pym, um Usher, um Egaeus, um Montresor, já estão submetidos a uma especial "perversidade" (termo que ele vai explicar em *O demônio da perversidade*); se se trata de um Dupin, de um Hans Pfaall, de um Legrand, não são a rigor seres humanos, e, sim, máquinas pensantes e atuantes, autômatos como aquele de Maelzel, que Poe tão agudamente analisou, e onde ele próprio está oculto para mover os fios do pensamento, tal como um jogador de xadrez estava oculto no autômato que assombrava o público do seu tempo. Por isso, ainda, é válido sugerir o mundo onírico como impulsor de muitas das narrativas de Poe. Os pesadelos organizam seres como os dos seus contos; basta vê-los para sentir o horror, mas é um horror *que não se explica*, que nasce tão só da presença, da fatalidade a que a ação os condena ou a que eles condenarão a ação. E a escotilha que põe diretamente em comunicação o mundo do inconsciente com o palco das narrativas de Poe não faz mais que transmudar os personagens e os acontecimentos do plano sonhado ao plano verbal; mas ele não se dá ao trabalho de olhá-los a fundo, de explorá-los, de descobrir as molas que os impelem ou de tentar uma explicação dos modos de agir que os caracterizam. Para quê? Por um lado, são Poe mesmo, suas criaturas mais profundas, de modo que julga conhecê-las como julga conhecer-se a si próprio, e também são personagens, isto é, *outros*, seres já alheios a ele, no fundo, insignificantes para ele.

E se pensarmos noutra corrente da sua ficção, a dos contos satíricos e humorísticos, veremos, em seguida, que a situação é a mesma. A sátira em Poe é sempre desprezo, e basta ler *Como escrever um artigo à maneira de Blackwood* (e sua segunda parte), *O timo considerado como uma das ciências exatas*, *O homem de negócios*, ou *Os óculos*, para compreender o frio desdém que o move a criar seres astutos que ludibriam a massa desprezível, ou miseráveis bonecos que vão, de tombo em tombo, cometendo toda espécie de torpezas. Quanto ao humor, praticamente não existe, e é de se suspeitar que boa parte da antipatia que Poe provoca nos leitores ingleses ou norte-americanos deriva da sua incapacidade para algo que esses leitores consideram quase inseparável da boa literatura. Quando Poe incorre no que ele crê humor, escreve *O alento perdido*, *Bon-Bon*, *O anjo do estranho* ou *O rei Peste*, isto é, deriva imediatamente para o macabro, onde está no seu terreno, ou para o grotesco, que considera desdenhosamente o terrenos dos demais.

Este fraco cheio de orgulho e egotismo precisa dominar com suas armas, intelectualmente. No seu tempo havia um recurso fácil, mais fácil que desenvolver a fundo as possibilidades do gênio, além do que o gênio é uma questão de perspectiva e nem sequer Poe podia ter plena segurança de o ser. Este recurso é o saber, a erudição, o testemunho, em cada página de crítica ou de ficção, de uma cultura vastíssima, *particular*, com tons de mistério e vislumbres de iniciação esotérica. Desde cedo Poe organiza um sistema de notas, de fichas, onde, no decorrer de suas leituras variadíssimas e indisciplinadas, vai registrando frases, opiniões, enfoques heterodoxos ou pitorescos. Quando menino e adolescente, devorou as revistas literárias inglesas, aprendeu um pouco de francês, latim e grego, italiano e espanhol, línguas que, junto com o hebraico e o alemão, pretendia dominar. A leitura da sua *Marginalia* mostra a verdadeira amplitude dessa cultura, suas imensas lacunas, seus surpreendentes recheios. Para um norte-americano do seu tempo, Poe alcança uma cultura fora do comum, mas muito abaixo do que pretenderá possuir. Não vacila em citar erroneamente de memória, variando as lições, repetindo-se. Tem passagens favoritas, que o leitor reencontra cada tantas páginas, aplicadas a diferentes temas. Inventa autores, obras, opiniões, se necessário. Encanta-o usar termos franceses (as citações em latim são correntes na época), e até se aventura em espanhol e italiano[1]. Cada ousadia de saber o afirma em sua superioridade. Sua atitude diante das ciências exatas é sintomática. Tem facilidade natural para elas, e não cabe dúvida de que leu uma quantidade de livros de matemática, física e astronomia. Mas confunde tudo ou reduz tudo a referências vagas, preferindo citar os autores de segunda ordem, mais cheios de sugestão e menos comprometedores. Tem o dom de se lembrar, no devido momento, da frase que vai ajudá-lo a conseguir um efeito, a acentuar um clima. E num conto, *A incomparável aventura de um tal Hans Pfaall*, porá em fila suas noções e lembranças de muito manual da época, e armará um relato "científico", do qual ele é o primeiro a zombar, mas que vai dar origem – com outros contos seus à obra de Júlio Verne e a tantas de H. G. Wells.

Este homem que se apresenta ao mundo como um erudito, este altaneiro inventor de máquinas literárias e poéticas destinadas a produzir exatamente o efeito que afirmará ter pretendido (enganar, aterrorizar, encantar ou deslumbrar), este neurótico fundamentalmente inadaptado ao mundo que o rodeia e às leis gerais da realidade convencional, vai escrever contos, poemas e ensaios que não podem ser explicados nem pela erudição, nem pelo egotismo, nem pela neurose, nem pela confiança em si mesmo. Toda tentativa meramente caracterológica de explicar a obra de Poe confundirá, como sempre, meios e fins, tomando como impulsos diretivos os que não serão harmônicos e concomitantes. Deixemos aos

---

[1]. Cita em alemão, por exemplo, sem nada saber desta língua. Emile Lauvrière assinala um erro grosseiro: Poe fala de um livro escrito "por Suard e André", corrigindo o que julga uma errata (*Suard und andre*).

psicanalistas a indagação do caso de Poe, de que têm extraído conclusões que reafirmam e aclaram os dados já bastante transparentes da sua biografia. O que importa aqui é insistir no fato de que há um Poe criador que *antecede* à sua neurose declarada, um Poe adolescente que se quer poeta, que se "escolhe" poeta, para dizê-lo com um vocabulário familiar em nossos dias; um Poe que escreve os primeiros versos entre os nove e os doze anos, e que em plena adolescência vai travar batalha com um dourado horizonte de mediocridade para seguir adiante um caminho que ele sabe solitário, que não pode ser senão triste e miserável. E esta força que estala nele antes mesmo de estalarem as taras, esta força de que ele bebe antes de beber o primeiro copo de rum, é livre, tem toda a liberdade que pode ter uma decisão humana quando nasce de um caráter – embora seja um caráter ainda não plenamente integrado. Ouvimos falar demais da escravidão de Poe às paixões (ou à falta de paixões) para não assinalarmos hoje, quase alegremente, a presença inequívoca da liberdade do poeta nesse ato inicial que o defronta com seu guardião, com o mundo convencional e a média dos seres razoáveis. O que ocorre é que depois, dissimuladamente, suas anormalidades se coarão pela porta aberta. Com igual liberdade, igual impulso criador e igual técnica literária, um Hawthorne escreve narrativas de homem normal, e Poe, narrativas de homem anormal. Não se insista, pois, em atribuir a obra às taras, em vê-la como uma sublimação ou satisfação das taras. O anormal da personalidade de Poe se incorpora adventiciamente à sua obra, embora chegue a constituir o centro mesmo de tantos contos e poemas. É preciso fazer-se entender em matéria de centros, e o fato de um homem arrancar um olho de um gato, que é o eixo de um conto de Poe, não significa que o sadismo ali manifesto baste para produzir o conto. Só conhecemos a maioria dos sadismos quando um cronista policial nos informa do ocorrido. Torcendo uma famosa frase de Gide, não bastam maus sentimentos para fazer boa literatura.

O poeta

Não tivesse de ganhar a vida com trabalhos em periódicos, necessariamente em prosa se é que eram para ser vendidos, talvez Edgar Poe se houvesse consagrado tão-só à poesia. Conforme decidiram as circunstâncias, ficam dele uns poucos poemas, escritos ao princípio e ao final de sua carreira; a época criadora mais intensa esteve quase que inteiramente dedicada às narrativas e à crítica.

Posto que esta edição contém somente sua prosa, não cabe aqui uma análise dos poemas, mas, sim, mostrar as linhas de força da sua poética como teoria elaborada *a posteriori* e estreitamente unida à atividade crítica e ficcional. Torna-se imprescindível aproximarmo-nos da visão particular que Poe tem do ato poético, se quisermos apreciar suas aplicações parciais a tantas páginas de ficção ou de ensaio.

O problema consiste em avaliar o alcance da inspiração e da composição, entendendo-se pela primeira o crédito que Poe concedia aos produtos poéticos nascidos de uma intuição pura, e pela segunda, a estrutura minuciosamente articulada de elementos escolhidos, inventados, preferidos, que integrariam um poema. Numa de suas resenhas, lemos: "Não há maior engano do que crer que uma autêntica originalidade é mera questão de impulso ou de inspiração. Originar consiste em combinar cuidadosa, paciente e compreensivamente". Deste critério vai surgir a muito mais notória *Filosofia da composição*, onde Poe explica ao público (o texto lhe servia para conferências) a mecânica de *O corvo*. Mas outros textos, disseminados aqui e ali na sua obra crítica, alteram com frequência o rigor analítico destas observações. E, além disso, há os poemas em si, as portas de acesso mais diretas – uma vez abertas – a esse território incerto e de difícil topografia ou toponímia.

A leitura de tudo o que Poe escreveu acerca da poesia deixa clara uma consequência que é quase um truísmo. O poeta entende a poesia segundo seus próprios poemas, olha-a a partir deles e com eles, e as reflexões posteriores estão forçosamente subordinadas à matéria poética elementar, a que toma forma no verso. Poe era inteligente demais para não compreendê-lo, embora sua inteligência tenha forçado com frequência o limite natural da sua poesia, já seja no próprio poema (fazendo de *O corvo* uma espécie de sutilíssimo relógio de repetição, de máquina de beleza, segundo ele entendia a coisa), já nos textos críticos que analisam a criação poética. Mas por mais que tergiversasse a verdade, alterando a inter-

113

pretação da sua própria poesia e da alheia com "princípios" extraídos dedutivamente, o conjunto geral desses princípios coincide, como vamos ver, com o tom autêntico dos seus poemas. Por mais que às vezes nade contra a corrente, Poe não pode sair do rio da sua própria poesia. Sua poética é como que uma tentativa de negar o tronco da árvore e afirmar, ao mesmo tempo, seus ramos e sua folhagem; de negar a irrupção veemente da substância poética, mas aceitar suas modalidades secundárias. Não quererá admitir que *O corvo*, enquanto poesia, não é um mero artifício previsto e realizado com técnica de relojoeiro, e, em compensação, admitirá na sua poética e nos seus poemas, julgando-as fruto da imaginação e do pensamento, as modalidades que nele vêm do irracional, do inconsciente: a melancolia, a noturnidade, a necrofilia, o angelismo e a paixão desapaixonada, isto é, a paixão a salvo de efetivação, a paixão-recordação daquele que chora invariavelmente por determinada morta, por alguém que já não pode ameaçá-lo deliciosamente com a presença temporal. E assim pensará ter reduzido livremente que a "morte de uma formosa mulher" é o mais poético dos temas, quando nada de livre há nessa imposição profunda da sua natureza, e o "princípio" lhe parecerá tão racional como os princípios meramente técnicos do verso.

Os traços gerais desta poética tornam-se precisos, sobretudo, no texto que ele chamou normativamente *O princípio poético*. Apesar de ter começado sua obra de juventude com dois poemas extensos, Poe se declara contrário à epopeia, a toda composição que passe dos cem versos. A finalidade do poema é exaltar, elevar a alma do leitor; um princípio psicológico elementar demonstra que a exaltação não pode ser mantida por muito tempo. É preciso, pois, condicionar o poema à capacidade de exaltação; o tema, a forma devem submeter-se a este princípio. Do mesmo modo, um poema excessivamente breve não conseguirá sublimar os sentimentos de quem lê ou escuta.

Este poema breve exaltará a alma, ao fazê-la entrever a *beleza extraterrena*, ao dar-lhe, por via estética, um desses vislumbres de eternidade, que provam que o homem tem uma alma imortal. Ouçamo-lo: "Esta sede inextinguível (de beleza) é própria da imortalidade do homem. É ao mesmo tempo consequência e indicação da sua existência perene. É a ânsia da falena pela estrela. Não se trata da mera apreciação da Beleza que nos rodeia, mas de um anelante esforço para alcançar a Beleza que nos transcende. Inspirados por uma presciência extática das glórias de além-túmulo, lutamos, mediante combinações multiformes das coisas e dos pensamentos temporais, para alcançar uma parte dessa Formosura, cujos elementos talvez pertençam tão-só à eternidade. E assim, graças à Poesia ou à Música – o mais arrebatador dos modos poéticos –, cedemos ao influxo das lágrimas, não choramos, como supõe o abade Gravina, por excesso de prazer, mas por essa petulante e impaciente tristeza de não poder alcançar *agora*, completamente, aqui na terra, de uma vez e para sempre, essas alegrias divinas e arrebatadoras, das quais alcançamos visões tão breves como imprecisas *através* do poema ou *através* da música".

Neste texto exaltadamente metafísico, Poe incorpora já a expressão técnica: "Mediante combinações multiformes das coisas e dos pensamentos temporais", isto é, o trabalho do poeta como combinador da receita transcendente. A técnica é severa e exige importantes restrições. O poema é coisa estética, seu fim é a beleza. Por isso (e aqui Poe se lembra das suas leituras juvenis de Coleridge) é preciso distinguir entre Beleza e Verdade. A poesia didática, a poesia que tem por finalidade um ensinamento qualquer, é um monstro, um compromisso, que se deve evitar, entre a exaltação da alma e a instrução da inteligência. Se o belo é naturalmente verdadeiro e pode ensinar algo, tanto melhor; mas o fato de que possa ser falso, isto é, fantástico, imaginário, mitológico, não só não invalida a razão do poema, mas também, quase sempre, constitui a única beleza verdadeiramente exaltadora. A fada exalta mais do que a figura de carne e osso; a paisagem inventada por uma imaginação fecunda é mais bonita, e, portanto, mais exaltadora que a paisagem natural.

Assim como o poeta não deve se propor a verdade como fim, nada tem tampouco que ver com a moral, com o dever. Sua finalidade não é moral alguma extraível do seu tema, e um poema não deve ser uma alegoria, a menos que esta aponte para fins meramente exaltadores. Quando jovem, no prólogo aos poemas escritos em West Point, Poe zomba depreciativamente de Wordsworth pela tendência didático-

-moral deste; mas, como se dá conta de que o sentido moral (e, por extensão, o sentido dos destinos humanos, dos grandes problemas éticos) não pode ser desterrado da poesia sem um imediato empobrecimento do seu âmbito, inventará um compromisso e fará notar em outros textos que um poema digno do nome comporta muitas vezes duas correntes: uma de superfície, que é a poesia em toda sua beleza, o tema livre de compromissos didáticos ou alegóricos, e uma corrente subterrânea que a sensibilidade do leitor pode apreender, e da qual emana um conteúdo moral, um valor exemplar para a consciência.

Mas não basta que um poema esteja livre de didatismo e de "mensagem"; é preciso, ainda, que não seja um produto da paixão. A paixão exalta os corações, mas não as almas, o humano do homem e não sua partícula imortal. O poeta não pode prescindir de suas paixões, mas as incorporará ao poema como estímulos imaginativos e, não, como paixões em si. O poema visa, por via da beleza, a mostrar ao homem o paraíso perdido, a entreabrir as portas que a vida terrena mantém fechadas. A poesia, conforme a definirá finalmente, é a *criação rítmica de beleza*: a definição é funcional, pragmática, artística. É uma definição mais para uso do poeta do que para a iluminação de leitores de poética. Mas em seu tom deliberadamente técnico busca salvaguardar a liberdade da poesia, sua condição de produto puramente imaginativo; a *idealidade* – tal como a entendiam Poe e os frenólogos do seu tempo, ou seja, a faculdade puramente criadora do homem – é a única fada presente neste batismo da princesa Poesia.

Nem veículo doutrinário, nem artifício alegórico, nem arrebatamento apaixonado, o poema é um produto livre e desinteressado da imaginação do poeta. Poe o repete com bonito entusiasmo: "A verdade é que, se nos atrevêssemos a olhar no fundo de nosso espírito, descobriríamos imediatamente que sob o sol não há nem *pode* haver uma obra mais digna nem de mais alta nobreza que esse poema, esse poema *per se*, esse poema que é um poema e nada mais, esse poema escrito somente pelo poema em si".

A maioria dos críticos suspende aqui a análise desta caracterização da poesia e procede à demonstração das suas limitações e defeitos; como muito bem anota Andrew Lang, é óbvio que Poe, cedendo a seu gosto pessoal, reduz a poesia à mera poesia lírica. Se, nesta, suas condições têm certa validez, em compensação, tornam-se absurdas quando aplicadas à poesia dramática ou épica. "Sem a concepção do dever e da verdade", agrega, "não teríamos tido *Antígona* nem *Prometeu*". Do mesmo modo, o princípio (defendido na *Filosofia da composição*) segundo o qual o tom adequado para a poesia é a tristeza e a melancolia, deixa de fora as obras nascidas de diferentes estados de ânimo, como é o caso de uma ode, um hino ou um epitalâmio. E, finalmente, ao desterrar a paixão como elemento demiúrgico do poema, Poe empobrece irremediavelmente o âmbito da poesia, mutila-a, submetendo-a a uma elaboração tirânica, fundada em fórmulas e efeitos verbais, ou a reduz a uma evocação de sombras, de recordações, a um tom inevitavelmente elegíaco, temperado, onde a música verbal seria o único apoio para a criação de uma ressonância duradoura.

Estes reparos são muito certos, mas abrangem apenas a metade explícita da poética de Poe, deixando velado o setor que ele mesmo dissimulava ou dificilmente consentia em manifestar em textos colaterais aos seus ensaios doutrinários. Vejamos se uma olhadela nesse setor ajudará a compreender a sua obra. Por ora, há uma frase significativa. No breve prefácio à edição de *O corvo e outros poemas*, afirma Poe: "Não creio que este volume contenha nada de muito valioso para o público ou de muito honroso para mim. Razões alheias à minha vontade me impediram todo o tempo de esforçar-me seriamente por algo que, em circunstâncias mais felizes, teria sido meu terreno predileto. Para mim a poesia não foi um propósito, mas uma paixão..." Coincide esta última afirmação com sua poética explícita? Dando por sentada sua condição de poeta, o homem que nos conta como compôs *O corvo* partia da *intenção* de compô-lo, isto é, do propósito de escrever um poema que obtivesse tais e quais efeitos. Mas no prólogo ao livro onde figura o mesmo poema vai nos dizer que a poesia não foi o seu propósito, mas sua paixão. Seria preciso distinguir aqui entre a poesia que é uma paixão e o poema que é um propósito? Não parece possível nem coerente. E, além disso, essas palavras iluminam por tabela um parágrafo da *Filosofia da composição* que podia passar inadvertido: "Deixemos de lado, como alheia ao poema *per se*, a circunstância – ou a necessidade – que em primeiro lugar fez nascer a intenção de escrever um poema, etc." Paixão e *necessidade* de poesia; diante destes termos a intenção instrumental do poema retrocede a um valor meramente técnico. A poesia é uma urgência, cuja satisfação é alcançada, cumprindo-se certas formalidades, adotando-se certos procedimentos. Mas a noção de "poema a frio", que parecia nascer do texto da *Filosofia da composição*, se vê sensivelmente diminuída. À luz desta admissão de um ímpeto poético que tem toda a violência daquele que os românticos reconheciam, *O corvo* deve ser reconsiderado. Não há dúvida de que neste poema há muito de excessivamente fabricado, visando a obter um profundo efeito geral por meio da sábia gradação de efeitos parciais, de preparação psicológica, de encantamento musical. Neste sentido, o relato que Poe nos faz de como o escreveu parece corroborado pelos resultados. Sabe-se, contudo, que a verdade é outra: *O corvo* não nasceu de um plano infalivelmente preconcebido, mas, sim, de uma série de estados sucessivos (e obsessivos, pois Poe viveu vários anos fustigado pelo tema – nascido da leitura de *Barnaby Rudge*, de Dickens –, provando-o em diferentes planos, aproximando-se, aos poucos, da versão final), estados esses que se desalojavam ou aperfeiçoavam mutuamente até atingirem esse texto, onde a tarefa de pôr e tirar palavras, pesar cuidadosamente cada ritmo, equilibrar as massas, alcança uma perfeição menos arquitetônica do que mecânica. Este corvo é um pouco como o rouxinol de corda do imperador da China; é, literalmente, uma "criação rítmica de beleza"; mas uma beleza fria, magia elaborada pelos conjuros impecáveis do grande mago, um estremecimento sobrenatural que lembra o vaivém da mesa de três pernas. Não se trata de negar estas evidências. Mas, isto sim, é lícito suspeitar, à luz de uma análise global de impulsos e propósitos, que a relojoaria de *O corvo* nasce mais da paixão que da razão, e que, como em todo poeta, a inteligência é ali auxiliar do outro, disso que "se agita nas profundezas", como o sentiu Rimbaud.

Se tudo isso a propósito de *O corvo* fosse certo, o que dizer dos outros grandes poemas que nos deixou Poe? Leia-se *To Helen, The Sleeper, Israfel, Dreamland, The City in the Sea, For Annie, The Conqueror Worm, The Haunted*

Palace. Neles o impulso motor do poema é por demais análogo aos impulsos motores das suas narrativas mais autobiográficas e mais obsessivas, para não se suspeitar que têm a mesma *inevitabilidade* e que só o acabamento, o retoque foram desapaixonados. Não faz o mesmo todo poeta? A mão que corrige a primeira versão não é a mesma que a escrevera; outras forças a guiam, outras *razões* a fazem apagar palavras e versos, substituir, polir, agregar...

Deixei de lado dois dos mais famosos poemas de Poe que proporcionam provas complementares do que insinuo. Em *Annabel Lee*, Poe chorou a morte da sua mulher, e o fez com acentos que jamais poderiam ter nascido de um "combinar cuidadosa, paciente e compreensivamente". Sua técnica admirável encheu de música uma urgência apaixonada, uma angústia entranhada demais para admitir dissimulação. E em *Ulalume*, para mim o seu poema mais belo junto com *To Helen*, Poe se entregou indefeso à matéria poética que nascia e ganhava forma sob seus olhos, mas que por ser tão profundamente própria dele, era-lhe incompreensível no plano consciente. Por mais que ordenasse as estrofes, criasse ou completasse a música obsedante desta evocação necrofílica, desta confissão final de derrota, *Poe não sabia o que havia escrito*, tal como poderia afirmá-lo um surrealista que escrevesse automaticamente. Uma explicação! Era ainda o tempo em que os poemas tinham de ser compreensíveis à inteligência, passar pela aduana da razão. Mas o poeta que havia afirmado orgulhosamente o seu domínio absoluto da matéria poética em *O corvo*, o poeta enamorado da técnica do verso e da música verbal, confessou mais de uma vez que o final de *Ulalume* era um enigma tão grande para ele como para seus leitores.

Edward Shanks vê em *Ulalume* "um poema que transfere do poeta para o leitor um estado mental que nenhum dos dois poderia definir em termos precisos", e o considera início da escola simbolista e decadente que os franceses levariam às últimas consequências. Como que lhe dando razão, como que admitindo esta ponte quase mediúnica pela qual a poesia passa do poeta ao poema e ao leitor, Poe tem um texto que me parece suficientemente eloquente[2]. Falando de Tennyson, diz: "Há nas suas obras passagens que me dão a confirmação de uma convicção muito antiga, a de que o *indefinido* é um elemento da verdadeira *poiesis*. Por que algumas pessoas se cansam, tentando decifrar obras de fantasia tais como *The Lady of Shalott?* Daria no mesmo desenredar o *ventum textilem*. Se o autor não se propôs deliberadamente que o sentido da sua obra fosse sugestivamente indefinido, a fim de obter – e isto de forma muito definida – um *efeito* tão vago como espiritual, tal efeito nasceu pelo menos dessas silenciosas incitações analíticas do gênio poético que, no seu supremo desenvolvimento, abrange todas as ordens da capacidade intelectual".

Aqui Poe supõe, como é do seu feitio, um propósito deliberado por parte de Tennyson de sugerir o indefinido. Mas agrega que se não fosse assim – isto é, admitindo que isso possa não ser assim –, então seria preciso aceitar essa "silenciosa incitação analítica do gênio poético que... *abrange todas as ordens da capacidade intelectual*". Poe diz "incitação analítica", o que não é muito claro, mas, isto sim é claro, o gênio poético, no seu mais alto desenvolvimento, abrange para ele todas as ordens da capacidade intelectual. Assim, em resumo, é provável que ele acreditasse sinceramente que um poema podia ser escrito de fora para dentro; mas, embora vigiasse como poucos o processo da sua criação, escreveu os seus como todos os poetas, aceitando o que vinha pela ponte do indefinido e pondo em ordem estética, em criação rítmica de beleza, a outra ordem mais profunda e incompreensível.

O contista

Na resenha crítica das narrativas de Hawthorne, Poe aproveitou o tema para desenvolver com certa extensão uma teoria do conto. Sua especial preferência por este gênero dentro da prosa marcha paralelamente à que demonstrava pelos poemas breves, e pelas mesmas razões: "Pronuncio-me sem

2. E outro, colateral, de uma importância descuidada por todos os seus críticos: veja-se *Marginalia*, XVI.

vacilar pelo conto em prosa... Refiro-me à narrativa curta, cuja leitura atenta requer de meia a uma ou duas horas. Dada sua extensão, o romance comum é criticável... Como não pode ser lido de uma só vez, se vê privado da imensa força que deriva da *totalidade*. Os acontecimentos do mundo exterior que intervém nas pausas da leitura modificam, anulam ou rebatem, em maior ou menor grau, as impressões do livro... O conto breve, ao contrário, permite ao autor desenvolver plenamente seu propósito... Durante a hora da leitura, a alma do leitor permanece submissa à vontade daquele....". Esta última frase é reveladora. Poe escreverá seus contos para dominar, para submeter o leitor no plano imaginativo e espiritual. Seu egotismo e seu orgulho encontrarão no prestígio especial das narrativas curtas, quando escritas como as suas, instrumentos de domínio que raras vezes podia alcançar pessoalmente sobre seus contemporâneos.

Tecnicamente, sua teoria do conto segue de perto a doutrina poética: também um conto deve partir da intenção de obter certo efeito, para o qual o autor "inventará os incidentes, combinando-os da maneira que melhor o ajude a conseguir o efeito preconcebido..." Na prática, ocorrerá com quase todos os contos de Poe o mesmo que com os poemas, isto é, o efeito obtido depende, em suma, de episódios ou de atmosferas que escapam originariamente a seu domínio, o qual só se impõe *a posteriori*. Mas certas narrativas – as de puro raciocínio, por exemplo – aparecem mais bem subordinadas a esta técnica pragmática que devia satisfazer profundamente o orgulho de seu autor.

O terceiro ponto da doutrina é também importante: significa a liquidação de todo propósito estético do conto. Os contos-poema, os contos "artísticos" não são para Poe verdadeiros contos. A beleza é o território do poema. Mas, em compensação, a poesia não pode fazer um uso tão eficaz "do terror, da paixão, do horror ou de uma multidão de outros elementos". Poe defende linha após linha os "contos de efeito" à maneira dos que deleitavam (fazendo-os tremer) os leitores do *Blackwood's Magazine* e das demais revistas literárias escocesas e inglesas de princípios do século. Como se verá pela leitura de seus contos completos, ele foi sempre fiel a este deslinde de terrenos, pelo menos em sua obra. Não tem um só conto que possa ser considerado nascido de um impulso meramente estético – como tantos de Wilde, de Henri de Régnier, de Rémy de Gourmont, de Gabriel Miro, de Darío. E o único que toca neste campo no plano verbal, no seu ritmo de poema em prosa – aludimos a *Silêncio* –, tem como subtítulo: *uma fábula*.

Os textos citados e os melhores contos de Poe provam sua perfeita compreensão dos princípios que regem o gênero. Às suas observações teóricas se agregam as que podemos deduzir da sua obra, e que são, como sempre, as verdadeiramente importantes. Poe percebeu, *antes de todos*, o rigor que exige o conto como gênero, e que as diferenças deste com relação ao romance não eram só uma questão de tamanho. Afirmou-se que o período entre 1829 e 1832 vê nascer o conto como gênero autônomo. Na França surgem Mérimée e Balzac, e nos Estados Unidos, Hawthorne e Poe. Mas só este escreveria uma série tão extraordinária de narrativas a ponto de dar ao novo gênero o empurrão definitivo em seu país e no mundo, e de inventar ou aperfeiçoar formas que teriam vasta importância futura. Poe descobriu imediatamente a maneira de construir um conto, de diferenciá-lo de um capítulo de romance, dos relatos autobiográficos, das crônicas romanceadas do seu tempo. Compreendeu que a eficácia de um conto depende da sua *intensidade como acontecimento puro*, isto é, que todo comentário ao acontecimento em si (e que em forma de descrições preparatórias, diálogos marginais, considerações *a posteriori* alimentam o corpo de um romance e de um conto ruim) deve ser radicalmente suprimido. Cada palavra deve confluir, concorrer para o acontecimento, para *a coisa que ocorre* e esta coisa que ocorre deve ser só acontecimento e não alegoria (como em muitos contos de Hawthorne, por exemplo) ou pretexto para generalizações psicológicas, éticas ou didáticas. Um conto é uma verdadeira máquina literária de criar interesse É absolutamente literário, e se deixa de o ser como, por exemplo, na literatura de tese, se converte em veículo literário de um efeito extraliterário, isto é, deixa de ser um conto no antiquíssimo sentido da palavra[3].

3. As três acepções da palavra *conto*, segundo Julio Casares, são: "Relato de um acontecimento. / Narração, oral ou escrita, de um acontecimento falso. / Fábula que se conta às crianças para diverti-las". Poe engloba os três sentidos

A coisa que ocorre deve ser *intensa*. Aqui Poe não se colocou estéreis questões de fundo e forma; era lúcido demais para não perceber que um conto é um organismo, um ser que respira e palpita, e que sua *vida* consiste – como a nossa – em um núcleo animado inseparável das suas manifestações. Coração e palpitação não são duas coisas, mas duas palavras. Um coração vivo palpita, um palpitar é um coração que vive. A intensidade do conto é esse palpitar da sua substância, que só se explica pela substância, assim como esta só é o que é pela palpitação. Por isso, ao se falar de intensidade não se deve entender a obrigação de que o conto contenha acontecimentos exageradamente intensos num sentido factual. Que ocorre em *O demônio da perversidade?* Um homem cede à necessidade de confessar seu crime, e confessa; casos assim se dão com frequência. Mas só os Poe e os Dostoievski conseguem situar suas narrativas no plano essencial e, portanto, efetivo. Se um tema como esse não nasce ou não se apoia na estrutura mais profunda do homem, não terá intensidade e sua concretização literária será sem efeito[4]. Certos contos serão intensos porque defrontam o homem com a circunstância em conflitos trágicos, de máxima tensão (como em *Uma descida ao Maelstrom*, *Gordon Pym*, *Manuscrito encontrado numa garrafa*), ou porque põem em cena seres em que se concentram certas faculdades no seu ponto mais alto (o raciocinador infalível, em *Os crimes da rua Morgue*), certas fatalidades misteriosas (os heróis de *Ligéia*, *Berenice*, *A queda da casa de Usher*), certas conjeturas sobrenaturais (como *O colóquio de Monos e Una*, e *A conversa de Eiros e Charmion*), certo heroísmo na busca de um fim (Hans Pfaall, Pym, Von Kempelen). Sem risco de errar, pode-se dizer que todos os contos de Poe presentes na memória universal traduzem alguma destas circunstâncias. O resto da sua obra de ficção, em que fica muito de interes-

---

na sua criação: o acontecimento a relatar é o que importa; o acontecimento é falso; o relato tem somente uma finalidade hedônica.
4. O exemplo vale, além disso, para mostrar a diferença essencial entre conto e romance. O tema do crime e da confissão se dilata em Dostoievski até uma visão universal do homem, até uma teleologia e uma ética. Somente o romance pode permitir essa expansão. Poe fica no acontecimento em si, no seu horror sem transcendência. Ao leitor cabe extrair consequências à margem do conto que lhe mostra o abismo, mas não o leva a explorá-lo.

sante e agradável, está abaixo desse nível, e não há talento verbal nem engenho técnico que salve da mediania um conto sem intensidade.

Poe é o primeiro a aplicar sistematicamente (e não só ao acaso da intuição, como os contistas do seu tempo) este critério que no fundo é critério de economia, de estrutura funcional. No conto vai ocorrer algo, e esse algo será intenso. Todo rodeio é desnecessário sempre que não seja um falso rodeio, ou seja, uma aparente digressão por meio da qual o contista nos agarra desde a primeira frase e nos predispõe para recebermos em cheio o impacto do acontecimento. Assim, *O demônio da perversidade* começa discursivamente, mas após duas frases já sentimos a garra de Poe, não podemos interromper a aproximação inevitável do drama. Em outros contos (*O poço e o pêndulo*, *O coração delator*) a entrada no assunto é fulminante, brutal. Sua economia é a das que surpreendem em tempos de literatura difusa, quando o Neoclassicismo convidava a espraiar ideias e engenho sob pretexto de qualquer tema, multiplicando as digressões, e a influência romântica induzia a efusões incontroladas e carentes de toda vertebração. Os contistas da época não tinham outro mestre senão o romance, que é péssimo fora do âmbito que lhe é próprio. Poe acerta desde o começo: *Berenice*, *Metzengerstein*, seus primeiros contos, são já perfeitos de força, de exata articulação entre as partes, são a máquina eficaz que ele defendia e queria.

Muito se tem elogiado Poe pela criação de "ambientes". Deve-se pensar em outros altos mestres do gênero – Tchékhov, Villiers de l'Isle-Adam, Henry James, Kipling, Kafka – para encontrar seus pares na elaboração dessa propriedade como que magnética dos grandes contos. A aptidão de Poe para nos introduzir num conto como se entra numa casa, sentindo imediatamente as múltiplas influências de suas formas, cores, móveis, janelas, objetos, sons e cheiros, nasce da concepção que acabamos de mostrar. A economia não é ali somente uma questão de tema, de ajustar o episódio ao seu miolo, mas de fazê-lo coincidir com a sua expressão verbal, ajustando-a ao mesmo tempo para que não ultrapasse os seus limites. Poe procura fazer com que o que ele diz seja presença da coisa dita e não discurso *sobre* a coisa. Nos seus melhores contos o método é francamente poético: fundo e forma deixam de ter sentido como tais. Em *O tonel de amontillado*, *O coração delator*, *Berenice*, *Hop-Frog* e tantos mais, o ambiente resulta da eliminação quase absoluta de pontes, apresentações e retratos; somos colocados no drama, somos obrigados a ler o conto como se estivéssemos dentro. Poe não é nunca um cronista; seus melhores contos são janelas, aberturas de palavras. Para ele, um ambiente não constitui como que um halo do que acontece, mas forma corpo com o próprio acontecimento e, às vezes, é o acontecimento. Em outros contos – *Ligéia*, *William Wilson*, *O escaravelho de ouro* – o desenvolvimento temático se repete na moldura tonal, no cenário. *William Wilson* é um conto relativamente extenso, pois compreende uma vida desde a infância até a virilidade; contudo, o tom dos primeiros parágrafos é tal que provoca no leitor um sentimento de aceleração (criando o desejo de saber a verdade) e o faz ler o conto num tempo mental inferior ao tempo físico que a leitura consome. Quanto a *O escaravelho de ouro*, todo leitor recordará como o leu na ocasião. O ritmo das narrativas é tão adequado ao ritmo dos acontecimentos que a sua economia não é uma questão de obrigatória brevidade (embora tenda para isso), mas, sim, de perfeita coerência entre duração e intensidade. Ali nunca há perigo de um *anticlímax* por desajuste técnico.

Trent e Erskine assinalam os limites da concepção excessivamente mecânica com que se costuma julgar o método narrativo de Poe. É evidente que as suas narrativas buscam um efeito, para o qual Poe se propõe aplicar um determinado princípio cujo cumprimento provocará a reação buscada no leitor. Em *Morella* a epígrafe de Platão se cumpre na reencarnação da alma da heroína; *Ligéia* dá corpo a uma afirmação de Glanville; *O tonel de amontillado* parte da premissa de que a vingança não deve prejudicar o vingador, e que a vítima deve saber de quem procede a desforra; *Uma descida ao Maelstrom* ilustra os benefícios de um princípio de Arquimedes. Baseando-se nisto é fácil atribuir a Poe um método narrativo puramente técnico, onde a fantasia se limita a criar uma pseudo-realidade em cujo palco se cumpre o princípio. "Mas estas objeções ao método de Poe costumam ser feitas quando faz tempo que se leu. De fato, se cada conto começa por interessar a inteligência, termina apoderando-se da alma. No decorrer da leitura, não podemos evitar uma profunda experiência *emocional*... Dizer, pois, que a arte de Poe está afastada da experiência equivale a esquecer que ele sempre apoia os dedos sobre algum nervo sensível no espírito do leitor." E Robert Louis Stevenson, aludindo à nossa participação involuntária no drama, escreve: "Às vezes, em lugar de dizer: Sim, assim é que eu seria se estivesse um pouco mais louco do que sempre estive, podemos dizer francamente: Isto é o que sou".

Talvez, com estas observações, se possa encerrar a parte doutrinária que Poe concebe e aplica nos seus contos. Mas imediatamente se nos abre um terreno muito mais amplo e complexo, *terra incógnita*, onde se deve mover entre intuições e conjeturas, onde se acham os elementos profundos que, muito mais que tudo já visto, dão a certos contos de Poe a sua inconfundível tonalidade, ressonância e prestígio.

Deixando de lado as narrativas secundárias (muitos contos foram escritos para encher colunas de uma revista, para ganhar uns dólares em momentos de terrível miséria) e atendo-nos aos relatos principais, que, aliás, são a ampla maioria, é fácil perceber que os *temas* poeanos nascem das tendências peculiares da sua natureza, e que em todos eles a imaginação e a fantasia criadoras trabalham sobre a matéria primordial, um produto inconsciente. Este material, que se impõe irresistivelmente a Poe e *lhe dá o conto*, proporcionando-lhe num só ato a necessidade de escrevê-lo e a raiz do tema, se apresentará para ele sob a forma de sonhos, alucinações, ideias obsessivas; a influência do álcool e, sobretudo, a do ópio, facilitarão sua irrupção no plano consciente, assim como sua aparência (para ele, em quem se percebe uma vontade desesperada de se enganar) de achados imaginativos, de produtos da idealidade ou faculdade criadora. Desta forma uma obsessão necrofílica esboçada em *Morella* irá repetir-se até alcançar toda a sua força em *Ligéia*, passando por múltiplos matizes e formas em *Berenice, Eleonora, A queda da casa de Usher, O enterro prematuro, O retrato oval, Os fatos no caso do senhor Valdemar, A caixa oblonga, O coração delator, O tonel de amontillado, O colóquio de Monos e Una, Revelação mesmérica* e *Silêncio*[5]. Uma tendência sádica acompanhará às vezes a obsessão necrofílica, como em *Be-*

---

5. Enumeramos sem levar em conta a ordem de composição.

renice, ou buscará formas onde manifestar-se sem rodeios, como em *O gato preto*, em certos episódios de *Gordon Pym* e *O alento perdido*. A desforra da inferioridade determinada por inibições e inadaptações assomará com diferentes disfarces: às vezes, será o analista infalível que contempla com desdém o medíocre mecanismo mental de seus semelhantes, tal como Dupin zomba do delegado de polícia em *A carta roubada*; às vezes, será o orgulhoso, como Metzengerstein; o astuto, como Montresor e HopFrog; o gozador, como Hans Pfaall e o barão Ritzne Von Jung.

As obsessões fundamentais – das quais não temos por que ocupar-nos clinicamente e em detalhe – aparecem nos contos de Poe refletindo-se umas nas outras, contradizendo-se aparentemente e dando quase sempre uma impressão de "fantasia" e "imaginação" marcadas por uma tendência aos traços grossos, às descrições macabras. Os contemporâneos assim o viram, porque estavam familiarizados com o gênero "gótico", e provavelmente Poe não pensava outra coisa sobre si mesmo. Só hoje se pode julgar a parte de criação e a parte de imposição que há nos seus contos. Em *Os crimes da rua Morgue*, onde surge pela primeira vez o conto analítico, de fria e objetiva indagação racional, ninguém deixará de notar que a análise se aplica a um dos episódios mais cheios de sadismo e mais macabros que se possa imaginar. Enquanto Dupin-Poe paira nas alturas do raciocínio puro, seu tema é o de um cadáver de mulher enfiado de cabeça para baixo e aos empurrões num buraco de chaminé, e o de outra degolada e dilacerada até ficar irreconhecível. Poucas vezes Poe se deixou levar mais longe pelo deleite na crueldade. E no relato paralelo, *O mistério de Marie Rogêt*, também são abundantes minuciosas descrições de cadáveres de afogados e há uma demorada complacência na cena em que teve lugar uma violação seguida de assassínio. Isto prova uma dupla satisfação neurótica, a do impulso obsessivo em si e a da tendência reflexiva e analítica própria do neurótico. Krutch assinalou que se Poe acreditou sinceramente que seus contos analíticos contrabalançavam e compensavam a série das narrativas obsessivas, se enganava por completo, pois sua mania analítica (presente nas suas críticas, no seu gosto pela criptografia, e em *Eureka*) não é senão o reconhecimento tácito da sua neurose, uma superestrutura destinada a comentá-la num plano aparentemente livre de toda influência inconsciente.

Não duvidamos de que Krutch e os que opinam como ele estejam parcialmente certos. É verdade que nem sequer nos contos analíticos Poe se salva das piores obsessões. Mas nos limitaremos a perguntar se a neurose – presente, segundo estes críticos no fundo e na forma dos contos, no seu tema e na sua técnica – basta para explicar o efeito desses relatos sobre o leitor, a existência deles como literatura válida. Os neuróticos capazes de refletir sobre suas obsessões são legião, mas não escrevem *O homem da multidão* nem *O demônio da perversidade*. Podem, é certo, proporcionar-nos fragmentos de poesia pura, de extravasamento inconsciente que nos aproxima por um momento das larvas, do balbucio original disso que chamamos alma ou coração ou qualquer outra coisa convencional. Assim *Aurélia*, de Gérard de Nerval, assim tanto poema de Antonin Artaud, assim a autobiografia de Leonora Carrington. Mas esses neuróticos, esses monomaníacos, esses loucos, não são contistas, não sabem ser contistas, porque um conto é uma obra de arte e não um poema, é literatura e não poesia. Já é tempo de dizer com certa ênfase aos clínicos de Poe, que se este não pode fugir das obsessões, que se manifestam *em todos os planos* dos seus contos, mesmo nos que ele julga mais independentes e mais próprios da sua consciência pura, não é menos certo que possui a liberdade mais extraordinária que se possa dar a um homem: a de encaminhar, dirigir, enformar conscientemente as forças desatadas do seu inconsciente. Em vez de ceder a elas no plano expressivo, as situa, hierarquiza, ordena; aproveita-as, converte-as em literatura, distingue-as do documento psiquiátrico. E isto salva o conto, cria-o como conto, e prova que o gênio de Poe não tem, em última análise, nada que ver com a neurose, que não é o "gênio enfermo", como foi chamado, e que, pelo contrário, seu gênio goza de esplêndida saúde, a ponto de ser o médico, o guardião e o psicopompo da sua alma enferma.

Às imposições da sua natureza, Poe incorpora – condicionando-os – certos dados da sua experiência e das suas leituras. Destas últimas deriva, às vezes, a parte mais reprovável de um vocabulário enfático, herdado da borracheira dos romances "negros", presente nas primeiras frases de

William Wilson e em *O encontro*. Seria preciso estudar também a influência em Poe de escritores como Charles Brockden Brown, pioneiro do conto e do romance norte-americanos, autor de *Wieland* e de narrativas onde aparecem sonâmbulos, ventríloquos, loucos e seres fronteiriços.

Da experiência direta surge o mar como grande e magnífico tema. Quando criança, Poe havia cruzado duas vezes o oceano, e a viagem de retorno deve ter ficado gravada com todos os detalhes nessa memória ávida de fatos curiosos e fora do comum. Além disso, tinha ouvido os saborosos relatos marítimos dos capitães que comerciavam com seu tutor John Allan. Por isso, *Gordon Pym* conterá passagens de alta precisão quanto à nomenclatura e às modalidades marítimas, e nada menos que um Joseph Conrad dirá do *Manuscrito encontrado numa garrafa*, que "é um magnífico trabalho, o mais perfeito possível no gênero, e tão autêntico nos detalhes que poderia ter sido narrado por um marinheiro ..."

Mas o "realismo" em Poe não existe como tal. Nos seus contos, os detalhes mais concretos são sempre subordinados à pressão e ao domínio do tema central, que não é realista. Nem sequer *Gordon Pym*, iniciado como mero romance de aventuras, escapa a essa submissão às forças profundas que regem a narrativa de Poe; a aventura marítima acaba num vislumbre aterrador de um mundo hostil e misterioso, para o qual já não há palavras possíveis. Não é de se estranhar, pois, que a publicação da primeira série dos seus contos desconcertasse os críticos contemporâneos, e que estes buscassem uma explicação para a sua "morbosidade" em supostas influências da literatura fantástica alemã, com Hoffman à frente. Defendendo-se desse ataque (bastante infundado, com efeito) Poe escreveu no prólogo aos *Contos do grotesco e do arabesco*: "Com uma única exceção, em todas estas narrativas não há nenhuma onde o erudito possa reconhecer as características distintivas dessa espécie de pseudo-horror que nos ensinam a chamar alemão pela única razão de que alguns autores alemães secundários se identificaram com a sua insensatez. Se muitas das minhas produções tiveram como tese o terror, reafirmo que esse terror não vem da Alemanha, mas da alma; que deduzi este terror tão-só das fontes legítimas, e que o levei tão-só aos resultados legítimos".

A confirmação é eloquente depois do que acabamos de comentar. Em vez de "terror da alma" deve-se ler "terror de minha alma"; Poe incorre frequentemente neste tipo de generalizações, por causa da sua absoluta incapacidade para penetrar no espírito alheio. Suas leis lhe parecem leis da espécie. E, de modo sutil, não se engana, pois seus contos nos agarram por pontas analógicas, pela capacidade que têm de despertar ecos e satisfazer obscuras e imperiosas necessidades. De qualquer forma, essa esquizofrenia ilumina a assombrosa falta de comunicação da sua literatura com o mundo exterior. Não é que substitua o mundo ordinário pelo mundo fantástico, como Kafka ou Lord Dunsany, se não que num ambiente que peca pelo excesso e pelo abafamento (*Usher*, *A máscara da morte vermelha*) ou por despojamento e esquematismo (*Gordon Pym*), num cenário que é sempre ou quase sempre *deformação* do cenário humano, Poe coloca e move personagens completamente desumanizados, seres que obedecem a leis que não são as leis usuais do homem, mas seus mecanismos menos frequentes, mais especiais, mais excepcionais. Por desconhecer seus semelhantes, que dividia invariavelmente em anjos e demônios, ignora todo comportamento e toda psicologia normais. Só sabe o que ocorre nele, sabe clara ou obscuramente, mas o sabe. É dessa forma que o terror da *sua* alma se converte no *da* alma. É dessa forma que, no princípio de *O enterro prematuro*, poderá generalizar um sadismo que, indubitavelmente, sentia, dizendo: "Estremecemo-nos com a mais intensa das 'dores agradáveis' ante os relatos da travessia de Berezina, do terremoto de Lisboa, da peste de Londres e do massacre de São Bartolomeu, ou da asfixia dos cento e vinte e três prisioneiros no Poço Negro de Calcutá". Dá por sentado que todos sentem o mesmo que ele, e por isso moverá suas personagens sem clara consciência de que são diferentes do comum dos homens, que são seres fronteiriços cujos interesses, paixões e comportamentos constituem o excepcional, apesar da sua repetição quase monótona.

    De toda forma, não se devem esquecer as correntes literárias. Os personagens de Poe levam ao limite a tendência noturna, melancólica, rebelde e marginal dos grandes heróis inventados pelo romantismo alemão, francês e inglês; com a diferença de que estes agem por razões morais ou passionais que carecem de todo interesse para Poe. A influência precoce de Byron na sua formação não se discute, e é evidente que os romances "góticos" alemães e ingleses, a poesia noturna francesa e germânica, deixaram marcas num temperamento avidamente disposto a compartilhar essa atitude romântica cheia de contradições, na qual, porém, as notas dominantes são o *cultivo da solidão por inadaptação e a busca de absolutos*. Se a isto se soma o isolamento precoce em Poe de toda comunicação autêntica com os homens, seu contínuo e exasperante choque com o mundo dos "demônios", e seu refúgio fácil no dos "anjos" encarnados, não será difícil explicar esta total falta de interesse e capacidade para mostrar caracteres normais, que é substituída por um mundo especial de comportamentos obsessivos, de monomanias, de seres *condenados*. "Desde a época dos alquimistas – diz Van Wyck Brooks – ninguém produziu como Poe os efeitos da condenação, ninguém teve maior consciência de estar condenado. Em suas páginas não se sente jamais o alento da vida; ocorrem crimes que não repercutem na consciência humana, ouvem-se risos sem som, há prantos sem lágrimas, beleza sem amor, amor sem filhos, as árvores crescem sem produzir frutos, as flores não têm fragrância... É um mundo silencioso, frio, arrasado, lunático, estéril, um carrascal do diabo. E somente o impregna uma sensação de intolerável remorso."

Poe compreenderá e aceitará isso. A aceitação tácita é dada pela repetição até o cansaço de certas personagens e situações. Quase ninguém se salva de cair no molde típico. Arthur Gordon Pym, por exemplo, homem de ação destinado a viver uma extraordinária aventura marítima, confessa após algumas páginas que as aventuras com que sonhavam os seus amigos de adolescência se apresentavam para ele sob formas horríveis: fome, motins, mortes, desastres espantosos, levando-o a se convencer de que tal haveria de ser o seu destino. Os trágicos eventos que vão abater sobre ele não ultrapassam, na realidade, essa *previsão* doentia, não podem surpreender Pym. Um belo dia ocorre a Poe escrever um conto humorístico, e nasce *O alento perdido*, cuja personagem sofre horrendas experiências que culminam num enterro em vida, passando pela mesa de dissecção e pela forca. Em *Os óculos*, se bem que o horror não seja físico, o pobre diabo do personagem se vê exposto a um ridículo pior do que a morte. Poe não consegue manter ninguém num caminho normal, médio, embora se proponha firmemente fazê-lo, como às vezes parece ser o caso. Na mais despreocupada e ligeira das suas histórias não tarda a assomar a sombra, seja horrível, grotesca ou do pior ridículo; e o herói tem de se incorporar à galeria comum, e essa galeria se parece muito aos museus de figuras de cera.

Mas além desta aceitação tácita daquilo que a sua própria maneira de ser lhe impõe, Poe tratará de justificá-la, de motivá-la explicitamente: "Não há beleza rara sem algo de estranho nas proporções". A frase, que em *Ligéia* se aplica à fisionomia da heroína, valerá num sentido mais geral para esse como para outros contos. Poe se inclina conscientemente perante um fato cuja verdade lhe foi imposta a partir de outras dimensões. E nada lhe parecerá importante se não possuir esse "algo de estranho" nas proporções, esse afastamento de todo cânon, de todo denominador comum.

Poe não pôde escapar do solipsismo nem sequer nos contos mais vinculados, por razões de assunto, ao mundo circundante. Prova-o a série de narrativas satíricas. Se procura apresentar uma sabichona do seu tempo, inventa Mrs. Psyche Zenobia, que não tem a mínima verdade psicológica e pouco vale como caricatura. O personagem Thingum Bob, no conto que tem seu nome, apesar de conter elementos autobiográficos não passa de um fantoche, quando comparado com personagens análogos do romance inglês do século XVIII ou XIX. E a mesma deficiência pode ser percebida nos contos grotescos, como *O diabo no campanário*, *Nunca apostes tua cabeça com o diabo* ou *O duque d'Omelette*. Esta carência de humanidade dos seus personagens ainda se manifestará num traço que acentua o afastamento destes com relação aos quadros habituais: refiro-me à falta de uma sexualidade normal. Não é que os personagens não amem, pois com frequência o drama nasce da paixão amorosa. Mas esta paixão não é um amor dentro da dimensão erótica comum; pelo contrário, situa-se em planos de angelismo ou satanismo, assume os traços próprios do sádico, do masoquista e do necrófilo, escamoteia todo processo natural, substituindo-o por uma paixão que o herói é *o primeiro a não saber como qualificar* – quando não cala, como Usher, aterrado pelo peso da culpa ou da obsessão. O amor entre Ligéia e o marido está sepultado sob teias metafísicas e quando Ligéia morre e o viúvo volta a se casar, odeia de imediato a mulher "com ódio mais digno de um demônio que de um homem". Eleonora é como que uma sombra de Virgínia Clemm ("eu, minha prima e a mãe dela"), e apenas o amor nasce nela, a morte se apresenta inexorável e impede a consumação do matrimônio. Berenice também é prima do herói, que dela dirá palavras que já não parecerão estranhas: "Nos dias mais brilhantes de sua beleza incomparável, seguramente não a amei. Na estranha anomalia de minha existência, os sentimentos, em mim, *nunca vinham do coração* e as paixões *sempre* vinham da inteligência". O herói de *Morella* casa-se com esta depois de afirmar: "Desde nosso primeiro encontro minha alma ardeu com fogo até então desconhecido; mas o fogo não era de Eros, e foi amarga e torturadora para meu espírito a convicção gradual de que de modo algum poderia definir o seu caráter insólito, ou regular sua vaga intensidade..." E Usher, a quem podemos suspeitar vítima de uma paixão incestuosa, deixará que a irmã sofra enterrada viva, sem se atrever a falar até o fim. Em *O retrato oval*, o pintor casa-se com uma formosa jovem, "mas ele tinha já uma noiva na Arte". Em *O encontro*, o amor não consumado leva os amantes a um duplo suicídio que nasce do despeito disfarçado de paixão. Em *A caixa oblonga*, um viúvo desconsolado se entrega a um horrível ritual macabro. E em *Os óculos*, cujo tema central é a história de um homem enamorado, poucas vezes se pôde mostrar tanta ignorância (além do exagero deliberado) daquilo que se está contando. Qualquer que seja o ângulo de visão, a obra narrativa de Poe apresenta-se desprovida de verdadeira paixão; o que os seus heróis tomam por isso não passa de obsessões, monomanias, fetichismos, complacências sadomasoquistas. Privados de todo erotismo normal como impulso ou força integrante da ação, os contos de Poe acusam somente as formas larvares ou aberrantes do amor. Torna-se, assim, curioso que várias gerações tenham posto esses contos em mãos de crianças, ao não perceberem qualquer signo exterior de "imoralidade". A literatura passa, com frequência, dessas rasteiras nas boas pessoas.

Mas eis que a mesma falta de comunicação com a realidade de fora se torna instrumento de poder em Poe. Seus contos têm para nós o fascínio dos aquários, das bolas de cristal, onde, no centro inalcançável, há uma cena transparente e petrificada. Perfeitas máquinas de produzir efeitos fulminantes, não querem ser esse espelho que avança por um caminho, conforme Stendhal viu o romance, mas, sim, esses espelhos de tanto conto infantil que refletem somente o estranho, o insólito, o fatal. Poe pode prescindir do mundo nos seus contos, desconhecer a dimensão humana, ignorar o riso, a paixão dos corações, os conflitos do caráter e da ação. Seu próprio mundo é tão variado e tão intenso, tão assombrosamente adequado à estrutura do conto como gênero literário, que cabe afirmar paradoxalmente que, se ele tivesse *fingido* todas as suas incapacidades, teria agido em legítima defesa da sua obra, satisfatoriamente realizada na sua própria dimensão e com recursos apenas seus. No fundo, os seus inimigos de ontem e de hoje são os inimigos da literatura de ficção (e que bem se aplica o termo aos contos de Poe!), os ávidos da *tranche de vie*. Poe entendeu de outro modo a prosa criadora, porque via diferentemente a vida, além de não ter ilusões sobre a perfectibilidade humana por via literária.

Num texto que não costuma ser citado (*Marginalia*, CCXXIV) se define admiravelmente o mundo-aquário dos seus contos. Basta aplicar-lhe suas próprias palavras: "Os chamados personagens originais só podem ser elogiados criticamente como tais quando apresentam qualidades conhecidas na vida real, mas jamais descritas antes (combinação quase impossível), ou quando apresentam qualidades (morais, físicas ou ambas) que, embora desconhecidas ou hipotéticas, se adaptam tão habilmente às circunstâncias que as rodeiam que nosso senso do apropriado não se ofende, e nos pomos a imaginar a razão pela qual essas coisas *poderiam ter sido*, embora continuemos seguros de que *não são*. Esta última espécie de originalidade pertence à região mais elevada do *ideal*".

Ele soube adaptar seus personagens às circunstâncias e vice-versa, porque seu gênio de contista o induzia a criar *estruturas fechadas e completas*; o mundo de Usher, o mundo de William Wilson, o mundo de M. Valdemar, cada um é tão coerente e válido *em si* enquanto os estamos vivendo, que "nosso senso do apropriado não se ofende, e nos pomos a imaginar a razão pela qual essas coisas *poderiam ter sido...*" Orgulhoso, retraído, solitário, Poe lança ao espaço os pequenos orbes dos seus contos, quase nem mesmo satélites deste planeta que não era o seu e do qual buscou livrar-se da única maneira que seu gênio lhe permitia.

"Em muitos lugares da China – diz Roger C. Lewis –, quando no verão se aproximam as sombras da noite, os anciões do vilarejo se sentam junto do caminho e contam contos ao povo. Eu os escutava com grande interesse. Por fim, fiz a prova com Poe, durante várias reuniões, e ele sempre me deu popularidade. Ninguém me contradisse nem pareceu duvidar. Para eles era perfeitamente natural. Mas me chamaram de 'honorável, formoso embusteiro' quando lhes descrevi os arranha-céus de Nova York."

O crítico

Embora comparativamente menos importante, o esforço crítico de Poe é mais difícil de sintetizar. Já não se trata aqui de um homem quase isolado, que se basta a si mesmo em grande medida para escrever poemas e narrativas. A função crítica implica relação, acordos e desacordos com o meio, e, sobretudo, noções razoavelmente claras sobre os autores e os temas que constituem seu interesse. Não nos podemos aproximar do Poe que escreve ensaios e resenhas sem adiantar referências à América do Norte de sua época e aos instrumentos intelectuais que utilizaria em sua tarefa doutrinária.

Hervey Allen resume habilmente o panorama geral dos tempos – digamos entre 1830 e 1850 –: "A verdade é que aos vinte e dois anos Poe tinha poucos contemporâneos nos Estados Unidos. Havia uns poucos círculos em Boston, Nova York e Filadélfia onde as suas observações teriam encontrado eco. Baltimore iria proporcionar outro mais adiante. Quanto ao resto, a antiga tradição de cultura clássica estava desaparecendo rapidamente junto com a velha geração fundadora da República. A nova democracia jacksoniana montava a cavalo; era a democracia da fronteira, que os seguidores de Jefferson tomaram erroneamente pela própria. Já não estava na moda ser um *gentleman* ou saber alguma coisa. A maré do Romantismo e da filosofia alemã secundária, que Longfellow e Emerson logo iriam introduzir na América do Norte, nem sequer eram mencionadas... O mundo em que Poe se movia não tinha nada que ver com isso. O seccionalismo, que já começava a dividir a nação, a controvérsia sobre a escravidão, o despertar do industrialismo e os vagidos e babugens da jovem democracia, que já então começava a golpear todos os que levantavam a cabeça sobre o nível mental ou moral, não existiam para ele. Seu mundo estava nos reinos do pensamento, da crítica e da filosofia de molde europeu que encontrara desde menino nas páginas das revistas inglesas... Ali havia conhecido Macaulay e 'Christopher North', se interessara por Shelley, Keats, Byron, Wordsworth e pelo gigante Coleridge, e com eles pensava, e partindo deles se movia, armado com um autêntico critério da filosofia da época, e o único impulso duradouro e criador de poesia romântica que terão produzido os Estados Unidos. Longfellow e Emerson traduziram, remodelaram e explicaram, mas Poe tomou os elementos do Romantismo e criou, partindo deles, algo novo, uma expressão única em poesia e um comentário e uma aplicação da filosofia ao seu tempo e à sua circunstância que só agora começam a ser apreciados".

Vernon Louis Parrington assinala por sua vez a situação excêntrica de Poe em seu meio: "Embora sulista nos profundos preconceitos do seu caráter desconfiado, o seu isolamento do mundo virginiano foi completo. Afora sua arte, não tinha uma filosofia, carecia de um programa e de uma causa. A Virgínia deu-lhe mais de ruim que de bom, e o seu distanciamento dos ideais sulistas, mais generosos, lhe causou dano. Talvez fosse mais duro ser um artista naquela negligente sociedade sulista que no Norte, mais difícil ser um romântico apenas preocupado com a sua própria melancolia crepuscular. Teria sido bastante duro em qualquer lugar da América do Norte jacksoniana. Os romantismos de Poe eram muito diferentes dos que buscavam os seus compatriotas, e o plantador não simpatizava com eles mais que os *literati* de Nova York ou os homens de letras do Oeste. Num mundo entregue aos presunçosos entusiasmos da classe média, pouca simpatia podia haver para com o artesão e o sonhador. Não se podiam fazer investimentos rendosos na neblinosa região média de Weir' que Poe lançava no mercado. O técnico consagrado aos valores de sílabas longas e breves encontraria poucos espíritos afins num mundo de coisas mais substanciais, e os fornecedores de contos vulgares não estariam muito contentes com o fato de alguém lhes apontar os defeitos, exigindo uma execução mais competente. E assim, como Herman Melville, Poe naufragou no arrecife dos materialismos norte-americanos. O dia do artista não tinha raiado ainda".

Isolado, diferenciado, orgulhosamente à margem das correntes dominantes em seu país, com que recursos conta Poe para travar a grande batalha crítica na qual se manteve por mais de quinze anos? Já dissemos algo sobre os limites da sua cultura, que nos seus dias pôde passar aos olhos do *common reader* como assombrosamente variada e profunda – embora suas lacunas não escapassem a um Lowell, a um Emerson e mesmo a um Briggs. A educação oficial de Poe foi irregular: um ano numa escola particular inglesa, outros com professores particulares do seu país e um breve período na Universidade da Virgínia, onde as suas vastas leituras não compensaram os hiatos e ignorâncias precedentes. Com Poe iria ocorrer o mesmo que com a maioria de seus contemporâneos: o acesso às fontes bibliográficas diretas se via quase sempre substituído por centões, resumos, exposições de segunda ou terceira mão, e preferências marcadas demais para não gerarem outras tantas exclusões. Sua inteligência e sua memória faziam maravilhas, e também sua tendência natural para reparar no estranho, que ele gostava de chamar *bizarre*. Um bom exemplo destes gostos é dado pela *Marginalia*, que também mostra por tabela a falta de amplitude da sua cultura. A biblioteca mental de Poe é um aglomerado de curiosidades (extraídas na maior parte das vezes de compilações precedentes) e de noções fixas, ideias-fetiches, às quais volta em numerosas ocasiões. Gosta de citar Bacon, o barão de Bielfeld, D'Israeli pai (a quem pilha sem mencionar), Tertuliano, certos moralistas ingleses, vagos autores cujas obras podemos estar quase seguros de que não havia lido. Como assinala Allen em trecho citado, Poe conhece bem os românticos ingleses; provavelmente está familiarizado com os melhores autores ingleses do século XVIII. Dos antigos possui noções dispersas e confusas, embora sua excelente memória o ajude a lembrar uma quantidade de sentenças e versos latinos e gregos[6]. O que lhe falta sempre é a noção profunda das estruturas e das épocas culturais. Suas ideias sobre o teatro e a epopeia na Grécia fazem sorrir, não tanto pelos erros em si, mas pela total falta de comunicação cultural entre Poe e o tema. Com respeito à literatura francesa, ocorre algo parecido. Quanto aos seus contemporâneos ingleses e norte-americanos, leu todos e muito bem. Nada lhe escapa do panorama literário do tempo no mundo de língua inglesa; mas, como não tem uma visão global da literatura e da filosofia, seus juízos serão sempre absolutos e dogmáticos, sem esse ajuste a uma ordem mais universal que é próprio da mentalidade culta. Para Poe, discutir um romance ruim de Eugène Sue é coisa tão importante como discutir uma obra de Dickens. E, se é certo que hoje levamos sobre as suas críticas a vantagem de conhecer o veredicto do tempo, não há dúvida de que já naquela época havia espíritos capazes de distinguir entre *Les mystères de Paris* e *David Copperfield*.

A este nível cultural incerto, Poe incorpora uma predisposição natural para a crítica, e aptidões intuitivas e analíticas de grande força e eficácia. Da mesma forma que seu admirador Baudelaire, este poeta se sente interessado pela obra alheia e procura explicá-la para si mesmo ao mesmo tempo que a explica para o mundo. Enquanto Baudelaire criava a crítica de arte, Poe realizava, nos Estados Unidos, um trabalho que, apesar dos muitos erros e vícios, se deve reconhecer mais generosamente do que se faz hoje em sua pátria[7]. Aplicava à obra de arte uma tendência à análise, um sentimento de superioridade que o levava a se converter no árbitro do gosto literário do seu tempo e a uma altíssima exigência em matéria de estética. Durante toda a vida, lutou para ter uma revista própria, a partir da qual sua seleção de

---

6. Em *Return to the Fountains*, J. P. Pritchard se ocupa detalhadamente dos conhecimentos clássicos de Poe, irregulares, porém, mais variados e profundos do que é costume se supor.

7. Os críticos estadunidenses contemporâneos se pronunciam sobre Poe da forma mais contraditória. Para Edmund Wilson, a obra dele constitui "o conjunto crítico mais notável jamais produzido nos Estados Unidos". Ivor Winters acha que Poe revela "notável coerência na crítica e na obra criadora, e excepcional falta de valor em ambas". Em *The armed vision*, S. E. Hyman crê que o violento ataque de Winters nasce do fato de Poe não entender a arte como uma "valoração moral", e também como reação ante os entusiasmos de Van Wyck Brooks, Wilson e outros. A polêmica está longe de chegar ao fim.

valores literários e suas doutrinas críticas pudessem se projetar livremente no panorama espiritual do seu país. Não o conseguiu (E. Boyd acredita que por sorte sua, e que, se tivesse podido se espraiar ali à vontade, já estaria esquecido), mas, em compensação, pôde escrever com bastante liberdade nas diversas revistas que aceitaram ou pediram sua colaboração. E, enquanto resenhava livros, aproveitou para expor em diferentes ocasiões sua noção do que deve ser a crítica.

Vejamos, ao acaso, alguns textos significativos. Em *Literatura de Revistas*, Poe define a crítica como obra de arte. Para ele, uma resenha deve dar ao leitor uma análise e um juízo sobre o tema de que se ocupa, "e alguma coisa que vá além". Consequente com este critério, aproveitará quase sempre a resenha (embora sem nunca tomá-la como mero pretexto) para insinuar ou propor princípios literários, enfoques do problema da criação poética ou ficcional, crítica de ideias e de princípios. Na sua análise de *Barnaby Rudge*, de Dickens, responde indiretamente aos que o censuram pela falta de piedade de muitas de suas resenhas: "Em seus *Conselhos do Parnaso* conta Boccalini que certa vez um crítico apresentou a Apolo uma severa resenha de um excelente poema. O deus lhe perguntou pelas belezas da obra, ao que respondeu o crítico que só se preocupava com os erros. Então Apolo lhe passou um saco de trigo sem peneirar, mandando-o ficar com toda a palha como recompensa. De nossa parte, não estamos completamente seguros de que o deus tivesse razão, e cremos que os limites da obrigação crítica são objeto de um mal-entendido geral. Cabe considerar a excelência como um axioma ou um princípio evidente por si mesmo, em relação direta com a clareza e a precisão com que é formulado. Se preencher estes requisitos, não necessitará de outra demonstração. Deixará de ser excelente se exigir demonstração. Assinalar com detalhe exagerado as belezas de uma obra equivale a admitir tacitamente que essas belezas não são de todo admiráveis... Numa palavra, e apesar do muito e lamentável *cant* que existe sobre o assunto, cabe supor que, ao assinalar com franqueza os erros de uma obra, fazemos quase todo o necessário, do ponto de vista crítico, para pôr em evidência seus méritos".

No Exórdio a uma nova série do *Graham's Magazine*, Poe exporá com precisão novas posições críticas. "Como os nossos critérios literários se expandiram – diz ele –, começamos a nos perguntar pela utilidade da crítica, a inquirir sobre suas funções e território, a considerá-la mais como uma arte baseada inamovivelmente na natureza e menos como um sistema de dogmas flutuantes e convencionais..." Mas esta arte não deve ultrapassar seu território, incorrer em vagueza, generalidade ou efusão. A um colega que proclama arrebatadamente que a crítica é "um ensaio, um sermão, uma oração, um capítulo de história, uma especulação filosófica, um poema em prosa, etc.", Poe lhe responde: "Esse tipo de 'resenha'... é somente a produção dos últimos vinte ou trinta anos na Grã-Bretanha. As revistas francesas, por exemplo, que não têm artigos anônimos, são coisa muito diferente e preservam o único espírito da verdadeira crítica. E que diremos dos alemães? O que diremos de Winckelmann, de Novalis, de Schelling, de Goethe, de August Wilhelm e de Friedrich Schlegel? Diremos que suas magníficas *critiques raisonnées* diferem das de Kames, Johnson e Blair, não em princípios (pois os princípios de tais artistas não perecerão até a própria natureza perecer), mas somente na elaboração mais cuidadosa, na maior minuciosidade, na análise mais profunda e na aplicação dos próprios princípios".

Este zeloso deslinde de territórios (sempre tão presente em toda a atividade intelectual de Poe) torna-se magnificamente preciso noutro texto: "Eis aqui um livro: e somente como um livro vamos submetê-lo à resenha. O crítico nada tem a ver com as opiniões da obra consideradas de outra forma que não em sua relação com a obra mesma. Sua missão é simplesmente a de decidir sobre *o modo* como essas opiniões foram apresentadas". E, se cabe suspeitar que isto nem sempre é possível ou aconselhável, se deve convir, entretanto, que Poe se mostrou consequente com esse princípio e que fez das suas resenhas uma cátedra de literatura e só de literatura. Mesmo quando às vezes se vingava, pessoalmente, de ofensas reais ou supostas, fazia-o com o texto na mão, carregando as tintas no ataque, mas partindo sempre ou quase sempre de falhas literárias comprováveis. Em suas famosas e absurdas acusações de plágio contra Longfellow, apresentou o que ele considerava provas da carga. E no caso de outros plágios, essas provas eram esmagadoras.

Esta última referência convida a olhar de mais perto o panorama moral da crítica do tempo. Também aqui o mais sensato é citar o próprio Poe. Numa resenha sobre William Cullen Bryant, traça uma saborosa pintura da fabricação de críticas. Um autor apresenta-se em casa do diretor de uma revista e dá um jeito para que este se interesse pelo tema do livro, "e então, aproveitando uma oportunidade lhe pedirá permissão para lhe apresentar 'uma obra que justamente se ocupa do tema em discussão'". O diretor, que lhe adivinha as intenções, declara que não terá tempo de se ocupar da obra em sua revista. Mas *por sorte* o nosso autor "tem um amigo que está interessadíssimo no tópico e que (quem sabe) poderia ser persuadido a escrever uma resenha...". O diretor consente para se livrar do visitante e não tarda a receber a crítica em questão; foi escrita pelo amigo do autor em troca de algum benefício, ou mais provavelmente pelo próprio autor. "A única coisa exigida para tudo isto é uma completa desfaçatez."

Numa resenha de *Os charlatães do Hélicon*, Poe é ainda mais terminante: "As relações entre o crítico e o editor, conforme a prática quase universal, consistem no pagamento e cobrança de uma extorsão como preço da indulgência do crítico, ou num sistema direto de suborno, tão vil como desprezível". Indigna-se diante do fato de os editores prepararem compêndios de resenhas elogiosas que enviam junto com o livro a periódicos e revistas. Protesta contra o sistema (que continua sendo uma praga em nosso tempo) das resenhas anônimas, que se prestam às piores baixezas. Exige um nível mais alto, mais severo, para que os bons livros se distingam dos ruins aos olhos de leitores cheios de boas intenções, mas desconcertados pela série indiscriminada de elogios ou de indefinições que leem em toda parte. Quanto a ele, se de alguma coisa não pode ser culpado é de ter elogiado falsamente (pois é preciso distinguir entre elogio falso e elogio equivocado); Poe presenteou algumas literatas de seu tempo com frases amáveis, agindo por razões pessoais, como no caso de Mrs. Osgood, ou por seu cavalheirismo virginiano (veja-se o proêmio à resenha dos poemas de Elizabeth Barret Browning); com o restante do *genus irritabile* foi de uma severidade que afastou dele a simpatia dos resenhados, mas salvou sua obra da mediocridade afável da época. Um Lowell, inteligente e sensível, iria reprovar-lhe as impiedosas dissecações, onde Poe se deixava levar a extremos incríveis; mas o balanço geral de sua obra crítica é positivo e deve ter beneficiado uma sociedade literária entregue a pequenas querelas de *coterie*, a sórdidas manobras editoriais, tudo isso edulcorado por verbosas e insípidas disquisições, quase sempre intercambiáveis à força de anódinas. Mas, sobretudo, foi um grande estimulador da autocrítica, e bem pôde escrever dele W. H. Auden: "Ninguém em sua época pôs tanta energia e penetração na tentativa de conseguir que seus contemporâneos poetas levassem o ofício a sério, soubessem o que faziam prosodicamente e evitassem essas falhas da dicção negligente e das imagens inapropriadas que podem ser redimidas pela vigilância e pelo trabalho aplicado".

No terreno prático, Poe denunciará o esnobismo anglicizante dos contemporâneos, a servil submissão aos autores de ultramar e ao veredito dos *magisters* de Londres ou Edimburgo, e com igual força denunciará o esnobismo contrário, a insolência nacionalista que aceita e celebra o mais indigno engendro desde que o autor seja norte-americano e, sobretudo, membro das *cliques* de Boston, Filadélfia ou Nova York. Lançado à luta, Poe reclama energicamente a sanção de uma lei de propriedade intelectual que ponha termo à pirataria que infesta os Estados Unidos com edições fraudulentas de autores ingleses, enquanto o escritor nacional padece humilhação e miséria sem conseguir que seja editado, e, tendo conseguido, sem que lhe paguem os direitos correspondentes. Um texto como *Alguns segredos do cárcere das revistas* soa com a violência de uma bofetada. Quanto a ele, faltará muitas vezes aos princípios que defende; mas ninguém poderia ler sem um obscuro sentimento de culpa sua carta a Mrs. Shew, pouco antes da morte de Virginia Clemm, onde o poeta enuncia as razões que podem mover um homem a faltar com seus deveres literários e morais. Alguém se deu ao trabalho de calcular quanto dinheiro passou pelas mãos de Poe durante toda a sua vida; a soma é tão irrisória que seus protestos encontram nessa cifra a mais terrível justificativa.

O balanço dos textos críticos de Poe, conforme se poderá julgar pelos que figuram na presente edição, põe finalmente em evidência certos valores que o tema imediato só deixava entrever no seu tempo. Salvo as críticas concernentes a escritores de fama perdurável, como Dickens, Hawthorne e uns poucos mais, as páginas de Poe adquirem hoje uma curiosa transparência e, por trás das apagadas figuras de um Thomas Moore, de um Rodman Drake, de um Fitz-Greene Halleck, nos deixam a sós com ideias, princípios, admoestações e esperanças estranhamente penetrantes, impregnadas, como tudo o que ele escrevia, por uma profunda ressonância magnética. Alguém disse que, salvo o caso de Carlyle, quase todos os escritores por ele condenados ao inferno das letras tiveram negada sua apelação no tribunal do tempo. Talvez se possa dizer que, dado o medíocre panorama da literatura vernácula de seus dias, não é estranho que Poe acertasse ao distinguir o trigo do joio; mas há algo que ele sabia mais importante, e é sua vontade de produzir críticas e resenhas que fossem "algo mais", de aproveitar qualquer livro insignificante para apresentar princípios pessoais de estética e mesmo de ética literária. Em definitivo, esses princípios, esses lampejos do gênio poeano, são os que continuam dando prestígio a artigos cujo tema é pó.

Estes valores puros nos parecem capitais, embora em geral não sejam suficientemente destacados ao se falar de Poe. Em face do puritanismo da tendência nacional para julgar os livros por razões morais, admirando neles, por exemplo, o "perseverante esforço de composição" – como se a extensão ou a complicação valessem como méritos –, ou o "prazer sossegado" que proporcionavam a leitores de digestão delicada, Poe reivindicará soberbamente os direitos da arte, erigindo como módulo de toda criação poética e literária a liberdade mais absoluta do autor, independente de normas históricas, de compromissos temporais, das modas e preceitos em função de castas intelectuais ou econômicas. Em face do aburguesamento manifesto das letras de seu país, tantas vezes disfarçado de entusiasmo pelo progresso científico ou econômico, e de pseudo-vanguardismo baseado na adulação da massa, Poe assinala a pureza da arte como o princípio mesmo da criação, e fixará esta pureza em normas e a reclamará através de contínuas denúncias. Basta ler seus ensaios sobre poética ou suas melhores resenhas para compreender que lutava como um fanático para atingir intuitivamente as essências do ato poético e literário, para racionalizá-las, a seguir, na medida do possível e mostrar a tanto escritor de duas dimensões a existência de uma terceira. Muitas vezes, a insolência e até a maldade de Poe ao resenhar livros detestáveis nasce de um certo angelismo que há em sua natureza tão pouco angélica. Num plano absoluto, quer tudo puro, supremo, evadido do terreno, livre de relativismos. Por isso se engana tanto, mas também por isso supera em tal medida o medíocre nível estético de seu tempo em sua pátria. Ele quis, como o sentiu admiravelmente Stéphane Mallarmé em seu soneto, *dar um sentido mais puro às palavras da* tribo.[8]

A noção que Poe tem da originalidade é outro valor significativo nesse tempo, ainda enamorado das mornas imitações do neoclássico ou do pré-romântico. Não se limita a considerar a originalidade como mera prova de gênio; antes aclara o seu sentido. "Não há virtude literária mais alta que a originalidade" – diz ele, referindo-se a Hawthorne. "Mas esta, tão autêntica como recomendável, não implica uma peculiaridade uniforme, mas, sim, contínua, uma peculiaridade que nasça de um vigor da fantasia sempre em ação, e ainda melhor se nascer dessa força imaginativa sempre presente, que dá seu próprio matiz e seu próprio caráter a tudo o que toca e, especialmente, que *sente o impulso de tudo tocar.*"

E conste que Poe não propõe uma originalidade absoluta, um salto no vazio. Muito pelo contrário, apresenta-se como método, acentuando a originalidade do *efeito* literário sobre a originalidade puramente temática. Convida, numa palavra, a ampliar o raio de ação do escritor sobre o espírito

---

8. O reverso deste "angelismo" está bem evidente nos seguintes parágrafos de W. C. Brownell: "Seria inútil todo esforço para fazer de Poe um grande escritor, pois quaisquer que sejam seus méritos como artista literário, seus escritos carecem dos elementos não só da grande mas também da verdadeira literatura. Carecem de substância. A literatura é mais que uma arte. É arte no sentido lato do termo. Posto que a arte trata da vida mais do que das aparências, a arte *par excellence* agregará algo mais à arte: a substância. O interesse que ele desperta diminui muitíssimo quando só pode ser considerado plasticamente; diminui até à inanidade, à insignificância. Poe foi certamente um artista, mas o fato de que o era de forma exclusiva, e num sentido extremamente limitado, diminui por si só a literatura que produziu. Shakespeare, por exemplo, não é nem exclusivamente nem acima de tudo um artista...".

e a inteligência dos leitores e, em consequência, a amplitude espiritual e intelectual destes últimos.

Estes vislumbres das finalidades de sua crítica mostram nele uma profundidade de visão mais tácita que explícita, e que seus defeitos de formação e caráter o impediram de aplicar de forma coerente e efetiva. Dele, como de tanto artista de gênio, ficam os restos de um grande jogo do intelecto, as suspeitas de um espírito que contempla a realidade a partir de uma ordem multidimensional. A sondagem desses fragmentos dispersos em seus textos permite descobrir um último valor que ilumina transcendentemente toda a obra criadora e crítica de Poe. Chamemo-lo a *busca do método*. Intensamente aplicado desde jovem à mecânica do fato literário, à instrumentação poética, à técnica da crítica, às fórmulas capazes de assegurar o controle sobre a matéria com que se trabalha mediante o absoluto domínio dos utensílios mentais que a elaboram, Poe busca essa "atitude central" de que fala Paul Valéry ao estudar Leonardo, atitude "a partir da qual as empresas do conhecimento e as operações da arte são igualmente possíveis". Sob a evidente influência das reflexões de Poe, Valéry atribui a Leonardo uma ideia da *realização*, que parte da consciência de que a rigor é impossível comunicar ao espectador ou ao leitor as imaginações próprias, pelo que o artista deverá compor, ou seja, criar uma verdadeira "máquina", que, *tal como vimos, é o modo de Poe conceber a criação de um conto ou de um poema*. Sem aludir explicitamente à noção de originalidade e de *poiesis* em Poe, Valéry o cita ao final da sua *Introduction à la méthode de Léonard de Vinci*: "Poe ... assentou claramente na psicologia, na probabilidade dos efeitos, o ataque ao leitor".

De toda a sua obra crítica, esta busca de um método parece ser o legado mais importante deixado por Poe às letras universais. Sem frieza mecânica – pois às aparências de certos textos mistificadores se opõe o melhor da sua narrativa e da sua poesia, que são as provas que contam –, e sem o pragmatismo indisfarçável do profissional da literatura, Poe indaga *a chave da criação verbal*, situando-se num plano que recusa simultaneamente a efusão e a montagem, substituídos por um sistema de movimentos espirituais capazes de dinamizar a obra literária, de projetá-la no leitor até reduzi-lo à passividade – pois só assim o atingirá a mensagem na sua total pureza –, em vez de provocar o processo inverso pelo qual o leitor penetra na coisa lida e incorpora a ela, num jogo de mútuos reflexos, suas próprias tensões deformadoras. E esta concepção ativa e atuante da literatura, este verbo que se encarna, é a melhor coisa capaz de parafrasear o sentido de uma *criação*, se entendermos por esta não tanto a passagem inconcebível do nada ao ser, mas a admirável, infinita ação do ser sobre si mesmo, nas suas muitas figuras, na alegre variedade das coisas e dos dias.

6. ALGUNS ASPECTOS DO CONTO

Encontro-me hoje, diante dos senhores, numa situação bastante paradoxal. Um contista argentino se dispõe a trocar ideias acerca do conto sem que seus ouvintes e seus interlocutores, salvo algumas exceções, conheçam coisa alguma de sua obra. O isolamento cultural que continua prejudicando nossos países, somado à injusta incomunicabilidade a que se vê submetida Cuba atualmente, têm determinado que meus livros, que já são uns quantos, não tenham chegado, a não ser excepcionalmente, às mãos de leitores tão dispostos e tão entusiastas como os senhores. O mal disto não é tanto que os senhores não tenham tido oportunidade de julgar meus contos, mas, sim, que eu me sinta um pouco como um fantasma que lhes vem falar sem essa relativa tranquilidade que sempre dá sabermo-nos precedidos pela tarefa cumprida ao longo dos anos. E o fato de me sentir como um fantasma deve ser já perceptível em mim, porque há alguns dias uma senhora argentina me assegurou no hotel Riviera que eu não era Julio Cortázar, e diante de minha estupefação agregou

147

que o autêntico Julio Cortázar é um senhor de cabelos brancos, muito amigo de um parente dela, e que nunca arredou pé de Buenos Aires. Como já faz doze anos que resido em Paris, os senhores compreenderão que minha qualidade espectral se tenha intensificado notavelmente depois desta revelação. Se de repente eu desaparecer na metade de uma frase, não me surpreenderei demais; e no mínimo sairemos todos ganhando.

Afirma-se que o desejo mais ardente de um fantasma é recobrar pelo menos um sinal de corporeidade, algo tangível que o devolva por um momento à vida de carne e osso. Para conseguir um pouco de tangibilidade diante dos senhores, vou dizer em poucas palavras qual é a direção e o sentido dos meus contos. Não o faço por mero prazer informativo, porque nenhuma resenha teórica pode substituir a obra em si; minhas razões são mais importantes do que essa. Uma vez que me vou ocupar de alguns aspectos do conto como gênero literário, e é possível que algumas das minhas ideias surpreendam ou choquem quem as escutar, parece-me de uma elementar honradez definir o tipo de narração que me interessa, assinalando minha especial maneira de entender o mundo. Quase todos os contos que escrevi pertencem ao gênero chamado fantástico por falta de nome melhor, e se opõem a esse falso realismo que consiste em crer que todas as coisas podem ser descritas e explicadas como dava por assentado o otimismo filosófico e científico do século XVIII, isto é, dentro de um mundo regido mais ou menos harmoniosamente por um sistema de leis, de princípios, de relações de causa a efeito, de psicologias definidas, de geografias bem cartografadas. No meu caso, a suspeita de outra ordem mais secreta e menos comunicável, e a fecunda descoberta de Alfred Jarry, para quem o verdadeiro estudo da realidade não residia nas leis, mas nas exceções a essas leis, foram alguns dos princípios orientadores da minha busca pessoal de uma literatura à margem de todo realismo demasiado ingênuo. Por isso, se nas ideias que seguem, os senhores encontrarem uma predileção por tudo o que no conto é excepcional, quer se trate dos temas ou mesmo das formas expressivas, creio que esta apresentação de minha própria maneira de entender o mundo explicará minha tomada de posição e meu enfoque do problema. Em último caso se poderá dizer que só falei do conto tal qual eu o pratico. E, contudo, não creio que seja assim. Tenho a certeza de que existem certas constantes, certos valores que se aplicam a todos os contos, fantásticos ou realistas, dramáticos ou humorísticos. E penso que talvez seja possível mostrar aqui esses elementos invariáveis que dão a um bom conto a atmosfera peculiar e a qualidade de obra de arte.

A oportunidade de trocar ideias acerca do conto me interessa por diversas razões. Moro num país – França – onde este gênero tem pouca vigência, embora nos últimos anos se note entre escritores e leitores um interesse crescente por essa forma de expressão. De qualquer modo, enquanto os críticos continuam acumulando teorias e mantendo exasperadas polêmicas acerca do romance, quase ninguém se interessa pela problemática do conto. Viver como contista num país onde esta forma expressiva é um produto quase exótico, obriga forçosamente a buscar em outras literaturas o alimento que ali falta. Pouco a pouco, em textos originais ou mediante traduções, vamos acumulando quase que rancorosamente uma enorme quantidade de contos do passado e do presente, e chega o dia em que podemos fazer um balanço, tentar uma aproximação apreciadora a esse gênero de tão difícil definição, tão esquivo nos seus múltiplos e antagônicos aspectos, e, em última análise, tão secreto e voltado para si mesmo, caracol da linguagem, irmão misterioso da poesia em outra dimensão do tempo literário.

Mas além desse alto no caminho que todo escritor deve fazer em algum momento do seu trabalho, falar do conto tem um interesse especial para nós, uma vez que todos os países americanos de língua espanhola estão dando ao conto uma importância excepcional, que jamais tivera em outros países latinos como a França ou a Espanha. Entre nós, como é natural nas literaturas jovens, a criação espontânea precede quase sempre o exame crítico, e é bom que seja assim. Ninguém pode pretender que só se devam escrever contos após serem conhecidas suas leis. Em primeiro lugar, não há tais leis; no máximo cabe falar de pontos de vista, de certas constantes que dão uma estrutura a esse gênero tão pouco classificável; em segundo lugar, os teóricos e os críticos não têm por que serem os próprios contistas, e é natural que aqueles só entrem em cena quando exista já um acervo, uma boa quantidade de literatura que permita indagar e esclarecer o seu desenvolvimento e as suas qualidades. Na América, tanto em Cuba como no México ou no Chile ou na Argentina, uma grande quantidade de contistas trabalha desde os começos do século, sem se conhecerem muito entre si, descobrindo-se às vezes de maneira quase que póstuma. Em face desse panorama sem coerência suficiente, no qual poucos conhecem a fundo o trabalho dos demais, creio que é útil falar do conto por cima das particularidades nacionais e internacionais, porque é um gênero que entre nós tem uma importância e uma vitalidade que crescem dia a dia. Alguma vez faremos as antologias definitivas – como fazem os países anglo-saxões, por exemplo – e se saberá até onde fomos capazes de chegar. Por ora não me parece inútil falar do conto em abstrato, como gênero literário. Se tivermos uma ideia convincente dessa forma de expressão literária, ela poderá contribuir para estabelecer uma escala de valores para essa antologia ideal que está por fazer. Há demasiada confusão, demasiados mal-entendidos neste terreno. Enquanto os contistas levam adiante sua tarefa, já é tempo de se falar dessa tarefa em si mesma, à margem das pessoas e das nacionalidades. É preciso chegarmos a ter uma ideia viva do que é o conto, e isso é sempre difícil na medida em que as ideias tendem para o abstrato, para a desvitalização do seu conteúdo, enquanto que, por sua vez, a vida rejeita esse laço que a conceptualização lhe quer atirar para fixá-la e encerrá-la numa categoria. Mas se não tivermos uma ideia viva do que é o conto, teremos perdido tempo, porque um conto, em última análise, se move nesse plano do homem onde a vida e a expressão escrita dessa vida travam uma batalha fraternal, se me for permitido o termo; e o resultado dessa batalha é o próprio conto, uma síntese viva ao mesmo tempo que uma vida sintetizada, algo assim como um tremor de água dentro de um cristal, uma fugacidade numa permanência. Só com imagens se pode transmitir essa alquimia secreta que explica a profunda ressonância que um grande conto tem em nós, e que explica também por que há tão poucos contos verdadeiramente grandes.

Para se entender o caráter peculiar do conto, costuma-se compará-lo com o romance, gênero muito mais popular, sobre o qual abundam as preceptísticas. Assinala-se, por exemplo, que o romance se desenvolve no papel, e, portanto, no tempo de leitura, sem outros limites que o esgotamento da matéria romanceada; por sua vez, o conto parte da noção de limite, e, em primeiro lugar, de limite físico, de tal modo que, na França, quando um conto ultrapassa as vinte páginas, toma já o nome de *nouvelle*, gênero a cavaleiro entre o conto e o romance propriamente dito. Nesse sentido, o romance e o conto se deixam comparar analogicamente com o cinema e a fotografia, na medida em que um filme é em princípio uma "ordem aberta", romanesca, enquanto que uma fotografia bem realizada pressupõe uma justa limitação prévia, imposta em parte pelo reduzido campo que a câmara abrange e pela forma com que o fotógrafo utiliza esteticamente essa limitação. Não sei se os senhores terão ouvido um fotógrafo profissional falar da sua própria arte; sempre me surpreendeu que se expressasse tal como poderia fazê-lo um contista em muitos aspectos. Fotógrafos da categoria de um Cartier-Bresson ou de um Brassal definem sua arte como um aparente paradoxo: o de recortar um fragmento da realidade, fixando-lhe determinados limites, mas de tal modo que esse recorte atue como uma explosão que abra de par em par uma realidade muito mais ampla, como uma visão dinâmica que transcende espiritualmente o campo abrangido pela câmara. Enquanto no cinema, como no romance, a captação dessa realidade mais ampla e multiforme é alcançada mediante o desenvolvimento de elementos parciais, acumulativos, que não excluem, por certo, uma síntese que dê o "clímax" da obra, numa fotografia ou num conto de grande qualidade se procede inversamente, isto é, o fotógrafo ou o contista sentem necessidade de escolher e limitar uma imagem ou um acontecimento que sejam *significativos*, que não só valham por si mesmos, mas também sejam capazes de atuar no espectador ou no leitor como uma espécie de *abertura*, de fermento que projete a inteligência e a sensibilidade em direção a algo que vai muito além do argumento visual ou literário contido na foto ou no conto. Um escritor argentino, muito amigo do boxe, dizia-me que nesse combate que se trava entre um texto apaixonante e o leitor, o romance ganha sempre por pontos, enquanto que o conto deve ganhar por *knock-out*. É verdade, na medida em que o romance acumula progressivamente seus efeitos no leitor, enquanto que um

151

bom conto é incisivo, mordente, sem trégua desde as primeiras frases. Não se entenda isto demasiado literalmente, porque o bom contista é um boxeador muito astuto, e muitos dos seus golpes iniciais podem parecer pouco eficazes quando, na realidade, estão minando já as resistências mais sólidas do adversário. Tomem os senhores qualquer grande conto que seja de sua preferência, e analisem a primeira página. Surpreender-me-ia se encontrassem elementos gratuitos, meramente decorativos. O contista sabe que não pode proceder acumulativamente, que não tem o tempo por aliado; seu único recurso é trabalhar em profundidade, verticalmente, seja para cima ou para baixo do espaço literário. E isto que assim expresso parece uma metáfora, exprime, contudo, o essencial do método. O tempo e o espaço do conto têm de estar como que condensados, submetidos a uma alta pressão espiritual e formal para provocar essa "abertura" a que me referia antes. Basta perguntar por que determinado conto é ruim. Não é ruim pelo tema, porque em literatura não há temas bons nem temas ruins, há somente um tratamento bom ou ruim do tema. Também não é ruim porque os personagens careçam de interesse, já que até uma pedra é interessante quando dela se ocupam um Henry James ou um Franz Kafka. Um conto é ruim quando é escrito sem essa tensão que se deve manifestar desde as primeiras palavras ou desde as primeiras cenas. E assim podemos adiantar já que as noções de significação, de intensidade e de tensão hão de nos permitir, como se verá, aproximarmo-nos melhor da própria estrutura do conto.

Dizíamos que o contista trabalha com um material que qualificamos de significativo. O elemento significativo do conto pareceria residir principalmente no seu *tema*, no fato de se escolher um acontecimento real ou fictício que possua essa misteriosa propriedade de irradiar alguma coisa para além dele mesmo, de modo que um vulgar episódio doméstico, como ocorre em tantas admiráveis narrativas de uma Katherine Mansfield ou de um Sherwood Anderson, se converta no resumo implacável de uma certa condição humana, ou no símbolo candente de uma ordem social ou histórica. Um conto é significativo quando quebra seus próprios limites com essa explosão de energia espiritual que ilumina bruscamente algo que vai muito além da pequena e às vezes miserável história que conta. Penso, por exemplo, no tema da maioria das admiráveis narrativas de Anton Tchékhov. Que há ali que não seja tristemente cotidiano, medíocre, muitas vezes conformista ou inutilmente rebelde? O que se conta nessas narrativas é quase o que, quando crianças, nas enfadonhas tertúlias que devíamos compartilhar com os mais velhos, escutávamos nossas avós ou nossas tias contar; a pequena, insignificante crônica familiar de ambições frustradas, de modestos dramas locais, de angústias à medida de uma sala, de um piano, de um chá com doces. E, contudo, os contos de Katherine Mansfield, de Tchékhov, são significativos, alguma coisa estala neles enquanto os lemos, propondo-nos uma espécie de ruptura do cotidiano que vai muito além do argumento. Os senhores já terão percebido que essa significação misteriosa não reside somente no tema do conto, porque, na verdade, a maioria dos contos ruins, que todos nós já lemos, contém episódios similares aos tratados pelos autores citados; a ideia de significação não pode ter sentido se não a relacionarmos com as de intensidade e de tensão, que já não se referem apenas ao tema, mas ao tratamento literário desse tema, à técnica empregada para desenvolvê-lo. E é aqui que, bruscamente, se produz a distinção entre o bom e o mau contista. Por isso teremos de nos deter com todo o cuidado possível nesta encruzilhada, para tratar de entender um pouco mais essa estranha forma de vida que é um conto bem realizado, e ver por que está vivo enquanto outros que, aparentemente, a ele se assemelham, não passam de tinta sobre o papel, alimento para o esquecimento.

Vejamos a questão do ângulo do contista e, neste caso, obrigatoriamente, da minha própria versão do assunto. Um contista é um homem que de repente, rodeado pela imensa algaravia do mundo, comprometido em maior ou menor grau com a realidade histórica que o contém, escolhe um determinado tema e faz com ele um conto. Esta escolha do tema não é tão simples. Às vezes o contista escolhe, e outras vezes sente como se o tema se lhe impusesse irresistivelmente, o impelisse a escrevê-lo. No meu caso, a grande maioria dos meus contos foram escritos – como dizê-lo? – independentemente de minha vontade, por cima ou por baixo de minha consciência, como se eu não fosse mais que um meio pelo qual passava e se manifestava uma força alheia. Mas isto, que pode depender do temperamento de cada um, não altera o fato essencial: num momento dado *há tema*, já seja inventado ou escolhido voluntariamente, ou estranhamento imposto a partir de um plano onde nada é definível. Há tema, repito, e esse tema vai se tornar conto. Antes que isto ocorra, que podemos dizer do tema em si? Por que este tema e não outro? Que razões levam, consciente ou inconscientemente, o contista a escolher um determinado tema?

Parece-me que o tema do qual sairá um bom conto é sempre *excepcional*, mas não quero dizer com isto que um tema deva ser extraordinário, fora do comum, misterioso ou insólito. Muito pelo contrário, pode tratar-se de uma história perfeitamente trivial e cotidiana. O excepcional reside numa qualidade parecida à do ímã; um bom tema atrai todo um sistema de relações conexas, coagula no autor, e mais tarde no leitor, uma imensa quantidade de noções, entrevisões, sentimentos e até ideias que lhe flutuavam virtualmente na memória ou na sensibilidade; um bom tema é como um sol, um astro em torno do qual gira um sistema planetário de que muitas vezes não se tinha consciência até que o contista, astrônomo de palavras, nos revela sua existência. Ou então, para sermos mais modestos e mais atuais, ao mesmo tempo um bom tema tem algo de sistema atômico, de núcleo em torno do qual giram os elétrons; e tudo isso, afinal, não é já como uma proposição de vida, uma dinâmica que nos insta a sairmos de nós mesmos e a entrarmos num sistema de relações mais complexo e mais belo? Muitas vezes tenho-me perguntado qual será a virtude de certos contos inesquecíveis. Na ocasião os lemos junto com muitos outros que inclusive podiam ser dos mesmos autores. E eis que os anos se passaram e vivemos e esquecemos tanto; mas esses pequenos, insignificantes contos, esses grãos de areia no imenso mar da literatura continuam aí, palpitando em nós. Não é verdade que cada um tem sua própria coleção de contos? Eu tenho a minha e poderia citar alguns nomes. Tenho "William Wilson", de Edgar A. Poe, tenho "Bola de Sebo", de Guy de Maupassant. Os pequenos planetas giram e giram: aí está "Uma Lembrança de Natal", de Truman Capote, "Tlön", "Uqbar", "Orbis", "Tertius", de Jorge Luís Borges, "Um Sonho Realizado" de Juan Carlos Onetti, "A Morte de Ivan Illich", de Tolstói, "Fifty Grand", de Hemingway, "Os Sonhadores", de Isak Dinesen, e assim poderia continuar e continuar... Os senhores já terão advertido que nem todos estes contos são obrigatoriamente antológicos. Por que perduram na memória? Pensem nos contos que não puderam esquecer e verão que todos eles têm a mesma característica: são aglutinantes de uma realidade infinitamente mais vasta que a do seu mero argumento, e por isso influíram em nós com uma força que nos faria suspeitar da modéstia do seu conteúdo aparente, da brevidade do seu texto. E esse homem, que num determinado momento escolhe um tema e faz com ele um conto, será um grande contista se sua escolha contiver – às vezes sem que ele o saiba conscientemente – essa fabulosa abertura do pequeno para o grande, do individual e circunscrito para a essência mesma da condição humana. Todo conto perdurável é como a semente onde dorme a árvore gigantesca. Essa árvore crescerá em nós, inscreverá seu nome em nossa memória.

Entretanto, é preciso aclarar melhor esta noção de temas significativos.

Um mesmo tema pode ser profundamente significativo para um escritor, e anódino para outro; um mesmo tema despertará enormes ressonâncias num leitor e deixará indiferente a outro. Em suma, pode-se dizer que não há temas absolutamente significativos ou absolutamente insignificantes. O que há é uma aliança misteriosa e complexas entre certo escritor e certo tema num momento dado, assim como a mesma aliança poderá logo entre certos contos e certos leitores. Por isso, quando dizemos que um tema é significativo, como no caso dos contos de Tchékhov, essa significação se vê determinada em certa medida por algo que está fora do tema em si, por algo que está antes e depois do tema. O que está antes é o escritor, com a sua carga de valores humanos e literários, com a sua vontade de fazer uma obra que tenha um sentido; o que está depois é o tratamento literário do tema, a forma pela qual o contista, em face do tema, o ataca e situa verbal e estilisticamente, estrutura-o em forma de conto, projetando-o em último termo em direção a algo que excede o próprio conto. Aqui me parece oportuno mencionar um fato que me ocorre com frequência e que outros contistas amigos conhecem tão bem quanto eu. É comum que, no curso de uma conversa, alguém conte um episódio divertido ou comovente ou estranho e que, dirigindo-se logo ao contista presente, lhe diga: "Aí tem você um tema formidável para um conto; lhe dou de presente". Já me presentearam assim com uma porção de temas e sempre respondo amavelmente: "Muito obrigado", e jamais escrevi um conto com qualquer deles. Contudo, certa vez uma amiga me contou distraidamente as aventuras de uma criada sua em Paris. Enquanto ouvia a narrativa, senti que isso podia chegar a ser um conto. Para ela esses episódios não eram mais que histórias curiosas; para mim, bruscamente, se impregnavam de um sentido que ia muito além do seu simples e até vulgar conteúdo. Por isso, toda vez que me perguntam: "Como distinguir entre um tema insignificante – por mais divertido ou emocionante que possa ser – e outro significativo?, respondo que o escritor é o primeiro a sofrer esse efeito indefinível mas avassalador de certos temas, e que precisamente por isso é um escritor. Assim como para Marcel Proust o sabor de uma *madeleine* molhada no chá abria subitamente um imenso leque de recordações aparentemente esquecidas, de modo análogo o escritor reage diante de certos temas, da mesma forma que seu conto, mais tarde, fará reagir o leitor. Todo conto é assim predeterminado pela aura, pela fascinação irresistível que o tema cria no seu criador.

Chegamos assim ao fim desta primeira etapa do nascimento de um conto e tocamos o umbral da sua criação propriamente dita. Eis aí o contista, que escolheu um tema, valendo-se dessas sutis antenas capazes de lhe permitir reconhecer os elementos que logo haverão de se converter em obra de arte. O contista está diante do seu tema, diante desse embrião que já é vida mas que não adquiriu ainda sua forma definitiva. Para ele esse tema tem sentido, tem significação. Mas se tudo se reduzisse a isso, de pouco serviria; agora, como último termo do processo, como juiz implacável, está esperando o leitor, o elo final do processo criador, o cumprimento ou o fracasso do ciclo. E é então que o conto tem de nascer ponte, tem de nascer passagem, tem de dar o salto que projete a significação inicial, descoberta pelo autor, a esse extremo mais passivo e menos vigilante e, muitas vezes, até indiferente, que chamamos leitor. Os contistas inexperientes costumam cair na ilusão de imaginar que lhes bastará escrever chã e fluentemente um tema que os comoveu, para comover por seu turno os leitores. Incorrem na ingenuidade daquele que acha belíssimo o próprio filho e dá por certo que os outros o julguem igualmente belo. Com o tempo, com os fracassos, o contista, capaz de superar essa primeira etapa ingênua, aprende que em literatura não valem as boas intenções. Descobre que para voltar a criar no leitor essa comoção que levou a ele próprio a escrever o conto, é necessário um ofício de escritor, e que esse ofício consiste entre muitas outras coisas em conseguir esse clima próprio de todo grande conto, que obriga a continuar lendo, que prende a atenção, que isola o leitor de tudo o que o rodeia, para depois, terminado o conto, voltar a pô-lo em contato com o ambiente de uma maneira nova, enriquecida, mais profunda e mais bela. E o único modo de se poder conseguir esse sequestro momentâneo do leitor é mediante um estilo baseado na intensidade e na tensão, um estilo no qual os elementos formais e expressivos se ajustem, sem a menor concessão, à índole do tema, lhe deem a forma visual a auditiva mais penetrante e original, o tornem único, inesquecível, o fixem para sempre no seu tempo, no seu ambiente e no seu sentido primordial. O que chamo intensidade num conto consiste na eliminação de todas as ideias ou situações intermédias, de todos os recheios ou fases de transição que o romance permite e mesmo exige. Nenhum dos senhores terá esquecido "O Tonel de Amontillado", de Edgar Poe. O extraordinário deste conto é a brusca renúncia a toda descrição de ambiente. Na terceira ou quarta frase estamos no coração do drama, assistindo ao cumprimento implacável de uma vingança. "Os Assassinos", de Hemingway, é outro exemplo de intensidade obtida mediante a eliminação de tudo o que não convirja essencialmente para o drama. Mas pensemos agora nos contos de Joseph Conrad, de D. H. Lawrence, de Kafka. Neles, com modalidades típicas de cada um, a intensidade é de outra ordem, e prefiro dar-lhe o nome de tensão. É uma intensidade que se exerce na maneira pela qual o autor nos vai aproximando lentamente do que conta. Ainda estamos muito longe de saber o que vai ocorrer no conto, e, entretanto, não nos podemos subtrair à sua atmosfera. No caso de "O Tonel de Amontillado" e de "Os Assassinos", os fatos, despojados de toda preparação, saltam sobre nós e nos agarram; em troca, numa narrativa demorada e caudalosa de Henry James – "A

Lição do Mestre", por exemplo – sente-se de imediato que os fatos em si carecem de importância, que tudo está nas forças que os desencadearam, na malha sutil que os precedeu e os acompanha. Mas tanto a intensidade da ação como a tensão interna da narrativa são o produto do que antes chamei o ofício de escritor, e é aqui que nós vamos aproximando do final deste passeio pelo conto. Em meu país, e agora em Cuba, tenho podido ler contos dos mais variados autores: maduros ou jovens, da cidade e do campo, dedicados à literatura por razões estéticas ou por imperativos sociais do momento, comprometidos ou não comprometidos. Pois bem, embora soe a truísmo, tanto na Argentina como aqui os bons contos têm sido escritos pelos que dominam o ofício no sentido já indicado. Um exemplo argentino esclarecerá melhor isto. Em nossas províncias centrais e do Norte existe uma longa tradição de contos orais, que os gaúchos se transmitem de noite à roda do fogo, que os pais continuam contando aos filhos, e que de repente passam pela pena de um escritor regionalista e, na esmagadora maioria dos casos, se convertem em péssimos contos. O que sucedeu? As narrativas em si são saborosas, traduzem e resumem a experiência, o sentido do humor e o fatalismo do homem do campo; alguns se elevam mesmo à dimensão trágica ou poética. Quando os ouvimos da boca de um velho gaúcho, entre um mate e outro, sentimos como que uma anulação do tempo, e pensamos que também os aedos gregos contavam assim as façanhas de Aquiles para maravilha de pastores e viajantes. Mas nesse momento, quando deveria surgir um Homero que fizesse uma Ilíada ou uma Odisseia dessa soma de tradições orais, em meu país surge um senhor para quem a cultura das cidades é um signo de decadência, para quem os contistas que todos nós amamos são estetas que escreveram para o mero deleite de classes sociais liquidadas, e esse senhor entende, em troca, que para escrever um conto a única coisa que faz falta é registrar por escrito uma narrativa tradicional, conservando na medida do possível o tom falado, os torneios do falar rural, as incorreções gramaticais, isso que chamam a cor local. Não sei se essa maneira de escrever contos populares é cultivada em Cuba; oxalá não seja, porque em meu país não deu mais que indigestos volumes que não interessam nem aos homens do campo, que preferem continuar ouvindo os contos entre dois tragos, nem aos leitores da cidade, que estarão em franca decadência, mas não deixaram de ler bem lidos os clássicos do gênero. Em compensação – e refiro-me também à Argentina – tivemos escritores como um Roberto J. Payró, um Ricardo Güiraldes, um Horacio Quiroga e um Benito Lynch que, partindo também de temas muitas vezes tradicionais, ouvidos da boca de velhos gaúchos como um Dom Segundo Sombra, souberam potenciar esse material e torná-lo obra de arte. Mas Quiroga, Güiraldes e Lynch conheciam a fundo o ofício de escritor, isto é, só aceitavam temas significativos, enriquecedores, assim como Homero teve de pôr de lado uma porção de episódios bélicos e mágicos para não deixar senão aqueles que chegaram até nós graças à enorme força mítica, à ressonância de arquétipos mentais, de hormônios psíquicos como Ortega y Gasset chamava os mitos. Quiroga, Güiraldes e Lynch eram escritores de dimensão universal, sem preconceitos localistas ou étnicos ou populistas; por isso, além de escolherem cuidadosamente os temas de suas narrativas, submetiam-nos a uma forma literária, a única capaz de transmitir ao leitor todos os valores, todo o fermento, toda a projeção em profundidade e em altura desses temas. Escreviam tensamente, mostravam intensamente. Não há outro modo para que um conto seja eficaz, faça alvo no leitor e crave em sua memória.

O exemplo que acabo de dar pode ser de interesse para Cuba. É evidente que as possibilidades que a Revolução oferece a um contista são quase infinitas. A cidade, o campo, a luta, o trabalho, os diferentes tipos psicológicos, os conflitos de ideologia, de caráter; e tudo isso como que exacerbado pelo desejo que se vê nos senhores de atuarem, de se expressarem, de se comunicarem como nunca puderam fazer antes. Mas tudo isso como há de ser traduzido em grandes contos, em contos que cheguem ao leitor com a força e a eficácia necessária? É aqui que eu gostaria de aplicar concretamente o que venho dizendo num terreno mais abstrato. O entusiasmo e a boa vontade não bastam por si só, como também não basta o ofício de escritor por si só para escrever contos que fixem literariamente (isto é, na admiração coletiva, na memória de um povo) a grandeza desta Revolução em marcha. Aqui, mais que em nenhuma outra parte, se requer hoje uma fusão total dessas duas forças, a do homem plenamente comprometido com sua realidade nacional e mundial, e a do escritor lucidamente seguro do seu ofício. Nesse sentido não há engano possível. Por mais veterano, por mais hábil que seja um contista, se lhe faltar uma motivação entranhável, se os seus contos não nasceram de uma profunda vivência, sua obra não irá além do mero exercício estético. Mas o contrário será ainda pior, porque de nada valem o fervor, a vontade de comunicar a mensagem, se se carecer dos instrumentos expressivos, estilísticos, que tornam possível essa comunicação. Neste momento estamos tocando o ponto crucial da questão. Creio, e digo-o após ter pesado longamente todos os elementos que entram em jogo, que escrever para uma revolução, que escrever revolucionariamente, não significa, como creem muitos, escrever obrigatoriamente acerca da própria revolução. Jogando um pouco com as palavras, Emmanuel Carballo dizia aqui há alguns dias que em Cuba seria mais revolucionário escrever contos fantásticos do que contos sobre temas revolucionários. Por certo a frase é exagerada, mas produz uma impaciência muito reveladora. Quanto a mim, creio que o escritor revolucionário é aquele em que se fundem indissoluvelmente a consciência do seu livre compromisso individual e coletivo, e essa outra soberana liberdade cultural que confere o pleno domínio do ofício. Se esse escritor, responsável e lúcido, decide escrever literatura fantástica, ou psicológica, ou voltada para o passado, seu ato é um ato de liberdade dentro da revolução e, por isso, é também um ato revolucionário, embora seus contos não se ocupem das formas individuais ou coletivas que adota a revolução. Contrariamente ao estreito critério de muitos que confundem literatura com pedagogia, literatura com ensinamento, literatura com doutrinação ideológica, um escritor revolucionário tem todo o direito de se dirigir a um leitor muito mais complexo, muito mais exigente em matéria espiritual do que imaginam os escritores e os críticos improvisados pelas circunstâncias e convencidos de que seu mundo pessoal é o único mundo existente, de que as preocupações do momento são as únicas preocupações válidas. Repitamos, aplicando-a ao que nos rodeia em Cuba, a admirável frase de Hamlet a Horácio: "Há muito mais coisas no céu e na terra do que supõe tua filosofia..." E pensemos que não se julga um escritor somente pelo tema de seus contos ou de seus romances, mas, sim, por sua presença viva no seio da coletividade, pelo fato de que o compromisso total da sua pessoa é uma garantia insofismável da verdade e da necessidade de sua obra, por mais alheia que esta possa parecer à vista das circunstâncias do momento. Essa obra não é alheia à revolução por não ser acessível a todo o mundo. Ao contrário, prova que existe um vasto setor de leitores em potencial que, num certo sentido, estão muito mais separados que o escritor das metas finais da revolução, dessas metas de cultura, de liberdade, de pleno gozo da condição humana que os cubanos se fixaram para admiração de todos os que os amam e os compreendem. Quanto mais alto apontarem os escritores que nasceram para isso, mais altas serão as metas finais do povo a que pertencem. Cuidado com a fácil demagogia de exigir uma literatura acessível a todo o mundo. Muitos dos que a apoiam não têm outra razão para fazê-lo senão a da sua evidente incapacidade para compreender uma literatura de maior alcance. Pedem clamorosamente temas populares, sem suspeitar que muitas vezes o leitor, por mais simples que seja, distinguira instintivamente entre um conto mais difícil e complexo, mas que o obrigará a sair por um momento do seu pequeno mundo circundante e lhe mostrará outra coisa, seja o que for, mas outra coisa, algo diferente. Não tem sentido falar de temas populares a seco. Os contos sobre temas populares só serão bons se se ajustarem, como qualquer outro conto, a essa exigente e difícil mecânica interna que procuramos mostrar na primeira parte desta palestra. Faz anos tive a prova desta afirmação na Argentina, numa roda de homens do campo a que assistíamos uns quantos escritores. Alguém leu um conto baseado num episódio de nossa guerra de independência, escrito com uma deliberada simplicidade para pô-lo, como dizia o autor, "no nível do camponês". A narrativa foi ouvida cortesmente, mas era fácil perceber que não havia tocado fundo. Em seguida um de nós leu *A pata do macaco*, o conto justamente famoso de W. W. Jacobs. O interesse, a emoção, o espanto e, finalmente, o entusiasmo foram extraordinários. Recordo que passamos o resto da noite falando de feitiçaria, de bruxas, de vinganças diabólicas. E estou seguro de que o conto de Jacobs continua vivo na lembrança desses gaúchos analfabetos, enquanto o conto pretensamente popular, fabricado para eles, com o vocabulário, as aparentes possibilidades intelectuais e os interesses patrióticos deles, deve estar tão esquecido como o escritor que o fabricou. Eu vi a emoção que entre gente simples provoca uma representação de *Hamlet*, obra difícil e sutil, se existem tais obras, e que continua sendo tema de estudos eruditos e de infinitas controvérsias. É certo que essa gente não pode compreender muitas coisas que apaixonam os especialistas em teatro isabelino. Mas que importa? Só sua emoção importa, sua maravilha e seu arroubo diante da tragédia do jovem príncipe dinamarquês. O que prova que Shakespeare escrevia verdadeiramente para o povo, na medida em que seu tema era profundamente significativo para qualquer um – em diferentes planos, sim, mas atingindo um pouco de cada um – e que o tratamento teatral desse tema tinha a intensidade própria dos grandes escritores, graças à qual se quebram as barreiras intelectuais aparentemente mais rígidas, e os homens se reconhecem e confraternizam num plano que está mais além ou mais aquém da cultura. Por certo, seria ingênuo crer que toda grande obra possa ser compreendida e admirada pela gente simples; não é assim e não pode sê-lo. Mas a admiração que provocam as tragédias gregas ou as de Shakespeare, o interesse apaixonado que despertam muitos contos e romances nada simples nem acessíveis, deveria fazer os partidários da mal chamada "arte popular" suspeitarem de que sua noção de povo é parcial, injusta e, em último termo, perigosa. Não se faz favor algum ao povo se se lhe propõe uma literatura que ele possa assimilar sem esforço, passivamente, como quem vai ao cinema ver fitas de *cowboys*. O que é preciso fazer é educá-lo, e isso é numa primeira etapa tarefa pedagógica e não literária. Para mim foi uma experiência reconfortante ver como em Cuba os escritores que mais admiro participam da revolução, dando o melhor de si mesmos, sem sacrificarem uma parte das suas possibilidades em aras de uma pretensa arte popular que não será útil a ninguém. Um dia Cuba contará com um acervo de contos e romances que conterá, transmudada ao plano estético, eternizada na dimensão intemporal da arte, sua gesta revolucionária de hoje. Mas essas obras não terão sido escritas por obrigação, por mandado da hora. Seus temas nascerão quando for o momento, quando o escritor sentir que deve plasmá-los em contos ou romances ou peças de teatro ou poemas. Seus temas conterão uma mensagem autêntica e profunda, porque não terão sido escolhidos por um imperativo de caráter didático ou proselitista, mas, sim, por uma irresistível força que se imporá ao autor, e que este, apelando para todos os recursos de sua arte e de sua técnica, sem sacrificar nada a ninguém, haverá de transmitir ao leitor como se transmitem as coisas fundamentais: de sangue a sangue, de mão a mão, de homem a homem.

7. DO SENTIMENTO DE NÃO ESTAR DE TODO

Jamais réel et toujours vrai

(Em um desenho de Antonin Artaud)

Sempre serei como um menino para muitas coisas, mas um desses meninos que, desde o começo, carregam consigo o adulto, de maneira que, quando o monstrinho chega verdadeiramente a adulto ocorre que, por sua vez, carrega consigo o menino, e *nel mezzo del cammin* dá-se uma coexistência poucas vezes pacífica de pelo menos duas aberturas para o mundo.

Pode-se entender isto metaforicamente porém indica, em todo caso, um temperamento que não renunciou à visão pueril como preço da visão adulta, e essa justaposição, que faz o poeta e talvez o criminoso, e também o cronópio e o humorista (questão de doses diferentes, de acentuação aguda ou esdrúxula, de escolhas: agora jogo, agora mato) manifesta-se no sentimento de não estar de todo em qualquer das estruturas, das teias que a vida arma e em que somos simultaneamente aranha e mosca.

Muito do que tenho escrito ordena-se sob o signo da excentricidade, posto que entre viver e escrever nunca admiti uma clara diferença; se vivendo chego a dissimular uma participação parcial em minha circunstância, por outro lado não posso negá-la no que escrevo uma vez que precisamente escrevo por não estar ou por estar a meias. Escrevo por falência, por deslocamento; e como escrevo de um interstício, estou sempre convidando que outros procurem os seus e olhem por eles o jardim onde as árvores têm frutos que são, por certo, pedras preciosas. O monstrinho continua firme.

Esta espécie de constante lúdica explica, se não justifica, muito do que tenho escrito ou tenho vivido. Censura-se em meus romances – esse jogo à beira da sacada, esse fósforo ao lado da garrafa de gasolina, esse revólver carregado na mesa iluminada – uma busca intelectual do próprio romance, que seria assim como um contínuo comentário da ação e, muitas vezes, a ação de um comentário. Aborrece-me argumentar *a posteriori* que à distância dessa dialética mágica um homem-menino está lutando por concluir o jogo de sua vida: *que sim, que não, que nesta está*. Porque um jogo, bem visto, não é um processo que parte de um deslocamento para chegar a um arremate, a um fim – gol, xeque-mate, pedra livre? Não é o cumprimento de uma cerimônia que caminha para a fixação final que a coroa?

O homem de nosso tempo crê facilmente que sua informação filosófica e histórica salva-o do realismo ingênuo. Em conferências universitárias e em conversas de café chega a admitir que a realidade não é o que parece, e está sempre disposto a reconhecer que seus sentidos o enganam e que sua inteligência lhe constrói uma visão tolerável mas incompleta do mundo. Cada vez que pensa metafisicamente se sente "mais triste e mais sábio", mas sua admissão é momentânea e excepcional enquanto que o contínuo da vida o instala de cheio na aparência, concretiza-a em sua volta, veste-a de definições, funções e valores. Esse homem é um ingênuo realista mais do que um realista ingênuo. Basta observar o seu comportamento ante o excepcional, o insólito; ou o reduz a fenômeno estético ou poético ("era algo realmente surrealista, te juro") ou renuncia em seguida a indagar na entrevisão que lhe puderam dar um sonho, um ato falho, uma associação verbal ou causal fora do comum, uma coincidência perturbadora, qualquer das instantâneas fraturas do contínuo. Se se lhe pergunta, dirá que não crê de todo na realidade cotidiana e que só a aceita pragmaticamente. Mas vê lá se crê, é só em que crê. Seu sentido da vida assemelha-se ao mecanismo de sua visão. Às vezes tem uma ligeira consciência de que cada tantos segundos as pálpebras interrompem a visão que sua consciência decidiu entender como permanente e contínua; mas quase de imediato o pestanejar torna a ser inconsciente, o livro ou a maçã fixam-se em sua obstinada aparência. Há como um acordo de cavalheiros entre a circunstância e os circunstantes : tu não me tiras de meus costumes e eu não te ando esgravatando com um palito. Mas agora acontece que o homem-menino não é um cavalheiro mas um cronópio que não entende bem o sistema de linhas de fuga graças às quais se cria uma perspectiva satisfatória dessa circunstância, ou então, como acontece nas colagens mal resolvidas, sente-se uma escala diferente com relação à da circunstância, uma formiga que não cabe num palácio ou um número quatro em que não cabem mais do que três ou cinco unidades. A mim isto me acontece palpavelmente, às vezes sou maior do que o cavalo em que monto, e outros dias caio em um dos meus sapatos e me dou um golpe terrível, sem contar o trabalho para sair, as escadas fabricadas laço a laço com os cordões e a terrível descoberta, já na margem, de que alguém guardou o sapato num guarda-roupa e que estou pior do que Edmundo Dantés no Castelo de If porque nem sequer há um abade à disposição nos guarda-roupas de minha casa.

E me agrada, e sou terrivelmente feliz em meu inferno, e escrevo. Vivo e escrevo ameaçado por essa lateralidade, por essa *paralaxe verdadeira*, por esse estar sempre um pouco mais à esquerda ou mais no fundo do lugar onde se deveria estar para que tudo calhasse satisfatoriamente num dia a mais de vida sem conflitos.

Desde muito pequeno assumi, com os dentes cerrados, essa condição que me separava de meus amigos e por outro lado os atraía para o raro, o diferente, o que metia o dedo no ventilador. Não estava privado de felicidade; a única condição era coincidir às vezes (o camarada, o tio excêntrico, a velha louca) com outro que tampouco calçasse certo o seu número, e claro não era fácil; mas logo descobri os gatos, em que podia imaginar minha própria condição, e os livros onde a encontrava de cheio. Nesses anos poderia dizer-me os versos talvez apócrifos de Poe:

> From childhood's hour I have not been
> As others were; I have not seen
> As others saw; I could not bring
> My passions from a common spring –

Mas o que para o virginiano era um estigma (luciferino, mas por isso mesmo monstruoso) que o isolava e condenava,

> And all I loved, I loved alone

não me divorciou daqueles cujo redondo universo só tangencialmente compartia. Hipócrita sutil, aptidão para todos os mimetismos, ternura que ultrapassava os limites e me dissimulava; as surpresas e as aflições da primeira idade coloriam-se de ironia amável. Lembro-me: aos onze anos emprestei a um colega *O Segredo de Wilhelm Storitz*, onde Júlio Verne me propunha como sempre um comércio natural e íntimo com uma realidade nada dessemelhante à cotidiana. Meu amigo devolveu-me o livro: "Não o terminei, é demasiadamente fantástico". Jamais renunciarei à surpresa escandalizada desse minuto. Fantástica, a invisibilidade de um homem? Então só no futebol, no café com leite, nas primeiras confidencias sexuais podíamos encontrar-nos?

Adolescente, acreditei como outros que meu contínuo estranhamento era o sinal anunciador do poeta, e escrevi os poemas que se escrevem então e que sempre são mais fáceis de escrever do que a prosa nessa altura da vida que repete no indivíduo as fases da literatura. Com os anos descobri que se todo poeta é um estranhado, nem todo estranhado é poeta na acepção genérica do termo. Entro aqui em terreno polêmico, ponha a carapuça quem quiser. Se por poeta entendemos funcionalmente o que escreve poemas, a razão para que os escreva (não se discute a qualidade) nasce de que seu estranhamento como pessoa suscita sempre um mecanismo de *challenge and response*; assim, cada vez que o poeta é sensível à sua lateralidade, à sua situação extrínseca numa realidade aparentemente intrínseca, reage poeticamente (quase diria profissionalmente, sobretudo a partir de sua maturidade técnica); dito de outra maneira, escreve poemas que são como petrificações desse estranhamento, o que o poeta vê ou sente em lugar de, ou ao lado de, ou por debaixo de, ou ao contrário de, remetendo este *de* ao que os demais veem tal como creem que é, sem deslocamento nem crítica interna. Duvido que exista um único grande poema que não tenha nascido dessa estranheza ou que não a traduza; mais ainda, que não a ative e potencialize ao suspeitar de que é precisamente a zona intersticial por onde cabe *aceder*. Também o filósofo se estranha e se desloca deliberadamente para descobrir as fissuras do aparente e sua busca nasce igualmente de um *challenge and response*; em ambos os casos, embora os fins sejam diversos, há uma resposta instrumental, uma atitude técnica ante um objeto definido. Mas já se viu que nem todos os estranhados são poetas ou filósofos profissionais. Quase sempre começam por sê-lo ou por querer sê-lo, mas chega o dia em que se dão conta de que não podem ou de que não estão obrigados a essa *response* quase fatal que é o poema ou a filosofia ante o *challenge* do estranhamento. Sua atitude torna-se defensiva, egoísta se se quiser, posto que se trata de preservar sobretudo a lucidez, resistir à solapada deformação que a cotidianidade codificada vai montando na consciência com a ativa participação da inteligência raciocinante, os meios de informação, o hedonismo, a arteriosclerose e o matrimônio *inter alia*. Os humoristas, alguns anarquistas, não poucos criminosos e muitos contistas e romancistas situam-se neste setor pouco definível em que a condição de estranhado não acarreta necessariamente uma resposta de ordem poética. Estes poetas não profissionais carregam seu deslocamento com maior naturalidade e menor brilho e até se poderia dizer que sua noção de estranhamento é lúdica por comparação com a resposta lírica ou trágica do poeta. Enquanto este trava sempre um combate, os estranhados sem mais nada se integram na excentricidade a um ponto em que o excepcional dessa condição, que suscita o *challenge* para o poeta ou o filósofo, tende a tornar-se condição natural do sujeito estranhado, que assim o quis e que, por isso, ajustou sua conduta a essa aceitação paulatina. Penso em Jarry, num lento comércio à base do humor, da ironia, da familiaridade, que termina por inclinar a balança do lado das exceções, por anular a diferença escandalosa entre o sólito e o insólito e permite a passagem cotidiana, sem *response* concreta porque já não há *challenge*, a um plano que, em falta de melhor nome, continuaremos chamando realidade mas sem que seja já um *flatus voeis* ou um pior é nada.

Voltando a Eugênia Grandet

Talvez agora se compreenda melhor algo do que quis fazer no que tenho escrito, para liquidar um mal-entendido que aumenta injustamente as ganâncias das firmas Waterman e Pelikan. Os que me censuram escrever romances onde quase continuamente se põe em dúvida o que se acaba de afirmar ou se afirma teimosamente toda razão de dúvida, insistem em que o mais aceitável de minha literatura são alguns contos onde se nota uma criação unívoca, sem olhadas para trás ou passeiozinhos hamletianos dentro da própria estrutura do narrado. Parece-me que esta distinção taxativa entre duas maneiras de escrever não se funda tanto nas razões ou acertos do autor quanto na comodidade daquele que lê. Para que voltar ao fato sabido de que quanto mais se assemelha um livro a um cachimbo de ópio mais satisfeito fica o chinês que o fuma, disposto no máximo a discutir a qualidade do ópio mas não seus efeitos letárgicos. Os partidários desses contos não percebem que o argumento de cada narrativa é também um testemunho de estranhamento, quando não uma provocação tendente a suscitá-lo no leitor. Tem-se dito que em minhas narrativas o fantástico desgarra-se do "real" ou insere-se nele, e que esse brusco e quase sempre inesperado desajuste entre um satisfatório horizonte razoável e a irrupção do insólito é o que lhes dá eficácia como matéria literária. Mas então que importa que nesses contos se narre sem solução de continuidade uma ação capaz de seduzir o leitor, se o que subliminarmente o seduz não é a unidade do processo narrativo mas a disrupção em plena aparência unívoca? Uma técnica eficaz pode submeter o leitor sem dar-lhe oportunidade de exercer seu sentido crítico no decorrer da leitura, mas não é pela técnica que essas narrativas se distinguem de outras tentativas; bem ou mal escritas, são, em sua maioria, do mesmo estofo que meus romances, aberturas sobre o estranhamento, instâncias de um deslocamento a partir do qual o sólito deixa de ser tranquilizador porque nada é sólito desde que submetido a um escrutínio secreto e contínuo. Pergunte-se a Macedônio, a Francis Ponge, a Michaux. Alguém dirá que uma coisa é mostrar um estranhamento tal como se dá ou como cabe parafraseá-lo literariamente e outra muito diferente debatê-lo num plano dialético como costuma acontecer em meus romances. Enquanto leitor, tem pleno direito de preferir um ou outro veículo, optar por uma participação ou por uma reflexão. Todavia, deveria abster-se de criticar o romance em nome do conto (ou o contrário se houvesse alguém tentado a fazê-lo), posto que a atitude central continua sendo a mesma e a única diferença são as perspectivas em que se situa o autor para multiplicar suas possibilidades intersticiais. "Rayuela" é de certa maneira a filosofia de meus contos, uma indagação sobre o que determinou ao longo de muitos anos sua matéria ou seu impulso. Pouco ou nada reflito ao escrever uma narrativa; como acontece com os poemas, tenho a impressão de que se escreveram a si mesmos e não creio me gabar se digo que muitos deles participam dessa suspensão da contingência e da incredulidade nas quais Coleridge via as marcas particulares da mais alta realização poética. Pelo contrário, os "romances foram empreendimentos mais sistemáticos, em que o alheamento de raiz poética só interferiu intermitentemente para levar adiante uma ação retardada pela reflexão. Mas já se observou o bastante que essa reflexão participa menos da lógica do que da semântica, que não é tanto dialética quanto associação verbal ou imaginativa? O que chamo aqui reflexão mereceria talvez outro nome ou, em todo caso, outra conotação; também Hamlet reflete sobre sua ação ou sua inação, também o Ulrich de Musil ou o cônsul de Malcolm Lowry.

Mas é quase fatal que essas interrupções na hipnose, em que o autor exige uma vigília ativa do leitor, sejam recebidas pelos clientes do fumadouro com um considerável grau da consternação.

Para terminar: também me agradam esses capítulos de "Rayuela" que os críticos sempre concordaram em sublinhar: o concerto de Berthe Trépat, a morte de Rocamadour. E contudo não creio que neles esteja de modo nenhum a justificação do livro. Não posso deixar de ver que, fatalmente, aqueles que elogiam esses capítulos estão elogiando um elo a mais dentro da tradição novelística, dentro de um terreno familiar e ortodoxo. Somo-me aos poucos críticos que quiseram ver em *Rayuela* a denúncia imperfeita e desesperada do *establishment* das letras, simultaneamente espelho e tela do outro *establishment* que está fazendo de Adão (Adán), cibernética e minuciosamente, o que denuncia seu nome logo que o lemos ao contrário: nada.

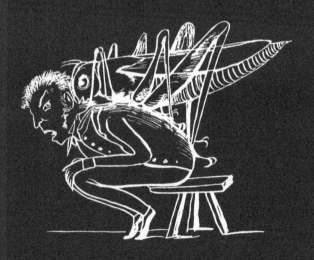

8. DO SENTIMENTO DO FANTÁSTICO

Esta manhã Teodoro W. Adorno fez uma coisa de gato: no meio de um apaixonado discurso, metade jeremiada e metade arrasto agarradíssimo às minhas calças, ficou imóvel e rígido, olhando fixamente um ponto do ar em que para mim não havia nada para ver até a parede onde está dependurada a gaiola do bispo de Evreux, que jamais despertou o interesse de Teodoro. Qualquer senhora inglesa teria dito que o gato estava olhando um fantasma matinal, dos mais autênticos e verificáveis, e que a passagem da rigidez inicial a um lento movimento da cabeça da esquerda para a direita, terminando na linha de visão da porta, demonstrava de sobra que o fantasma acabava de ir embora, provavelmente incomodado por esse detector implacável.

Parecerá esquisito, mas o sentimento do fantástico não é tão inato em mim como em outras pessoas, que, consequentemente, não escrevem contos fantásticos. Quando criança, eu era mais sensível ao maravilhoso que ao fantástico (para a diferente acepção destes termos, sempre mal usados, consultar proveitosamente Roger Caillois[1]), e afora os contos de fadas achava com o restante de minha família que a realidade exterior se apresentava todas as manhãs com a mesma pontualidade e as mesmas seções fixas de *La Prensa*. Que todo trem devia ser arrastado por uma locomotiva constituía uma evidência que frequentes viagens de Banfield a Buenos Aires confirmavam tranquilizadoramente, e por isso, na manhã em que pela primeira vez vi chegar um trem elétrico que parecia prescindir de locomotiva, me pus a chorar com tal encarniçamento que, segundo minha tia Enriqueta, foi necessário mais de um quarto de quilo de sorvete de limão para me devolver ao silêncio. (Do meu realismo abominável dessa época dá uma ideia complementar o fato de que eu costumava encontrar moedas na rua enquanto passeava com minha tia, mas sobretudo a habilidade com que depois de tê-las roubado em minha casa as deixava cair enquanto minha tia olhava uma vitrina, para precipitar-me logo a recolhê-las e a exercer o imediato direito de comprar balas. Em compensação, para minha tia o fantástico era muito familiar, uma vez que nunca achava insólita essa repetição demasiado frequente e até compartilhava a excitação do achado e alguma bala.)

Em outro lugar expressei meu assombro de que um condiscípulo achasse fantástica a história de Wilhelm Storitz que eu lera com a mais absoluta suspensão da incredulidade. Compreendo que cumpria uma operação inversa e bastante árdua: encurralar o fantástico no real, *realizá-lo*. O prestígio de todo livro me facilitava a tarefa: como duvidar de Júlio Verne? Repetindo Nâser-è-Khosrow, nascido na Pérsia no século XI, sentia que um livro

embora só tenha uma lombada, possui cem rostos

e que de algum modo era necessário extrair esses rostos da arca, pô-los em meu ambiente pessoal, no quartinho do sótão, nos sonhos temerosos, nos devaneios na copa de uma árvore à hora da sesta. Creio que na infância nunca vi ou senti diretamente o fantástico; palavras, frases, narrativas, bibliote-

---

[1]. Veja-se em especial o prefácio à *Anthologie du fantastique*, Paris, Club français du livre, 1958.

cas, foram-no destilando na vida exterior por um ato de vontade, uma escolha. Escandalizou-me que meu amigo tivesse rejeitado o caso de Wilhelm Storitz; se alguém tinha escrito sobre um homem invisível, não bastava para que a existência dele fosse irrefutavelmente possível? Afinal, no dia em que escrevi meu primeiro conto fantástico não fiz senão intervir pessoalmente numa operação que até então havia sido vicária; um Júlio substituiu o outro com sensível perda para ambos.

Esse mundo que é este

Numa das *Illuminations*, Rimbaud mostra o jovem ainda submisso "à tentação de Antônio", presa dos "tiques de um orgulho pueril, do abandono e do espanto". Dessa submissão à contingência sairá graças à vontade de mudar o mundo. "Aplicar-te-ás a esse trabalho", diz e se diz Rimbaud. "Todas as possibilidades harmônicas e arquiteturais vibrarão em torno do teu eixo central." A verdadeira alquimia reside nesta fórmula: *Tua memória e teus sentimentos serão apenas o alimento do teu impulso criador. Quanto ao mundo, quando saíres, em que se haverá convertido? Em todo caso, nada a ver com as aparências atuais*[2].

Se o mundo nada terá a ver com as aparências atuais, o impulso criador de que fala o poeta terá metamorfoseado as funções pragmáticas da memória e dos sentidos; toda a *ars combinatória*, a apreensão das relações subjacentes, o sentimento de que os reversos desmentem, multiplicam, anulam os anversos, são modalidade natural de quem vive para *esperar o inesperado*. A extrema familiaridade com o fantástico vai ainda mais longe; de algum modo já recebemos isso que ainda não chegou, a porta deixa entrar um visitante que virá depois de amanhã ou veio ontem. A ordem será sempre aberta, não se tenderá jamais a uma conclusão porque nada conclui nem nada começa num sistema do qual somente se possuem coordenadas imediatas. Alguma vez pude temer que o funcionamento do fantástico fosse ainda mais férreo que a causalidade física; não compreendia que estava diante de

2. Jeunesse, IV.

aplicações particulares do sistema, que por sua força *excepcional* davam a impressão da fatalidade, de um calvinismo do sobrenatural. Logo fui vendo que essas instâncias esmagadoras do fantástico reverberavam em virtualidades praticamente inconcebíveis; a prática ajuda, o estudo dos chamados acasos vai ampliando as tabelas do bilhar, as peças do xadrez, até esse limite pessoal para além do qual somente terão acesso outros poderes que não os nossos. Não há um fantástico fechado, porque o que dele conseguimos conhecer é sempre uma parte e por isso o julgamos fantástico. Já se terá adivinhado que como sempre as palavras estão tapando buracos.

Um exemplo do fantástico restrito e como que fatal nos é dado por um conto de W. F. Harvey[3]. O narrador se pôs a desenhar para se distrair do calor de um dia de agosto; quando percebe o que fez, tem diante de si uma cena de tribunal: o juiz acaba de pronunciar a sentença de morte e o condenado, um homem gordo e calvo, olha para ele com uma expressão em que há mais desalento que horror. Pondo o desenho no bolso, o narrador sai de casa e vaga até se/deter, fatigado, diante da porta de um lapidário. Sem saber bem por que se dirige ao homem que esculpe uma lápide: é o mesmo cujo retrato fez duas horas antes sem conhecê-lo. O homem cumprimenta-o cordialmente e mostra-lhe uma lápide nem bem terminada, na qual o narrador descobre o seu próprio nome, a data exata do seu nascimento e a da sua morte: esse mesmo dia. Incrédulo e aterrorizado, fica sabendo que a lápide está destinada a uma exposição e que o lapidário gravou nela um nome e umas datas para ele imaginários.

Como cada vez faz mais calor, entram na casa. O narrador mostra o desenho, e os dois homens compreendem que a dupla coincidência vai além de toda explicação e que o absurdo a torna horrível. O lapidário propõe ao narrador que não saia da casa dele até passar meia-noite, para evitar qualquer possibilidade de acidente. Instalam-se num quatro solitário e o lapidário se distrai afiando o cinzel, enquanto o narrador escreve a história do sucedido. São onze horas da noite; uma hora mais e o perigo terá passado. O calor vai

3. HARVEY, W. F., "August Heat". In: *The Beast with Five Fingers*, Londres, Dent, 1962.

aumentando; como diz a frase final do conto, *é um calor capaz de deixar qualquer um louco.*

O esquema admiravelmente simétrico da narrativa e a fatalidade do seu cumprimento não devem fazer esquecer que as duas vítimas só conheceram uma malha da trama que lhes faz frente para destruí-las; o verdadeiramente fantástico não reside tanto nas estreitas circunstâncias narradas, mas na sua ressonância de pulsação, de palpitar surpreendente de um coração alheio ao nosso, de uma ordem que nos pode usar a qualquer momento para um dos seus mosaicos, arrancando-nos da rotina para nos pôr um lápis ou um cinzel na mão.

Quando o fantástico me visita (às vezes sou eu o visitante e meus contos foram nascendo dessa boa educação recíproca ao longo de vinte anos), lembro-me sempre da admirável passagem de Victor Hugo: "Ninguém ignora o que é o ponto vélico de um navio; lugar de convergência, ponto de intersecção misterioso até para o construtor do barco, no qual se somam as forças dispersas em todo o velame desfraldado". Estou convencido de que esta manhã Teodoro olhava um ponto vélico do ar. Não é difícil encontrá-los e até provocá-los, mas uma condição é necessária: fazer uma ideia muito especial das heterogeneidades admissíveis na convergência, não ter medo do encontro fortuito (que não o será) de um guarda-chuva com uma máquina de costura. O fantástico *força* uma crosta aparente, e por isso lembra o ponto vélico; há algo que encosta o ombro para nós tirar dos eixos. Sempre soube que as grandes surpresas nos esperam ali onde tivermos aprendido por fim a não nos surpreender com nada, entendendo por isto não nos encandalizarmos diante das rupturas da ordem. Os únicos que creem verdadeiramente nos fantasmas são os próprios fantasmas, como o prova o famoso diálogo na galeria de quadros[4]. Se em qualquer esfera do fantástico chegássemos a essa naturalidade, Teodoro já não seria o único a ficar tão quieto, pobre animalzinho, olhando o que ainda não sabemos ver.

---

4. Tão famoso que é quase ofensivo mencionar o autor, *George Coring Frost* (*Memorabilia*, 1923) e o livro que lhe deu essa fama: a *Antologia de la literatura fantástica* (Borges, Silvina Ocampo, Bioy Casares).

9. CLIFFORD*

Esse difícil costume de que esteja morto. Como Bird, como Bud, *he didn't stand the ghost of a chance*, mas antes de morrer deixou seu nome mais obscuro, manteve longamente o fio de um discurso secreto, úmido desse pudor que treme nas esteias gregas onde um jovem pensativo olha para a branca noite do mármore. Ali a música de Clifford cinge algo que escapa quase sempre no *jazz*, que escapa quase sempre no que escrevemos ou pintamos ou queremos. De repente por volta da metade sente-se que esse pistão, que busca com um apalpar infalível a única maneira de ultrapassar o limite, é menos solilóquio que contato. Descrição de uma felicidade efêmera e difícil, de um arrimo precário: antes e depois, a normalidade. Quando quero saber o que vive o xamã no mais alto da árvore de passagem, cara a cara com a noite fora do tempo, escuto uma vez mais o testamento de Clifford Brown como um golpe de asa que rasga o contínuo, que inventa uma ilha de absoluto na desordem. E depois de novo o costume, onde ele e tantos mais estamos mortos.

(*) *Remember Clifford* (Clifford Brown, 1930-1956), disco Mercury MCL 268. *Ghost of a chance* (Young-Crosby) é a penúltima faixa da segunda face.

10. GARDEL

Até dias atrás, a única recordação argentina que me podia trazer minha janela sobre a rua de Gentilly era a passagem de algum pardal idêntico aos nossos, tão alegre, despreocupado e folgazão como os que se banham em nossas fontes ou se espojam no pó das praças.

Agora uns amigos me deixaram um gramofone e uns discos de Gardel. Imediatamente se compreende que Gardel é preciso escutar no gramofone, com toda a distorção e a perda imagináveis; sua voz sai como a conheceu o povo que não podia escutá-lo em pessoa, como saía de saguões e de salas por volta de vinte e quatro ou vinte e cinco. Gardel-Razzano, então: *La cordobesa*, *El sapo y la comadreja*, *De mi tierra*. E também sua voz sozinha, alta e cheia de trinados, com as guitarras metálicas crepitando no fundo das buzinas verde e rosa: *Mi noche triste*, *La copa del olvido*, *El taita del arrabal*. Para escutá-lo até parece necessário o ritual prévio, dar corda no gramofone, ajustar a agulha. O Gardel dos *pi-*

ckups elétricos coincide com a glória, com o cinema, com uma fama que lhe exigiu renúncias e traições. É mais atrás, nos pátios à hora do mate, nas noites de verão, nos rádios de galena ou com as primeiras lâmpadas, que ele está em sua verdade, cantando os tangos que o resumem e o fixam na memória. Os jovens preferem o Gardel de *El dia que me quieras*, a bonita voz sustentada pela orquestra que o incita a enfatuar-se e tornar-se lírico. Os que crescemos na amizade dos primeiros discos sabemos quanto se perdeu de *Flor de jango* a *Mi Buenos Aires querido*, de *Mi noche triste* a *Sus ojos se cerraron*. Uma virada de nossa história moral se reflete nessa mudança como em tantas outras mudanças. O Gardel dos anos vinte contém e expressa o portenho fechado num mundo satisfatório: a mágoa, a traição, a miséria, não são ainda as armas com que atacarão, a partir da outra década, o portenho e o provinciano ressentidos e frustrados. Uma última e precária pureza preserva ainda do derretimento dos boleros e do radioteatro. Gardel não causa, vivendo, a história que se tornou palpável com sua morte. Cria carinho e admiração, como Legui ou Justo Suárez; dá e recebe amizade, sem nenhuma das turvas razões eróticas que mantém o renome dos cantores tropicais que nos visitam, ou o mero deleite no mau gosto e a canalhice ressentida que explicam o triunfo de um Alberto Castillo. Quando Gardel canta um tango, seu estilo expressa o do povo que o amou. A mágoa ou a cólera diante do abandono da mulher são mágoa e cólera concretas, apontando para Joana ou para Zefa, e não esse pretexto agressivo total que é fácil descobrir na voz do cantor histérico deste tempo, tão bem afinado com a histeria de seus ouvintes. A diferença de tom *moral* que vai de cantar "¡Lejana Buenos Aires, qué linda has de estar!" como a cantava Gardel, ao ululante "¡Adiós, pampa mia!" de Castillo, dá a tônica dessa viragem a que aludo. Não só as artes maiores refletem o processo de uma sociedade.

Escuto uma vez mais *Mano a mano*, que prefiro a qualquer outro tango e a todas as gravações de Gardel. A letra, implacável no seu balanço da vida de uma mulher que é uma mulher da vida, contém em poucas estrofes "a soma dos atos" e o vaticínio infalível da decadência final. Inclinado sobre esse destino, que por um momento compartilhou, o cantor não expressa cólera nem despeito. "Rechiflao" ["Alucinado"] em sua tristeza, evoca-a e vê que foi na sua pobre vida pária somente uma boa mulher. Até o final, apesar das aparências, defenderá a honradez essencial de sua antiga companheira. E desejar-lhe-á o melhor, insistindo na qualificação:

> Que el bacán que te acamala tenga pesos duraderos,
> que te abras en las paradas con cafishos milongueros,
> y que digan los muchachos: "Es una buena mujer".

Talvez prefira este tango porque dá a justa medida do que representa Carlos Gardel. Se suas canções tocaram todos os registros do sentimentalismo popular, desde o rancor irremissível até a alegria do canto pelo canto, desde a celebração de glórias turfísticas até a glosa da ocorrência policial, o justo meio em que se inscreve para sempre a sua arte é o deste tango quase contemplativo, de uma serenidade que se diria termos perdido para sempre. Se esse equilíbrio era precário, e exigia o transbordamento de baixa sensualidade e triste humor que escorre hoje dos alto-falantes e dos discos populares, não é menos certo que cabe a Gardel ter marcado seu momento mais bonito, para muitos de nós definitivo e irrecuperável. Em sua voz de *compadre* portenho reflete-se, espelho sonoro, uma Argentina que já não é fácil evocar.

Quero ir-me desta página com dois casos que acho belos e justos. O primeiro é em intenção – e oxalá para castigo – dos musicólogos engomados. Num restaurante da rue Montmartre, entre uma e outra porção de mexilhões à marinheira, dei para falar a Jane Bathori de meu carinho por Gardel. Soube então que o acaso os aproximara uma vez numa viagem aérea. "E que lhe pareceu Gardel?", perguntei. A voz de Bathori – essa voz pela qual passaram em seu dia as quintessências de Debussy, Fauré e Ravel – me respondeu emocionada: "Il était charmant, tout à fait charmant. C'était un plaisir de causer avec lui". E depois, sinceramente: "Et quelle voix!"

O outro caso devo a Alberto Girri, e parece-me um resumo perfeito da admiração de nosso povo por seu cantor. Num cinema do bairro sul, onde exibem *Cuesta abajo*, um portenho de lenço no pescoço espera o momento de entrar. Um conhecido interpela-o da rua: "Cê vai no cinema? Que fita tá passando?" E o outro, tranquilo: "Tá passando uma do mudo..."

ii. NÃO HÁ PIOR SURDO DO QUE AQUELE QUE

Aqui em Paris leio poucas coisas rio-platenses porque os afrancesados, senhora, somos terríveis. Agora acontece que uma porção de famas, esperanças e cronópios me enviam não se sabe bem por que numerosas publicações em forma de manuscritos, rolos, papiros, cilindros, plaquetas, separatas, folhas soltas com pasta ou sem, e sobretudo volumes impressos em Buenos Aires e em Montevidéu, sem falar de minhas tias que mantêm acesa a tocha dos suplementos dominicais, que como tocha é bastante curiosa porque mal chega a minhas mãos tende a se converter em bola de papel para alegria e desenfado de Teodoro W. Adorno que se rebola com ela em estreita convivência bélica.

Será um pouco por isso ou por outras coisas, mas creio que ainda me resta bastante ouvido para nosso falar e nosso escrever, e por sua vez será um pouco por isso ou por outras coisas mas sucede tristemente que muitos livros e plaquetas se tornam também bola de papel, quase nunca do *ponto de vista* intelectual e quase sempre do *ponto de escuta* estético (dando mato grosso a "intelectual" e a "estético" os sentidos respectivos de *fundo* e de *forma*). Digo isto e o que vem a seguir a propósito de Néstor Sánchez e de seu romance *Nosotros dos*, que conheci há um par de anos em manuscrito (Sanchez eu não vi nunca, às vezes me escreve umas cartas entre sibilinas e reservadas); agora acaba de ser publicado seu livro e me tocou ler duas ou três resenhas, e aconteceu o-que-era-de-se-esperar, ou seja, que no Rio da Prata estão cada dia mais Beethoven em matéria de estilo. Não sou crítico nem ensaísta nem penso defender Sanchez que já está grandinho e sai sozinho de noite; nem sequer tomo seu livro como exemplo especial, limito-me a afirmar que é uma das melhores tentativas atuais de criar um estilo narrativo digno desse nome, e que à margem de seus méritos ou deméritos representa um raro caso de personalidade num país tão despersonalizado como a Argentina em matéria de expressão literária.

Sánchez tem um sentimento musical e poético da língua: musical pelo sentido do ritmo e da cadência que transcende a prosódia para se apoiar em cada frase que por sua vez se apoia em cada parágrafo e assim sucessivamente até que a totalidade do livro recolha e transmita a ressonância como uma caixa de violão; poético, porque à semelhança de toda prosa baseada na *simpatia*, a comunicação de signos entranha um reverso carregado de latências, simetrias, polarizações e catalises em que reside a razão de ser da grande literatura. E isto, que resumo mal, é o que vários críticos do livro foram incapazes de ver, para deplorar em compensação com um penetrante ar de desnorteados o que chamam "galimatias", "obscuridade", a monótona repetição desse encontro de um crítico que olha para trás com um artista que vê para frente.

Noutro lugar me refiro a uma segunda pedra de escândalo, José Lezama Lima. Defensor de causas desesperadas (das outras se ocupam as penas autorizadas e eu, como na canção, não o sou nem quero ser), opto por romper um bom *boomerang* em prol destes *soliti ignoti*. O que segue é a versão de um instante de mau-humor e tristeza, entre mates e cigarros; peço escusas pela provável falta de informação, visto que não conservo fichários e além disso nesta temporada prefiro dedicar-me a escutar Ornette Coleman e a me aperfeiçoar no trumpete, instrumento petulante.

Vocabulário mínimo para se fazer entender

ESTILO: 1) A definição do dicionário é a justa: "Maneira peculiar que cada qual tem de escrever ou de falar, isto é, de expressar suas ideias e sentimentos". Como se costuma circunscrever a noção de estilo à escrita e daí falar-se de "estilo de frases longas" etc., assinalo que por estilo se entende aqui o produto total da economia de uma obra, de suas qualidades expressivas e idiomáticas. Em todo grande estilo a linguagem deixa de ser um veículo para a "expressão de ideias e sentimentos" e atinge esse estado limite em que já não conta como mera linguagem porque toda ela é presença do expressado. Um pouco o que ocorre com o raro intérprete musical que estabelece o contato direto do ouvinte com a obra e deixa de atuar como intermediário.

2) Esta noção de estilo será mais bem apreciada de um ponto de vista mais aberto, mais *semiológico* como dizem os estruturalistas, seguindo Saussure. Para um Michel Foucault, em toda narrativa é preciso distinguir em primeiro lugar a *fábula*, o que se conta, da *ficção*, que é "o regime da narrativa", a situação do narrador com respeito ao narrado. Mas esta díade não tarda a mostrar-se como tríade. "Quando se fala (na vida cotidiana) pode-se muito bem falar de coisas "fabulosas": o triângulo desenhado pelo sujeito falante, seu discurso e o que conta, é determinado de fora pela situação: não há aí ficção alguma. Em troca, nesse *analogon* de discurso que é uma obra, essa relação só pode ser estabelecida no interior do próprio ato da palavra; o que se conta deve indicar por si mesmo quem fala, a que distância, de que perspectiva e segundo que modo de discurso. A obra não é definida tanto pelos elementos da fábula ou sua ordenação como pelos modos da ficção, indicados tangencialmente pelo próprio enunciado da fábula. A *fábula* de uma narrativa se situa no interior das possibilidades míticas da cultura; sua escrita se situa no interior das possibilidades da língua; sua *ficção*, no interior das possibilidades do ato da palavra."

ESCRITORES RIO-PLATENSES DE FICÇÃO: Refere-se aqui aos que obviamente não têm um sentimento do estilo como o apontado acima. Mas mal se escarva um pouco, a surdez estilística aflora como sintoma de falências concomitantes no sentido para o qual remete o velho lugar-comum de que o estilo é o homem, neste caso o homem argentino ou uruguaio, esbanjador indiscriminado de suas muitas e esplêndidas qualidades. Fique assim entendido que *também* se fala aqui desses escritores que em seu quinto ou sétimo livro são capazes de escrever: "Disse-lhe uma manhã na leiteria, com nossos cotovelos apoiados sobre o mármore frio", como se fosse possível apoiar no mármore os cotovelos de nossa bisavó ou como se o mármore das leiterias estivesse comumente em estado de ebulição; de escritores que se permitem displicências com Borges ao mesmo tempo que produzem coisas como "o tácito chamado de sua natureza indócil e conceptiva", ou afetações de mau gosto onde uma face se cora com "o fogo indomável do rubor", sem falar dos que explicam como "tomando-lhe a cara com as duas mãos" etc., delimitação que permitiria deduzir existirem outras pessoas capazes de tomá-la com as três ou as oito. Isto quanto aos monstrengos mais imediatos da escritura; de suas obras consideradas no conjunto se deduz maior ou menor surdez para os elementos eufônicos do idioma, para o ritmo parcial e o geral, e este paradoxo irritante: apesar de serem escritas num idioma sinistramente empobrecido pela incultura e pela consequente penúria do vocabulário, quase sempre sobram palavras em cada frase. *Dizer pouco com muito* parece uma constante deste tipo de escritor.

Têm ouvidos e não

Já não lembro quando nem onde disse Brice Parain que conforme tratemos a linguagem e a escrita, assim seremos tratados. Que ninguém estranhe então que eu esteja tratando antes bem mal aqueles escritores rio-platenses de ficção que parecem ver na escrita sobretudo um sistema de signos informativos, como se passassem da Remington ao *imprimatur* sem mais trabalho que ir tirando as folhas da máquina.

É provável que ninguém jamais resolva a questão do fundo e da forma, pois, tão logo se demonstra que é um falso problema, as dificuldades reaparecem de outro ângulo. Se é verificável que a expressão acaba sempre por refletir qualitativamente o conteúdo, e que toda escolha maniqueísta em prol de uma ou de outro leva ao desastre na medida em que não há dois termos, mas, sim, um contínuo (o que não impede, como estamos vendo hoje, que esse contínuo seja mais complexo do que parecia), também cabe dizer que para atingir o estado da escrita que mereça ser chamado de literário não basta ter enchido resmas brancas ou azuis sem outro cuidado que a correção sintática ou, no máximo, um vago sentimento das exigências eurrítmicas da língua. Confesso que num certo tempo essa literatura que chamo surda me parecia sobretudo produto do tetânico "ensino" da língua em nossos sistemas escolares, e da ingenuidade subsequente de segregar uma narrativa qualquer com a mesma inocência de um bicho-da-seda. Mais tarde suspeitei coisas piores em face da monotonia com que o quarto livro do romancista Fulano entrava nas vitrinas tão impecavelmente mal escrito como o primeiro. A perseverança no angu parecia um indício de outras coisas; não é preciso crer demais na *praxis* para engolir que um exercício *atento* da literatura deveria levar a um progresso simultâneo na maneira de dirigir o carro e no sentido da viagem para o qual é dirigido. Como não ver que a única *situação* do escritor autêntico é o centro do átomo literário onde partículas conhecidas e outras por conhecer se resolvem na perfeita intencionalidade da obra: a de *extremar* tudo o que a suscita, a faz e a comunica? Se não havia avanço, se cada novo livro de Fulano reiterava as carências dos anteriores, só cabia pensar que a falha *precedia* a experiência do ofício, que a invalidava como um bloqueio, uma censura do modo que a entende a psicanálise.

Indagando esse obstáculo inicial que talvez pudesse explicar a surdez literária de tanto narrador, e concentrando-me por razões óbvias no Rio da Prata, passei em revista nossas impossibilidades como já uma vez fizera Borges, partindo de outra intenção e de outro terreno. Comecei, já o disse, lembrando a paródia de educação linguística e literária que se dava aos jovens argentinos de meu tempo com um patriotismo que deitava por terra o de San Martin e o de Bolívar, pois se estes acabaram com os exércitos espanhóis sem cortar por isso as raízes com a Espanha, os professores de castelhano e de literatura de nossas escolas secundárias conseguiam o mais horrendo parricídio no espírito dos seus alunos, instilando neles a morte por fastio e por bimestres do infante Juan Manuel, do Arcipreste, de Cervantes e de quanto clássico houvesse tido o infortúnio de cair na ratoeira dos programas escolares e das leituras obrigatórias. As exceções eram como essa solitária bolachinha *com* chocolate que sorri para os guris na caixa de um quilo *sem*. Por exemplo, eu fui bastante afortunado para ter, em troca de cinco ou seis imbecis, um professor que era nada menos que o Sr. Arturo Marasso, e é bem possível que lhe tenha tocado uma sorte análoga em sua loteria docente. Mas essas são loterias de Heliogábalo; estatisticamente falando, nos "educamos" (o pretérito perfeito vale talvez também como presente, faz tempo que ando longe e não sei) na ignorância das Mães da língua, das constantes profundas que deveríamos ter reconhecido antes de proceder ao parricídio freudiano que nem sequer chegamos a praticar deliberadamente, porque dizer como os malandros, *"che Toto emprestame mil mangos"* ["Eh! Totó, me empresta mil mangos"], ou como nos jornais, *"el planteo gubernativo impacta los sectores bursátiles"* ["a postulação governativa impacta os setores financiais"], ou como num romance, *"la hidra del deseo se le aglutinaba en la psiquis convulsa"* ["a hidra do desejo aglutinava-se-lhe na psique convulsa"], não são nem conquistas nem perdas linguísticas, não são rebelião ou regressão ou alteração, mas, sim, passividade de bolor submetida sem remissão à circunstância.

Pensei paralelamente na influência neutralizadora e desvitalizadora das traduções em nosso sentimento da língua. Entre 1930 e 1950 o leitor rio-platense leu quatro quintos da literatura mundial contemporânea em traduções, e conheço demasiado o ofício de intérprete para não saber que a língua se reduz ali a uma função antes de tudo informativa, e que ao perder sua *originalidade* se amortecem nela os estímulos eufônicos, rítmicos, cromáticos, escultóricos, estruturais, todo o eriçamento do estilo que aponta para a sensibilidade do leitor, ferindo-o e espicaçando-o através dos olhos, dos ouvidos, das cordas vocais e até do sabor, num jogo de ressonâncias e correspondências e adrenalina que entra no sangue para modificar o sistema de reflexos e de respostas e suscitar uma participação porosa nessa experiência vital que é um conto ou um romance. A partir de 1950 o grande público do Rio da Prata descobriu seus escritores e os do resto da América Latina; mas o mal já estava feito e enquanto por um lado muitos desses escritores partiam de um instrumento degradado pelas razões que estou procurando entender, por outro lado os leitores haviam perdido toda exigência e liam um autor uruguaio ou mexicano com a mesma passiva aceitação de signos comunicantes com que vinham lendo Thomas Mann, Alberto Moravia ou François Mauriac em traduções. Há pelo menos duas classes de línguas mortas, e a que manejam esses escritores e esses leitores pertence à pior; mas nada o justifica porque essa morta é uma espécie de zumbi às avessas, e só dependeria de nós para que despertasse para uma vida bem merecida e em pleno sol. O mal é que se não há ouvido, como dizia Unamuno, se não há ritmo verbal que corresponda a uma economia intelectual e estética, se não há esse sentido infalível do vocabulário, das estruturas sintáticas, dos acatamentos e das transgressões que fazem o estilo de um grande escritor, se romancista e leitor são cúmplices encerrados numa mesma cela e comendo do mesmo pão seco, então que se vai fazer, irmão, estamos fritos.

Perguntei-me também quais podiam ser os prazeres do conúbio literário, a que signo correspondia o Eros verbal destes escritores e leitores rio-platenses que ejaculam e consentem literariamente com o mesmo ar perfunctório e distraído do galo e da galinha. Qualquer *voyeur* de nossa literatura atual descobrirá rapidamente que estas garotas (o sexo não importa aqui) ficam num ligeiro erotismo de clitóris e não atingem quase nunca o vaginal. Assim, limitada aos umbrais, a informação e a "mensagem" escamoteiam por ingenuidade ou incompetência a fusão erótica total e doadora de ser que nasce do intercurso com toda literatura digna de tal nome. Na Argentina o deleite da leitura esgota-se – quase sempre de forma justificada, uma vez que mais além não haveria grande coisa – nos limites do meramente expositivo. Os proêmios de um gozo mais profundo são dados apenas pelas incursões do autor na soltura oral, num diálogo em que o "lunfardo" ou os falares provincianos e domésticos conseguem resgatar de vez em quando a respiração do idioma vivo; mas mal o romancista, pequeno deus emagrecido, volta a tomar a palavra entre os diálogos, se recai na primazia do signo a seco. E *o leitor corrente não o percebe*, e tampouco a maioria dos críticos que confundem literatura com informação de luxo. Entre nós parece haver muito poucos criadores e leitores sensíveis ao estilo como estrutura *original* nos dois sentidos do termo, na qual todo impulso e signo de comunicação aponta para as potências extremas, atua em altitude, latitude e profundidade, promove e comove, transtorna e transmuda – uma *alchimie du verbe* cujo sentido último está em transcender a operação poética para atuar com a mesma eficácia alquímica sobre o leitor. Deixemos de lado o pseudo-estilo de superfície que em grande parte nos vem da Espanha verbosa das tertúlias (a outra dorme e espera), e que consiste em burilar a frase, enfatuar a voz, adjetivar com luxo e vir sem mais com coisas como "indagava o montante do dinheiro dilapidado", ou "dois ou três senhores de família equipolente, empolada, apetente, com seus adultos e seus impúberes" (*sic*); toda essa floritura irá morrendo sozinha e seus últimos ecos serão os discursos com que serão despedidos seus autores no peristilo do cemitério da Chacarita. O perigo real é a surdez, não essas bandas municipais da língua; o mal está no empobrecimento deliberado da expressão (simetricamente comparável à inchação à-toa dos espanhóis deste tempo) coincidente com a superestimação da história que motiva o texto. Não se parece perceber que, ao se transmitir imperfeitamente, a recepção oscila entre o incompleto e o falso; literariamente continuamos nos tempos do rádio de galena. Entenderemos por fim que neste ofício a mensagem e o mensageiro não fazem parte da União Postal Universal, que não são dois como a carta e o carteiro?

Grande fadiga a esta altura da disquisição

– Acaba com isso, pô! – ouve-se dizer em algum lugar. Sou sensível a estas insinuações mas não me vou sem uma última reflexão, porque a esta altura dos acontecimentos entendo que a indiferença para com o estilo por parte de autores e leitores leva a suspeitar que a "mensagem" tão disposta a prescindir alegremente de um estilo também não há de ser grande coisa. E entendo algo mais: a raiz *moral* do que está} acontecendo literariamente, isso que *antes* das influências negativas da escola e das traduções já está atuando por nossa própria índole, o fato de ser um uruguaio ou um argentino. Em literatura sofremos, como em muitas outras coisas, as desvantagens de nossas vantagens: inteligentes, adaptáveis, rápidos para captar os rumos da circunstância, nos damos ao triste luxo de não acatar a distância *elementar* que vai do jornalismo à literatura, do amadorismo à profissão, da vocação à obra. Por que nossos homens de ciência valem estatisticamente mais que nossos literatos? A ciência e a tecnologia não admitem a improvisação, o papo para o ar e a facilidade na medida em que nossos literatos creem inocentemente que a narrativa o permite, e em compensação tiram brilhante partido de nossas melhores qualidades. Nas letras, como no futebol e no boxe e no teatro profissional, a facilidade rio-platense se traduz em suficiência, em algo assim como um direito divino a escrever ou a ler ou a fazer gols impecavelmente. Tudo nos é devido porque tudo nos é dado; o Estado somos nós, quem vier atrás que aguente etc. Mas para cada Pascualito Pérez ou Jorge Luís Borges, *brother*, que pauladas levamos *dappertutto*. *Viva eu* é uma viveza que me cansei de ler e de escrever nos paredões de minha infância, quase sempre acompanhado dessa outra viveza que também nos desenha, *Puto eu*. Assim nos decretamos um dia escritores ou leitores *ex officio*, sem noviciado e sem velar armas, passando de vagas leituras à rotunda redação de nosso primeiro romance e à interpelação patriótica do pobre editor mais ou menos catalão que não entende o que está acontecendo e corre espantado a corrediça do seu catálogo. Uma vez me deu vontade de perder uma noite em San Martin e Comentes ou num café de Saint-Germain-des-Prés, e me entretive escutando alguns escritores e leitores argentinos embarcados nessa corrente que julgam "comprometida" e que consiste *grosso modo* em ser autêntico (?), em enfrentar a realidade (?), em acabar com os bizantinismos borgianos (resolvendo hipocritamente o problema de uma inferioridade diante do melhor de Borges graças à usual falácia de se valer das tristes aberrações políticas ou sociais dele para diminuir uma obra que nada tem a ver com elas). Era e continua sendo divertido verificar como esses ximbevas creem que basta ser vivo e inteligente e ter lido muitíssimo para que o resto seja questão de baskerville e corpo oito. Se você lhes fala de Flaubert saem com coisas como *tranche de vie* e não pensam em quanto Gustavo queimou as pestanas; se são um pouco mais astutos lhe retrucam que Balzac ou Emily Brontë ou D. H. Lawrence não necessitavam de tanta ginástica para produzir obras-primas, esquecendo-se de que tanto uns como outros (gênio à parte) saíam para lutar com armas afiadas coletivamente por séculos de tradição intelectual, estética e literária, enquanto nós somos forçados a criar uma língua que primeiro deixe para trás Dom Ramiro e outras múmias de vendagem hispânica, que torne a descobrir o espanhol que deu Quevedo ou Cervantes e que nos deu *Martin Fierro* e *Recuerdos de Província*, que saiba inventar, que saiba abrir a porta para ir brincar, que saiba matar à direita e à esquerda como toda língua realmente viva, e sobretudo que se liberte por fim do *journalese* e do *translatese*, para que essa liquidação geral de inópias e facilidades nos leve algum dia a um estilo nascido de uma lenta e árdua meditação de nossa realidade e nossa palavra. Por que se queixar, finalmente? Não é maravilhoso que devamos abrir passagem na confusão de uma língua que, como sempre, não é mais que uma confusão em nós mesmos? Aqui na França se publicam cada ano centenas de livros insignificantes que provam os riscos da calçada de frente, a facilidade que pode ter para os medíocres um idioma acessível em sua plena eficácia ao término dos estudos escolares. Quando sai por aí o grande livro, é lógico que se inveje de nossas terras o uso que é capaz de fazer o gênio de uma língua como a francesa ou a inglesa; mas nossos livros também podem chegar a ser grandes na medida em que sejam cada vez mais a batalha ineludível pela conquista de uma língua antes de aspirar à sua flor final, ao seu resultado perfeito. Lamentável que aqui, tristemente, se intrometa outra vez a falta de vontade de lutar, a ingenuidade ou a canalhice de querer recolher a presa sem ter dado um único bom golpe, a *fiaca* rio-platense tão louvável no verão à hora da sesta, tão aconselhável entre um livro e outro, mas que não se conforma em mobiliar com sonhos e mate amargo os ócios magníficos do homem rio-platense, e que, ao contrário, é culpada de boa parte de nossa bibliografia contemporânea. Ciao.

12. WHAT HAPPENS, MINERVA?

*Some of us were already feeling the necessity
to explore the art that lay between the arts.*

Dick Higgins, prefácio a Four Suits

Não parece necessário ter assistido a muitos *happenings* para saber do que se trata, em parte porque a literatura conexa é abundante e, além disso, porque um verdadeiro *happening* ocorre às vezes sem que a pessoa perceba conscientemente, e quase sempre são os melhores. Benjamin Patterson, músico norte-americano, imaginou uma obra que se chama *Lawful Dance* e que consiste em se parar numa esquina até que o semáforo se torne verde, ocasião em que se cruza para a calçada oposta e espera-se que o semáforo se torne outra vez verde para novamente atravessar a rua, operação que continuará enquanto a pessoa tiver vontade. Higgins, a quem devo esta informação, conta que o *happening* em questão lhe valeu a companhia de três ricaças que, superada a primeira surpresa de ver um sujeito atravessar infinitas vezes de uma calçada para outra em sincronização exata com os semáforos, acharam que a dança era divertidíssima e dali nasceram grandes intimidades e toda espécie de novos *happenings*. Esta obra de Patterson pode ser praticada por qualquer um, mas, além disso, é potencialmente coletiva, pois, como se vê, as garotas não demoram a chegar e juntar-se à dança[1]. Se você é melhor ator do que bailarino, em algum lugar li que o alemão Paik (se for alemão) deixou instruções detalhadas para que qualquer um possa fazer teatro desde que se sinta bem disposto. Partindo do princípio de que a distância que separa o palco da plateia corresponde a esse cômodo escapismo burguês que proporciona boa consciência sem mais trabalho do que comprar um ingresso e se instalar para ver a peça[2], Paik entende que a oposição mais radical a esta apodrecida instituição consiste em abolir a diferença entre atores e público (ideal nunca de todo alcançado pelos *happenings* usuais), a ponto de chegar a um teatro anônimo que atuará ou não sobre os circunstantes, mas que se realizará do mesmo modo e se justificará apenas pelo fato de ser levado a cabo. Assim, para dar um exemplo embrionário, você pode representar uma peça de teatro que consista em tomar o metrô na estação Vaugirard e saltar na do Châtelet. Não se trata de uma viagem comum mas de um trabalho de ator que deve obedecer exatamente às instruções de Paik (que são essas e nada mais). Da mesma forma, se você lê *Le Monde* enquanto passeia sob as arcadas da rue de Rivoli, também fará

---

1. Em *Jefferson's Birthday*, Nova York, Something Else Press, 1964. A maioria das publicações desta editora são recomendáveis se se quiser entender algumas zonas antropológicas contemporâneas. Em todo caso, deveriam consultá-las aqueles latino-americanos que ainda creem que John Coltrane, Ionesco, Beckett, Jim Dine ou Heinz Karel Stockhausen são a vanguarda de alguma coisa, quando os pobres não fazem mais do que tirar as traças do colete.
2. NOT to PERFORM/SHOW/SAY/ACT/ETC. anything IN FRONT OF an audience in that nicely handsome middle distance that was and is usual in the field of the art (not so wide that people would have to think, and not so narrow that people would be attacked: would have to or could react and in this way would get something), which is the reason for the fact that ART never is more than a pleasant ALIBI FOR THE PEOPLE (an alibi that they expect to relieve from really thinking at all about THEIR OWN LIFE/CHANGING, VITALIZING it).
SCHMIDT, Thomas, Sensatorium Maximinimum. In: *Four Suits*, Nova York, Something Else Press, 1965. p. 135.

teatro anônimo sempre que sua leitura e seu passeio se ajustem às instruções de Paik. Pelas amostras é fácil deduzir que a gama de possibilidades que oferecem dramaturgos como Dick Higgins, Paik, Thomas Schmidt e outros cronópios é quase infinita. Como de hábito, os bem-pensantes se fincarão no joguinho de valores "permanência-progresso-humanismo--cultura-etc." para assinalar *com justiça* – outro valor capitalizável quando convém – que a característica mais evidente dos *happenings* é sua insanidade. Eu estou bem velhinho para viver de perto a música de Philip Corner ou as topologias de Spoerri mas, em compensação, sobram-me células de Schultze para farejar até que ponto essas atividades tão combatidas pela polícia e pelos empresários estão sensivelmente passando um sabão no assoalho de muitos valores consagrados. Não se pode permanecer alheio a uma noção como a que desenvolveu Paik em seu *Omnibus Music Nº 1*, que ataca a partir de dentro a monótona divisão executantes--ouvintes (cenário-plateia) através do sistema oposto, vale dizer que os sons ocorrem em diferentes partes de um edifício e o público é que tem de ir de um lado a outro para escutá-los. Há um concerto de Philip Corner, creio, que consiste simplesmente em destroçar um piano de cauda no meio de um palco e arrematar seus pedaços entre o público; em Paris basta consultar os enormes falos de latão onde se fixam os programas dos concertos semanais para compreender em toda sua esperança essa liquidação de um instrumento que só pode ser escutado historicamente (*desde* Schumann, *desde* Bartok, mas não já *desde* você mesmo, parado em 1967 no exato ponto de mira da Bomba).

NOTA IRACUNDA: Como estas linhas não são um hensaio herudito sobre os *happenings*, quero simplesmente hinsinuar aos hepígonos de Herasmo, Halfonso Reyes e outros humanistas do mesmo hestilo, que toda crítica, zombaria, ação policial, tese, trabalhos forçados, corte de cabelo, palavrório em ateneus culturais ou decretos legislativos baseados nos epifenômenos da atitude *beatnik--underground-happening*, são pura hipocrisia de líderes culturais no ato de sentir que lhes treme o assoalho sob as botinas. Que os *happenings*, as exposições *pop*, as sessões de destruição de objetos artísticos, sejam em si mesmos controversos, inúteis, estúpidos, perigosos ou meramente

205

divertidos, o que conta é sua motivação consciente ou inconsciente, e por isso os comentários sérios têm muito cuidado em escamoteá-la ou analisá-la de um ponto de vista limitadamente marxista ou liberal ou nazista ou zen, e reduzi-la quase sempre a "protesto" ou a "reivindicação", o que é certo, mas não nos leva muito longe. Na literatura latino-americana acontece o mesmo: o medo ante a novelística dos últimos anos traduz-se em febris ensaios interpretativos onde se faz o impossível para chamar à razão os romancistas deste terror necessário, seja por meio de uma astuta assimilação ao modo de "prolonga e renova a linha de um Rómulo Gallegos" (variantes infinitas do falso elogio: "retorno às fontes" / "cosmopolitismo universalista" / "descida ao inconsciente"), seja estreitando a amizade das fileiras das sociedades de escritores e os chás de senhoras, em enérgica reprovação contra estes canibais das letras que já não respeitam nada. Sem dúvida a crítica usual koincide kategoricamente em que se vive um decênio de sublevação individual cujas formas mais grotescas acontecem ser os *happenings* de toda natureza, e essa mesma crítica não--vacila-em-reconhecer que os artistas e os escritores têm razões de sobra para sublevar-se contra as hordens hestabelecidas; mas apenas dito e até elogiado tudo isso, o crítico continua vivendo como antes e pensando como antes, na vaga espera de uma "evolução" que clareie o horizonte, assim como em matéria social continua-se esperando uma "evolução" que melhore tudo mas sem nos privar da criada e da casinha de campo. Eu que escrevo isto tampouco sei mudar minha vida, também continuo quase como antes; muitos dos protagonistas mais obstinados dos *happenings* não passam de atores e agitadores que retornam a seus hábitos e até veem TV. Fique assim esclarecido que não nos atribuo maior direito de pregar estas coisas, a não ser, talvez, que pregá-las nos narizes de muitos dos que as estão lendo neste instante possa ajudar a outros a sentir-se menos sós, se necessitavam solidariedade e companhia, ou a sentir-se mais sós do que nunca se preferem a solidão mas sabendo, como disse certa vez René Daumal, que também há outros que estão sós como eles e que a solidão de tantos (isto digo eu) acabará um dia com uma hipócrita solidariedade social que somente dá massas eleitorais, exércitos de robôs, histerias coletivas de *bobby-soxers*, demagogia de *teen-agers* manejados entre bambolinas por *gangsters* da imprensa e das diversões. Um *happening* é pelo menos um furo no presente; bastaria olhar por essas frestas para entrever algo menos insuportável do que tudo o que cotidianamente suportamos.

13. LOUIS ENORMÍSSIMO CRONÓPIO

Concerto de Louis Armstrong em Paris, 9 de novembro de 1952.

Parece que o passarinho mandão, mais conhecido por Deus, soprou no flanco do primeiro homem para animá-lo e dar-lhe espírito. Se em vez do passarinho tivesse estado lá Louis para soprar, o homem teria saído muito melhor. A cronologia, a história e demais concatenações, são uma imensa desgraça. Um mundo que tivesse começado por Picasso ao invés de acabar por ele, seria um mundo exclusivamente para cronópios, e em todas as esquinas os cronópios dançariam trégua e dançariam catala, e trepado no poste de iluminação Louis sopraria durante horas, fazendo cair do céu grandíssimos pedaços de estrelas de açúcar e framboesa, para as crianças e os cães comerem.

São coisas que a gente pensa quando se está embutido numa poltrona do teatro dos Champs Elysées e Louis vai surgir de um momento para outro, pois esta tarde despencou

em Paris como um anjo, isto é, veio pela Air France, e a gente fica imaginando a imensa bagunça na cabina do avião, com numerosos famas munidos de pastas cheias de documentos e orçamentos, e Louis entre eles morto de riso, apontando com o dedo as paisagens que os famas preferem não olhar porque lhes dá enjoo, coitados. E Louis comendo um *hot-dog* que a aeromoça lhe trouxe para lhe agradar e porque se não traz Louis lhe corre atrás por todo o avião até conseguir que a moça lhe fabrique um *hot-dog*. Enquanto isto chegam a Paris e embaixo estão os jornalistas, por isso agora estou com a foto de *France-Soir* e Louis aí rodeado de caras brancas, e sem nenhum preconceito realmente eu acho que nessa foto a cara dele é a única cara humana entre tantas caras de repórteres.

Agora veja o senhor como são as coisas neste teatro. Neste teatro, onde uma vez o grandíssimo cronópio Nijinsky descobriu que no ar há balanços secretos e escadas que levam à alegria, dentro de um minuto vai surgir Louis e vai começar o fim do mundo. Por certo Louis não tem a menor ideia de que no lugar onde bota os sapatões amarelos pousaram certa vez os escarpins de Nijinsky, mas precisamente o bom dos cronópios está em que nunca se preocupam com o que aconteceu alguma vez, ou se esse senhor na plateia é o príncipe de Gales. Também Nijinsky não se teria importado nem um pouco sabendo que Louis tocaria pistão no teatro dele. Essas coisas ficam para os famas e também para as esperanças, que se ocupam em recolher as crônicas, estabelecer as datas e encadernar tudo com tafilete e lombada de tela. Esta noite o teatro está copiosamente invadido por cronópios que não contentes de transbordarem pela sala e subirem até nas lâmpadas, invadem o palco e se atiram pelo chão, se amontoam em todos os espaços disponíveis ou não disponíveis, para imensa indignação dos vaga-lumes que ontem mesmo, no concerto de flauta e harpa, tinham um público tão bem--educado que dava gosto, além do que estes cronópios não dão muita gorjeta e sempre que podem se ajeitam por conta própria, não fazendo caso do vaga-lume. Como os vaga-lumes são em geral esperanças, se deprimem sensivelmente diante desta conduta dos cronópios, e com suspiros profundos acendem e apagam as lanternas, o que nas esperanças é um sinal de grande melancolia. Outra coisa que fazem imediatamente os cronópios é porem-se a assobiar e a gritar com grande estardalhaço, reclamando a presença de Louis que, morto de riso, os faz esperar um momento só para se divertir, de modo que a sala do teatro dos Champs Elysées balança como um cogumelo enquanto os cronópios entusiasmados chamam por Louis e uma multidão de aviõezinhos de papel voa por todos os lados e se metem nos olhos e nos pescoços de famas e esperanças que se retorcem indignados, e também de cronópios que se levantam enfurecidos, agarram o aviãozinho e o devolvem com terrível força, graças ao que as coisas vão de mal a pior no teatro dos Champs Elysées.

Agora surge um senhor que vai dizer umas palavras no microfone, mas como o público está esperando Louis e este senhor vem plantar-se no caminho, os cronópios estão furiosíssimos e o vaiam de forma veemente, tapando por completo o discurso do senhor a quem se vê somente abrindo e fechando a boca, de modo que parece extraordinariamente um peixe num aquário.

Como Louis é um enormíssimo cronópio, causa-lhe pena o discurso perdido, e de repente aparece por uma portinha lateral, e a primeira coisa que se vê dele é o seu grande lenço branco, um lenço que flutua no ar e atrás um jorro de ouro também flutuando no ar e é o pistão de Louis, e atrás, saindo da obscuridade da porta a outra obscuridade cheia de luz de Louis que avança pelo palco, e se acabou o mundo e o que vem agora é total e definitivamente o fim do fim do guaiú.

Atrás de Louis vêm os rapazes da orquestra, e aí está Trummy Young que toca trombone como se tivesse nos braços uma mulher desnuda e de mel, e Arvel Shaw que toca contrabaixo como se tivesse nos braços uma mulher desnuda e de sombra, e Cozy Cole que saracoteia sobre a bateria como o Marquês de Sade sobre os traseiros de oito mulheres nuas e fustigadas, e logo vêm outros dois músicos de cujos nomes nem me quero lembrar e que estão aí creio que por um erro do empresário ou porque Louis os achou debaixo do Pont Neuf e lhes viu a cara de fome, e além disso um deles se chama Napoleão e isso é um argumento irresistível para um cronópio tão enormíssimo como Louis.

Para isto já se desencadeou o apocalipse, porque basta Louis levantar sua espada de ouro, e a primeira frase de *When it's sleepy time down South* cai sobre a gente como uma carícia de leopardo. Do pistão de Louis a música sai como as fitas faladas das bocas dos santos primitivos, no ar se desenha sua quente escritura amarela, e atrás desse primeiro sinal se desencadeia *Muskat Ramble* e nós na plateia nos agarramos a tudo o que temos de agarrável, além do que têm os vizinhos, de modo que a sala parece uma vasta sociedade de polvos enlouquecidos e no meio está Louis com os olhos em branco atrás do pistão, com o lenço flutuando numa contínua despedida de algo que não se sabe o que seja, como se Louis necessitasse dizer todo o tempo adeus a essa música que ele cria e que se desfaz no instante, como se soubesse o preço terrível dessa maravilhosa liberdade que é a sua. Por certo que a cada coro, quando Louis eriça o riço de sua última frase e a fita de ouro é cortada como que com uma tesoura fulgurante, os cronópios do palco saltam vários metros em todas as direções, enquanto os cronópios da sala se agitam entusiasmados nas poltronas, e os famas, vindos ao concerto por erro ou porque era preciso ir ou porque custa caro, se entreolham com um ar estudadamente amável, mas naturalmente não entenderam coisa alguma, lhes dói a cabeça que é um horror, e em geral gostariam de estar em casa escutando a boa música recomendada e explicada pelos bons locutores, ou em qualquer parte a vários quilômetros do teatro dos Champs Elysées.

Uma coisa digna de se levar em conta é que além da imensa montanha de aplausos que caem sobre Louis apenas terminado o coro, o próprio Louis se apressa a mostrar-se visivelmente encantado consigo mesmo, ri com a grandíssima dentadura, agita o lenço e vai e vêm pelo palco, trocando frases de contentamento com os músicos, todo satisfeito com o que está ocorrendo. Logo se aproveita do fato de Trummy Young ter hasteado o trombone e estar produzindo uma fenomenal descarga de som concentrado em massas metralhantes e resvalantes para enxugar cuidadosamente o rosto com o lenço, e junto com o rosto o pescoço e creio que até o interior dos olhos, a julgar pela forma com que os esfrega. A esta altura dos acontecimentos vamos descobrindo os adminículos que Louis traz para estar como em casa no palco e divertir-se à vontade. Para começar, aproveita a plataforma de onde Cozy Cole semelhante a Zeus profere raios e centelhas em quantidades sobrenaturais para guardar uma pilha formada por uma dúzia de lenços brancos que ele vai pegando um a um à medida que o anterior se converte em sopa. Mas naturalmente todo esse suor sai de alguma parte, e em poucos minutos Louis sente que se está desidratando, de modo que aproveita um terrível corpo-a-corpo amoroso de Arvel Shaw com sua dama morena para tirar da plataforma de Zeus um extraordinário e misterioso copo vermelho, estreito e altíssimo, que parece um copo para jogar dados ou o recipiente do Santo Graal, e para beber dele um líquido que provoca as mais variadas dúvidas e hipóteses por parte dos cronópios assistentes, já que não falta quem sustente que Louis bebe leite, enquanto outros rugem de indignação diante dessa teoria e declaram que num copo como esse não pode haver senão sangue de touro ou vinho de Creta, o que vem a ser a mesma coisa com outro nome. Enquanto isso Louis escondeu o copo, tem um lenço fresco na mão, e então lhe dá vontade de cantar e canta, mas quando Louis canta a ordem estabelecida das coisas se detém, não por alguma razão explicável, mas somente porque tem de se deter enquanto Louis canta, e dessa boca que antes inscrevia as bandeirolas de ouro cresce agora um mugido de cervo enamorado, um clamor de antílope contra as estrelas, um murmúrio de besouros na sesta das plantações. Perdido na imensa abóbada do seu canto, fecho os olhos, e com a voz deste Louis de hoje me vêm todas as suas outras vozes de dentro do tempo, sua voz de velhos discos perdidos para sempre, sua voz cantando *When your love has gone*, cantando *Confessing* cantando *Thankful*, cantando *Dusky Stevedore*. E embora eu não seja mais que um movimento confuso dentro do pandemônio perfeitíssimo da sala dependurada como um globo de cristal da voz de Louis, caio em mim por um segundo e penso em trinta, quando conheci Louis num primeiro disco, em trinta e cinco quando comprei meu primeiro Louis, o *Mahogany Hall Stomp* da "Polydor". E abro os olhos e ele está aí, depois de vinte e dois anos de amor sul-americano ele está aí, depois de vinte e dois anos ele está aí cantando, rindo com toda a sua cara de moleque incorrigível, Louis cronópio, Louis enormíssimo cronópio, Louis, alegria dos homens que te merecem.

Agora Louis acaba de descobrir que o seu amigo Hugues Panassié está na plateia, e naturalmente isso lhe causa uma alegria enorme, de modo que corre ao microfone e lhe dedica sua música, e entre ele e Trummy Young se arma um contraponto de trombone e trumpete que é como um arrancar a camisa em tiras e lançadas uma a uma ou todas juntas pelo ar. Trummy Young arremete como um búfalo, com uns saltos e umas quedas que te torcem as orelhas, mas agora Louis se escoa pelos ocos e a gente começa a não escutar mais que o seu pistão, a gente começa a perceber uma vez mais que quando Louis sopra, cada sapo em sua lagoa e aí te quero ver. Depois é a reconciliação, Trummy e Louis crescem juntos como dois alamos e racham de cima abaixo o ar com uma estocada final que nos deixa a todos docemente estúpidos. O concerto acabou, já Louis estará trocando de camisa e pensando no *hamburger* que lhe vão preparar no hotel e na ducha que vai tomar, mas a sala continua cheia de cronópios perdidos no seu sonho, montões de cronópios que procuram lentamente e sem vontade a saída, cada um com seu sonho que continua, e no centro do sonho de cada um Louis pequenininho soprando e cantando.

Notas do Autor

Entre estes dois textos vão quase quinze anos, mas não creio que se note demais: sempre que falo de *jazz* me sai uma voz parecida.

Cronologicamente, o primeiro cronópio foi Louis; em 1952 escrevi estas páginas que foram publicadas na revista *Buenos Aires Literária*, graças à amizade de Daniel Devoto e de Alberto Salas. Anos mais tarde os cronópios fizeram sua entrada multitudinária por via do livro e chegaram a ser bastante conhecidos nos cafés, reuniões internacionais de poetas, revoluções socialistas e outros antros de perdição. Parece-me justo reeditar este texto que, à diferença dos demais, é história, cronópios verificáveis, sem contar que me enternece muito e que Narciso, etc.

A referência ao passarinho mandão na primeira frase corresponde a um ciclo do qual alguns poemas inéditos deixaram um testemunho a bem dizer sigiloso. Se o senhor gostar (oh, sim, oh sim), presenteio-o com dois na página 179 de *La vuelta ai dia en ochenta mundos*, México, Siglo Veintiuno Editores, 1967.

14. A VOLTA AO PIANO DE THELONIUS MONK

Concerto do quarteto de Thelonius Monk em Genebra, março de 1966.

Em Genebra de dia há o escritório das Nações Unidas mas à noite é preciso viver e então, de repente, um cartaz em todos os lugares com notícias de Thelonius Monk e Charles Rouse, é fácil compreender a corrida ao Victoria Hall para fila cinco no centro, os tragos propiciatórios no bar da esquina, as formigas da alegria, as vinte e uma que são interminavelmente as dezenove e trinta, as vinte, as vinte e um quarto, o terceiro *whisky*, Claude Tarnaud que sugere uma *fondue*, a mulher dele e a minha que se olham consternadas mas depois comem a maior parte, especialmente o final que sempre é o melhor da *fondue*, o vinho branco que agita suas patinhas nos copos, de costas para o mundo e Thelonius semelhante ao cometa que exatamente dentro de cinco minutos levará consigo um pedaço da terra como em *Héctor Servadac*, em todo caso um pedaço de Genebra com a estátua de Calvino e os cronômetros Vacheron & Constantin.

Agora se apagam as luzes, olhamo-nos ainda com esse ligeiro tremor de despedida que nos envolve sempre ao começar um concerto (cruzaremos um rio, haverá outro tempo, a esmola está pronta) e já o contrabaixo levanta seu instrumento e o sonda, logo a escovilha percorre o ar do timbale como um calafrio e, do fundo, dando uma volta inteiramente desnecessária, um urso com um barrete entre turco e solidéu encaminha-se para o piano pondo um pé diante do outro com um cuidado que faz pensar em minas abandonadas ou nessas plantações de flores dos déspotas sassânidas em que cada flor pisada era uma lenta morte do jardineiro. Quando Thelonius se senta ao piano toda a sala senta-se com ele e produz um murmúrio coletivo do tamanho exato do alívio, porque o percurso tangencial de Thelonius pelo palco tem algo de perigosa cabotagem fenícia com prováveis encalhamentos nos recifes, e quando a nave de escuro mel e barbado capitão chega ao porto, recebe-a a mole, moçônica do Victoria Hall com um suspiro como de asas apaziguadas, de talha-mares perfeitos. Então é *Pannonica*, ou *Blue Monk*, três sombras como espigas rodeiam o urso investigando as colmeias do teclado, as rudes garras cuidadosas indo e vindo entre abelhas desconcertadas e hexágonos de som, passou apenas um minuto e já estamos na noite fora do tempo, a noite primitiva e delicada de Thelonius Monk.

Mas isso não se explica: *A rose is a rose is a rose*. Está-se numa trégua, há intercessor, talvez em alguma esfera nos redimam. E logo, quando Charles Rouse dá um passo para o microfone e seu sax desenha imperiosamente as razões pelas quais está aí, Thelonius deixa cair as mãos, escuta um instante, executa ainda um leve acorde com a esquerda, e o urso se levanta balançando-se, farto de mel ou procurando um musgo propício à modorra, saindo do tamborete apoia-se na beirada do piano marcando o ritmo com um sapato e o barrete, os dedos vão resvalando pelo piano, primeiro junto na beira do teclado onde poderia haver um cinzeiro e uma cerveja mas não há senão Steinway & Sons, e logo iniciam imperceptivelmente um safari de dedos pela beira da caixa do piano enquanto o urso se balança cadencioso porque Rouse e o contrabaixo e o percussor estão enredados no próprio mistério de sua trindade e Thelonius viaja vertiginoso sem se mover, passando de centímetro em centímetro rumo à cauda do piano a que não chegará, sabe-se que não chegará porque para chegar lhe seria necessário mais tempo do que a Phileas Fogg, mais trenós de vela, rápidos de mel de abeto, elefantes e trens endurecidos pela velocidade para transpor o abismo de uma ponte quebrada, de modo que Thelonius viaja à sua maneira, apoiando-se num pé e logo noutro, sem sair do lugar, cabeceando na ponte de seu *Pequod* encalhado num teatro, e a cada instante movendo os dedos para ganhar um centímetro ou mil milhas, ficando outra vez quieto e como que prevenido, verificando a altura com um sextante de fumaça e renunciando a ir adiante e chegar ao extremo da caixa do piano, até que a mão abandona a beira, o urso gira devagar e tudo poderia acontecer nesse instante em que lhe falta o apoio, em que flutua como um martim-pescador sobre o ritmo onde Charles Rouse está lançando as últimas veementes longas admiráveis pinceladas de violeta e de vermelho, sentimos o vazio de Thelonius afastado da beira do piano, a interminável diástole de um único imenso coração onde correm todos nossos sangues, e exatamente então sua outra mão toma o piano, o urso se balança amavelmente e regressa de nuvem em nuvem até o teclado, olha-o como pela primeira vez, passeia pelo ar os dedos indecisos, deixa-os cair e estamos salvos, há Thelonius capitão, há rumo por um momento, e o gesto de Rouse ao retroceder enquanto salta o sax do suporte tem algo de entrega de poderes, de legado que devolveu ao Doge as chaves da sereníssima.

15. TOMBEAU DE MALLARMÉ

Dos traidores refugiados consuetudinariamente no ofício da tradução, muitos dos que traduzem poesia me parecem avatares desse Judas sofisticado que atraiçoa por inocência e por amor, que abraça sua vítima entre oliveiras e tochas, sob sinais de imortalidade e de passagem. Todos os recursos são bons quando no fundo da retorta alquímica brilha o ouro de que falava Píndaro na primeira Olímpica; por isso se sabe de Judas alquimistas que não vacilam em esconder um grão de ouro no chumbo, simulando a transmutação para o príncipe cobiçoso, enquanto continuam procurando-a solitários e, quem sabe, encontrando-a. Terreno equívoco e apaixonado onde se passa da versão à invenção, da para frase à palingenesia: Alfarabi, Macpherson, Chatterton, Edward Fitzgerald, Baudelaire, Arthur Waley, Lafcadio Hearn, Valéry Larbaud *e aiuti*, esplêndida *beggar's opera*, liga de suicídio, de forca, de incunábulos, de esquecimento. Em todo caso a tradução da poesia só se imanta e ganha sentido como os triunfos pírricos, ou como o gesto de Jean Borotra, já velho, deixando cair a raqueta e aproximando-se da rede para apertar a mão de seu jovem vencedor, que empalidece.

Numa época bibliotecária que já me parece mítica (Barnabooth subia num *wagon-lit*, Dargelos petrificava sua bola de neve, Jesus caminhava sobre o Tâmisa no poema de Francis Thompson), traduzi Jules Supervielle, Keats, Jean Cocteau, Benjamin Péret. Um sétimo dia olhei o que havia feito e achei ruim. Em alguma esquina desses anos (era Stalingrado, era Okinawa, era Hiroshima, e na Argentina íamos e vínhamos falando de T. S. Eliot) despedi-me de meu sósia traidor com uma cerimônia purificatória, este *Tombeau de Mallarmé**. Entendi que somente a forma mais extrema da paráfrase poderia resgatar em espanhol o mistério de uma poesia impenetrável a toda versão (verifiquem-no os céticos); venci o temor ao *pastiche* e uma noite num café da rua San Martin, alto de cachaça e cigarros, vi se fazer a primeira versão deste poema sem aceitá-lo demasiadamente como meu.

Anos mais tarde, sob os balcões da casa da rue de Rome, disse para comigo que, depois de tudo, tão fantasma era minha presença ali como a possível manifestação do poeta numa noite portenha. E assim cheguei a imaginar que tanto amor e tanta paciência me haviam valido estar por uma hora com os que subiam cada terça-feira, aproximar-me do lendário pote de fumo onde afundavam os dedos os amigos.

(*) O "Tombeau de Mallarmé", de Julio Cortázar, encontra-se (no original e em versão brasileira) no "Quase Cólofon" deste livro. (N. do E.)

16. MORELLIANA, SEMPRE

Aqui se fecharam olhos através dos quais o universo era contemplado com amor e em toda a sua grandeza.

Epitáfio de Johann Jakob Wagner

Como os eleatas, como Santo Agostinho, Novalis pressentiu que o mundo de dentro é a rota inevitável para chegar de verdade ao mundo exterior e descobrir que os dois serão um só quando a alquimia dessa viagem der um homem novo, o grande reconciliado.

Novalis morreu sem alcançar a flor azul, Nerval e Rimbaud desceram em seu dia às Mães e condenaram-nos à terrível liberdade de nos querermos deuses, começando de tanto barro. Por todos eles, pelo que às vezes abre passagem em nosso cotidiano, sabemos que só do fundo de um poço se veem as estrelas em pleno dia. Poço e céu não querem dizer grande coisa mas é preciso entender-se, traçar as abscissas e coordenadas; Jung dá sua nomenclatura, qualquer poeta a sua, a antropologia sabe de regimes noturnos e diurnos da psique e da imaginação. No que me toca, estou certo de que apenas as circunstâncias exteriores (uma música, o amor, um estranhamento qualquer) me isolam por um momento da consciência vigilante, aquilo que aflora e assume uma forma traz consigo a total certeza, um sentimento de excitante verdade. Suponho que os românticos guardavam para isso o nome de inspiração, e que não outra coisa era a *mania*.

Tudo isso não se pode dizer, mas o homem está para insistir em dizê-lo; o poeta, em todo caso, o pintor e às vezes o louco. Essa reconciliação com um mundo do qual nos separou e nos separa um aberrante dualismo de raiz ocidental, e que o Oriente anula em sistemas e expressões que só de longe e deformadamente nos atingem, mal se pode suspeitar através de vagas obras, de raros destinos alheios, e mais excepcionalmente em aproximações de nossa própria busca. Se não se pode dizer, é preciso inventar a palavra para isso, uma vez que na insistência se vai peneirando a forma e a partir dos buracos se vai tecendo a rede; como um silêncio na música de Webern, um acorde plástico num óleo de Picasso, uma pilhéria de Marcel Duchamp, esse momento em que Charlie Parker lança o voo de *Out of Nowhere*, estes versos de Attâr:

> Após bebermos os mares nos assombra
> que nossos lábios continuem tão secos como as praias,
> e buscamos uma vez mais o mar para nele molhá-los, sem ver
> que nossos lábios são as praias e nós o mar.

Ali e em tantos outros vestígios de encontro estão as provas da reconciliação, ali a mão de Novalis corta a flor azul. Não falo de estudos, de asceses metódicas, falo dessa intencionalidade tácita que enforma o movimento total de um poeta, que o torna asa de si mesmo, remo da sua barca, cata-vento do seu vento, e que *revalida* o mundo sob o preço da descida aos infernos da noite e da alma. Detesto o leitor que pagou pelo seu livro, o espectador que comprou a sua poltrona e que a partir dali *aproveita* o macio estofo do prazer hedônico ou a admiração pelo gênio. Que importava a Van Gogh tua admiração? O que ele queria era a tua cumplicidade, que tratasses de olhar como ele estava olhando com olhos esfolados pelo fogo heraclitiano. Quando Saint-Exupéry sentia que amar não é olhar um nos olhos do outro, mas olharem ambos na mesma direção, ia além do amor do casal porque todo amor vai além do casal se é amor, e eu cuspo na cara de quem me vier dizer que ama Michelangelo ou E. E. Cummings sem me provar que pelo menos numa hora extrema foi esse amor, foi também o outro, olhou com ele do seu próprio olhar e aprendeu a olhar como ele para a abertura infinita que espera e reclama.

17. DO CONTO BREVE E SEUS ARREDORES

> León L. affirmait qu'il n'y avait qu'une chose de plus épouvantable que l'Epouvante: la journée normale, le quotidien, nous mêmes sans le cadre forgé par l'Epouvante. – Dieu a créé la mort. Il a créé la vie. Soit, déclamait LL. mais ne dites pas que c'est Lui qui a également créé la "journée normale", la "vie de-tous-les-jours". Grande est mon impiété, soit. Mais devant cette calomnie, devant ce blasphème, elle recule.
>
> Piotr Rawicz, Le sang du ciel.

Certa vez Horacio Quiroga tentou um "decálogo do perfeito contista", que desde o título vale já como uma piscada de olho para o leitor. Se nove dos preceitos são consideravelmente prescindíveis, o último parece-me de uma lucidez impecável: "Conta como se a narrativa não tivesse interesse senão para o pequeno ambiente de tuas personagens, das quais pudeste ter sido uma. Não há outro modo para se obter a *vida* no conto".

A noção de pequeno ambiente dá um sentido mais profundo ao conselho, ao definir a forma fechada do conto, o que já noutra ocasião chamei sua esfericidade; mas a essa noção se soma outra igualmente significativa, a de que o narrador poderia ter sido uma das personagens, vale dizer que a situação narrativa em si deve nascer e dar-se dentro da esfera, trabalhando do interior para o exterior, sem que os limites da narrativa se vejam traçados como quem modela uma esfera de argila. Dito de outro modo, o sentimento da esfera deve preexistir de alguma maneira ao ato de escrever o conto, como se o narrador, submetido pela forma que assume, se movesse implicitamente nela e a levasse à sua extrema tensão, o que faz precisamente a perfeição da forma esférica.

Estou falando do conto contemporâneo, digamos o que nasce com Edgar Allan Poe, e que se propõe como uma máquina infalível destinada a cumprir sua missão narrativa com a máxima economia de meios; precisamente, a diferença entre o conto e o que os franceses chamam *nouvelle** e os anglo-saxões *long short story* se baseia nessa implacável corrida contra o relógio que é um conto plenamente realizado: basta pensar em *The Cask of Amontillado*, *Bliss*, *Las ruinas circulares* e *The Killers***. Isto não quer dizer que contos mais extensos não possam ser igualmente perfeitos, mas me parece óbvio que as narrações arquetípicas dos últimos cem anos nasceram de uma impiedosa eliminação de todos os elementos privativos da *nouvelle* e do romance, os exórdios, os circunlóquios, desenvolvimentos e demais recursos narrativos; se um conto longo de Henry James ou de D. H. Lawrence pode ser considerado tão genial como aqueles, será preciso convir que estes autores trabalharam com uma abertura temática e linguística que de algum modo lhes facilitava o trabalho, enquanto que o sempre assombroso dos contos contra o relógio está no fato de potenciarem vertiginosamente um mínimo de elementos, provando que certas situações ou terrenos narrativos privilegiados podem ser

---

(*) *Novela*, em português. (N. do T.)
(**) *O tonel de amontillado*, de Edgar Allan Poe; *Bliss*, de Katherine Mansfield: *As ruínas circulares*, de Jorge Luís Borges; *Os assassinos*, de Ernest Hemingway. (N. do T.)

traduzidos numa narrativa de projeções tão vastas como a mais elaborada das *nouvelles*.

O que segue se baseia parcialmente em experiências pessoais cuja descrição mostrará talvez, digamos a partir do exterior da esfera, algumas das constantes que gravitam num conto deste tipo. Volto ao irmão Quiroga para lembrar que diz: "Conta como se a narrativa não tivesse interesse senão para o pequeno ambiente de tuas personagens, *das quais pudeste ser uma*". A noção de ser uma das personagens se traduz em geral na narrativa em primeira pessoa, que nos situa de roldão num plano interno. Faz muitos anos, em Buenos Aires, Ana María Barrenechea me censurou amistosamente um excesso no uso da primeira pessoa, creio que com referência às narrativas de *Los armas secretas*, embora talvez se tratasse das do *Final del juego*. Quando lhe fiz ver que havia várias em terceira pessoa, insistiu que não era assim e tive de prová-lo de livro na mão. Chegamos à hipótese de que talvez a terceira atuasse como uma primeira pessoa disfarçada, e que por isso a memória tendia a homogeneizar monotonamente a série de narrativas do livro.

Nesse momento, ou mais tarde, encontrei uma espécie de explicação pela via contrária, sabendo que quando escrevo um conto busco instintivamente que ele seja de algum modo alheio a mim enquanto demiurgo, que se ponha a viver com uma vida independente, e que o leitor tenha ou possa ter a sensação de que de certo modo está lendo algo que nasceu por si mesmo, em si mesmo e até de si mesmo, em todo caso com a mediação mas jamais com a presença manifesta do demiurgo. Lembrei que sempre me irritaram as narrativas onde as personagens têm de ficar como que à margem, enquanto o narrador explica por sua conta (embora essa conta seja a mera explicação e não suponha interferência demiúrgica) detalhes ou passagens de uma situação a outra. O indício de um grande conto está para mim no que poderíamos chamar a sua autarquia, o fato de que a narrativa se tenha desprendido do autor como uma bolha de sabão do pito de gesso. Embora pareça paradoxal, a narração em primeira pessoa constitui a mais fácil e talvez melhor solução do problema, porque *narração* e *ação* são aí uma coisa só. Inclusive quando se fala de terceiros, quem o faz é parte da ação, está na borbulha e não no pito. Talvez por isso, nas minhas narrativas em terceira pessoa, procurei quase sempre não sair de uma narração *stricto sensu*, sem essas tomadas de distância que equivalem a um juízo sobre o que está acontecendo. Parece-me uma vaidade querer intervir num conto com algo mais que com o conto em si.

Isto leva necessariamente à questão da técnica narrativa, entendendo por isto o especial enlace em que se situam o narrador e o narrado. Pessoalmente sempre considerei esse enlace como uma polarização, isto é, se existe a óbvia ponte de uma linguagem indo de uma vontade de expressão à própria expressão, ao mesmo tempo essa ponte me separa, como escritor, do conto como coisa escrita, a ponto de a narrativa ficar sempre, após a última palavra, na margem oposta. Um verso admirável de Pablo Neruda: *Mis criaturas nacen de un largo rechazo* [Minhas criaturas nascem de um longo rechaço] parece-me a melhor definição de um processo em que o escrever é de algum modo exorcizar, repelir criaturas invasoras, projetando-as a uma condição que paradoxalmente lhes dá existência universal ao mesmo tempo que as situa no outro extremo da ponte, onde já não está o narrador que soltou a bolha do seu pito de gesso. Talvez seja exagero afirmar que todo conto breve plenamente realizado, e em especial os contos fantásticos, são produtos neuróticos, pesadelos ou alucinações neutralizadas mediante a objetivação e a transladação a um meio exterior ao terreno neurótico; de toda forma, em qualquer conto breve memorável se percebe essa polarização, como se o autor tivesse querido desprender-se o quanto antes possível e da maneira mais absoluta da sua criatura, exorcizando-a do único modo que lhe é dado fazê-lo: escrevendo-a.

Este traço comum não seria conseguido sem as condições e a atmosfera que acompanham o exorcismo. Pretender livrar-se de criaturas obsedantes à base de mera técnica narrativa pode talvez dar um conto, mas faltando a polarização essencial, a rejeição catártica, o resultado literário será precisamente isso, literário: faltará ao conto a atmosfera que nenhuma análise estilística conseguiria explicar, a aura que pervive na narrativa e possuirá o leitor como havia possuído, no outro extremo da ponte, o autor. Um contista eficaz pode escrever narrativas literariamente válidas, mas se alguma vez tiver passado pela experiência de se livrar de um conto como quem tira de cima de si um bicho, saberá a diferença que há entre possessão e cozinha literária, e por sua vez um bom leitor de contos distinguirá infalivelmente entre o que vem de um território indefinível e ominoso, e o produto de um mero *métier*. Talvez o traço diferencial mais marcante – já o assinalei em outro lugar – seja a tensão interna da trama narrativa. De um modo que nenhuma técnica poderia ensinar ou prover, o grande conto breve condensa a obsessão do bicho, é uma presença alucinante que se instala desde as primeiras frases para fascinar o leitor, fazê-lo perder contato com a desbotada realidade que o rodeia, arrasá-lo numa submersão mais intensa e avassaladora. De um conto assim se sai como de um ato de amor, esgotado e fora do mundo circundante, ao qual se volta pouco a pouco com um olhar de surpresa, de lento reconhecimento, muitas vezes de alívio e tantas outras de resignação. O homem que escreveu esse conto passou por uma experiência ainda mais extenuante, porque de sua capacidade de transvasar a obsessão dependia o regresso a condições mais toleráveis; e a tensão do conto nasceu dessa eliminação fulgurante de ideias intermédias, de tapas preparatórias, de toda a retórica literária deliberada, uma vez que estava em jogo uma operação de algum modo fatal que não tolerava perda de tempo; estava ali, e só com um tapa podia arrancá-la do pescoço ou da cara. Em todo caso assim me tocou escrever muitos de meus contos; inclusive em alguns relativamente longos, como *Las armas secretas*, a angústia onipresente ao longo de um dia todo me obrigou a trabalhar obstinadamente até terminar a narrativa e só então, sem cuidar de relê-lo, descer à rua e caminhar por mim mesmo, sem ser já Pierre, sem ser já Michèle.

Isto permite assegurar que certa gama de contos nasce de um estado de transe, anormal para os cânones da normalidade corrente, e que o autor os escreve enquanto está no que os franceses chamam um *état second*. Que Poe tenha realizado suas melhores narrativas nesse estado (paradoxalmente reservava a frieza racional para a poesia, pelo menos na intenção) prova-o aquém de toda evidência testemunhal o efeito traumático, contagioso e para alguns diabólico de *O Coração delator* ou de *Berenice*. Não faltará quem julgue que exagero esta noção de um estado exorbitado como o único terreno onde possa nascer um grande conto breve; farei ver que me refiro a narrativas onde o próprio tema contém a "anormalidade", como os citados de Poe, e que me baseio em minha própria experiência toda vez que me vi obrigado a escrever um conto para evitar algo muito pior. Como descrever a atmosfera que antecede e envolve o ato de escrevê-lo? Se Poe tivesse tido ocasião de falar disso, estas páginas não seriam tentadas, mas ele calou esse círculo do seu inferno e se limitou a convertê-lo ou em *O gato preto* ou em *Ligéia*. Não sei de outros testemunhos que possam ajudar a compreender o processo desencadeador e condicionador de um conto breve digno de lembrança; apelo então para minha própria situação de contista e vejo um homem relativamente feliz e cotidiano, envolto nas mesmas insignificâncias e dentistas de todo habitante de cidade grande, que lê o jornal e se enamora e vai ao teatro e que de repente, instantaneamente, numa viagem no metrô, num café, num sonho, no escritório enquanto revisa uma tradução duvidosa acerca do analfabetismo na Tanzânia, deixa de ser ele-e-sua-circunstância e sem *razão* alguma, sem aviso prévio, sem a aura dos epilépticos, sem a crispação que precede às grandes enxaquecas, sem nada que lhe dê tempo para apertar os dentes e respirar fundo, *é um conto*, uma massa informe sem palavras nem rostos nem princípio nem fim, mas já um conto, algo que somente pode ser um conto e, além disso, em seguida, imediatamente, Tanzânia pode ir para o diabo porque este homem porá uma folha de papel na máquina e começará a escrever, embora seus chefes e as Nações Unidas em cheio lhe caiam nos ouvidos, embora sua mulher o chame porque a sopa está esfriando, embora ocorram coisas tremendas no mundo e seja preciso escutar as estações de rádio ou tomar banho ou telefonar para os amigos. Lembro-me de uma citação curiosa, creio que de Roger Fry; um menino precocemente dotado para o desenho explicava seu método de composição, dizendo: *First I think then I draw a line round my think* (*sic*) [Primeiro eu penso depois eu desenho uma linha em volta do meu penso *(sic)]*. No caso destes contos sucede exatamente o contrário: a linha verbal que os desenhará começa sem nenhum *think* prévio, há como que um enorme coágulo, um bloco total que já é o conto, isso é claríssimo embora nada possa parecer mais obscuro, e precisamente nisso reside a espécie de analogia onírica de signo inverso que há na composição de tais contos, visto que todos nós sonhamos coisas meridianamente claras que, uma vez despertos, eram um coágulo informe, uma massa sem sentido. Sonhamos despertos ao escrever um conto breve? Os limites entre o sonho e a vigília, já sabemos: basta perguntar ao filósofo chinês ou à borboleta*. De qualquer maneira se a analogia é evidente, a relação é de signo inverso pelo menos no meu caso, visto que parto do bloco informe e escrevo algo que só então se converte num conto coerente e válido *per se*. A memória, traumatizada sem dúvida por uma experiência vertiginosa, guarda em detalhes as sensações desses momentos, e me permite racionalizá-los aqui na medida do possível. Há a massa que é o conto (mas que conto? Não sei e sei, tudo é visto por alguma coisa minha que não é minha consciência mas que vale mais do que ela nessa hora fora do tempo e da razão), há a angústia e a ansiedade e a maravilha, porque também as sensações e os sentimentos se contradizem nesses momentos, escrever um conto assim é simultaneamente terrível e maravilhoso, há um desespero exaltante, uma exaltação desesperada; é agora ou nunca, e o temor de que possa ser nunca exacerba o agora, torna-o máquina de escrever correndo a todo o teclado, esquecimento da circunstância, abolição do circundante. E então a massa negra se aclara à medida em que se avança, incrivelmente as coisas são de uma extrema facilidade como se o conto já estivesse escrito com uma tinta simpática e a gente passasse por cima o pincelzinho que o desperta. Escrever um conto assim não dá nenhum trabalho, absolutamente nenhum; tudo ocorreu antes e esse antes, que aconteceu num plano onde "a sinfonia se agita na profundeza" para dizê-lo com Rimbaud, é o que

(*) Referência à anedota de Chuang Tzu, filósofo chinês do século III a.C, incluída por Jorge Luis Borges, Silvina Ocampo e Adolfo Bioy Casares na sua famosa *Antologia de la literatura fantástica*, Buenos Aires, Editorial Sudamericana, 1940, p. 240. (N. do T.)

provocou a obsessão, o coágulo abominável que era preciso arrancar em tiras de palavras. E por isso, porque tudo está decidido numa região que diurnamente me é alheia, nem sequer o remate do conto apresenta problemas, sei que posso escrever sem me deter, vendo apresentar-se e suceder-se os episódios, e que o desenlace está tão incluído no coágulo inicial como o ponto de partida. Lembro-me da manhã em que me caiu em cima *Una flor amarilla*: o bloco amorfo era a noção do homem que encontra um garoto que se parece com ele e tem a deslumbradora intuição de que somos imortais. Escrevi as primeiras cenas sem a menor vacilação, mas não sabia o que ia ocorrer, ignorava o desenlace da história. Se nesse momento alguém me tivesse interrompido para me dizer: "No final o protagonista vai envenenar Luc", teria ficado estupefato. No final o protagonista envenena Luc, mas isso chegou como todo o anterior, como a meada que se desenovela à medida que puxamos; a verdade é que em meus contos não há o menor mérito *literário*, o menor esforço. Se alguns se salvam do esquecimento é porque fui capaz de receber e transmitir sem demasiadas perdas essas latências de uma psique profunda, e o resto é uma certa veteranice para não falsear o mistério, conservá-lo o mais perto possível da sua fonte, com seu tremor original, seu balbucio arquetípico.

O que precede terá posto o leitor na pista: não há diferença genética entre este tipo de contos e a poesia como a entendemos a partir de Baudelaire. Mas se o ato poético me parece uma espécie de magia de segundo grau, tentativa de posse ontológica e não já física como na magia propriamente dita, o conto não tem intenções essenciais, não indaga nem transmite um conhecimento ou uma "mensagem". A gênese do conto e do poema é, contudo, a mesma, nasce de um repentino estranhamento, de um *deslocar-se* que altera o regime "normal" da consciência; num tempo em que as etiquetas e os gêneros cedem a uma estrepitosa bancarrota, não é inútil insistir nesta afinidade que muitos acharão fantasiosa. Minha experiência me diz que, de algum modo, um conto breve como os que procurei caracterizar não tem uma *estrutura de prosa*. Cada vez que me tocou revisar a tradução de uma de minhas narrativas (ou tentar a de outros autores, como alguma vez com Poe) senti até que ponto a eficácia e o *sentido* do conto dependiam desses valores que dão um caráter específico ao poema e também ao *jazz*: a tensão, o ritmo, a pulsação interna, o imprevisto dentro de parâmetros pré-vistos, essa *liberdade fatal* que não admite alteração sem uma perda irreparável. Os contos dessa espécie incorporam-se como cicatrizes indeléveis em todo leitor que os mereça: são criaturas vivas, organismos completos, ciclos fechados, e respiram. *Eles* respiram, não o narrador, à semelhança dos poemas perduráveis e à diferença de toda prosa encaminhada para transmitir a respiração do narrador, para comunicá-la à maneira de um telefone de palavras. E se perguntarem: Mas então, não há comunicação entre o poeta (o contista) e o leitor?, a resposta será óbvia: A comunicação se opera *a partir* do poema ou do contista, não *por meio* deles. E essa comunicação não é a que tenta o prosador, de telefone a telefone; o poeta e o narrador urdem criaturas autônomas, objetos de conduta imprevisível, e suas consequências ocasionais nos leitores não se diferenciam essencialmente das que têm para o autor, o primeiro a se surpreender com a sua criação, leitor sobressaltado de si mesmo.

Breve coda sobre os contos fantásticos. Primeira observação: o fantástico como nostalgia. Toda *suspension of disbelief* [suspensão da incredulidade] atua como uma trégua no seco, implacável assédio que o determinismo faz ao homem. Nessa trégua, a nostalgia introduz uma variante na afirmação de Ortega: há homens que em algum momento cessam de ser eles e sua circunstância, há uma hora em que desejamos ser nós mesmos e o inesperado, nós mesmos e o momento em que a porta que antes e depois dá para o saguão se abre lentamente para nos deixar ver o prado onde relincha o unicórnio.

Segunda observação: o fantástico exige um desenvolvimento temporal ordinário. Sua irrupção altera instantaneamente o presente, mas a porta que dá para o saguão foi e será a mesma no passado e no futuro. Só a alteração momentânea dentro da regularidade delata o fantástico, mas é necessário que o excepcional passe a ser também a regra sem deslocar as estruturas ordinárias entre as quais se inseriu. Descobrir numa nuvem o perfil de Beethoven seria inquietante se durasse dez segundos antes de se desfiar e tornar-se fragata ou pomba; o caráter fantástico só se afirmaria no caso de ali continuar o perfil de Beethoven enquanto o resto das nuvens se conduzisse com sua desintencional desordem sempiterna. Na má literatura fantástica, os perfis sobrenaturais costumam ser introduzidos como cunhas instantâneas e efêmeras na sólida massa do habitual; assim, uma senhora que foi premiada com o ódio minucioso do leitor é meritoriamente estrangulada no último minuto graças à mão fantasmal que entra pela chaminé e se vai pela janela sem maiores rodeios, além do que nesses casos o autor se crê obrigado a prover uma "explicação" à base de antepassados vingativos ou malefícios malaios. Acrescento que a pior literatura deste gênero é, contudo, a que opta pelo procedimento inverso, isto é, o deslocamento do tempo ordinário por uma espécie de *full-time* do fantástico, invadindo a quase totalidade do cenário com grande espalhafato de espetáculo sobrenatural, como no batido modelo da casa mal-assombrada onde tudo ressumbra manifestações insólitas, desde que o protagonista faz soar a aldrava das primeiras frases até a janela do sótão onde culmina espasmodicamente a narrativa. Nos dois extremos (insuficiente instalação num ambiente comum, e rejeição quase total deste último) peca-se por impermeabilidade, trabalha-se com materiais heterogêneos momentaneamente vinculados, mas nos quais não há osmose, articulação convincente. O bom leitor sente que nada têm que fazer aí essa mão estranguladora ou esse cavalheiro que em consequência de uma aposta se instala para passar a noite numa tétrica morada. Este tipo de contos que infesta as antologias do gênero lembra a receita de Edward Lear para fabricar um pastel cujo glorioso nome esqueci: pega-se um porco, ata-se o bicho a uma estaca e bate-se nele violentamente, enquanto em outra parte se prepara com diversos ingredientes a massa cujo cozimento só se interrompe para continuar espancando o porco. Se ao cabo de três dias não se tiver conseguido que a massa e o porco formem um todo homogêneo, pode-se considerar que o pastel é um fracasso, em virtude do que se soltará o porco e se atirará a massa no lixo. É precisamente isto que fazemos com os contos em que não há osmose, onde o fantástico e o habitual se justapõem sem que nasça o pastel que esperávamos comer estremecidamente.

18. / QUE SAIBA ABRIR A PORTA PARA IR BRINCAR*

L'érotisme ne peut être envisagé que si, l'envisageant, c'est l'homme qui est envisagé.

Georges Bataille

/ ou seis livros latino-americanos recentes onde abundam as cenas chamadas eróticas / ro W. Adorno iria mais longe se pudesse agarrar uma caneta-tinteiro com a garra esquerda / cido de que é canhoto como eu, seu primeiro tapa sai sempre do lado do coração / capaz de transmitir informação erótica mais sutil e mais rica que a destes livros / território *linguístico* que só se esboça ou se parodia no que escrevemos na América Latina (o senhor achava que este autor ficava de fora, privilegiadamente, pantocrátor troante? Avise, amigo, até eu me releio às vezes, e então bicarbonato) / terceiro mundo cultural, dificuldade de atingir por direito

---

(*) Frase que figura em *Rayuela*, 5ª ed., Buenos Aires, Sudamericana (1967), cap. 71, p. 432. (N. do T.)

próprio uma erótica do verbo, e sem verbo não há erotismo embora de fato não se diga grande coisa enquanto se / em todo caso nada memorável, admita-o / fim e ao cabo erotismo = sexo + inteligência, olhos + inteligência, língua + inteligência, dedos + inteligência, pituitária + inteligência (a prova dessa estética paraintelectual, *inter alia*, é que no extremo transe sexual a pituitária deixa de transmitir informação muitas vezes negativa (anosmia) ou a inverte, a "positiva": seja honesto, *pense-se "after such pleasures"* / nútil tentativa de rastrear uma tradição linguística, um verbo erótico. Mamãezinha Espanha? Vamos, machão. A ardida pele fragrante do mundo árabe escarnecida pelos execradores da água, do sabão, do perfume, do sexo. Dividida entre uma coprologia de prosápia quevediana e a falsa soltura dos Camilo José que te disse; bispos e machos puros tornam incomunicável toda linguagem no nível do amor dos corpos. Não falo da *poesia amorosa*, aí graças a Afrodíte, essa *pin-up* onipresente, nosso idioma toca o mais alto com a Espanha, o México, o Chile, a Argentina, Cuba, vale dizer Salinas, Paz, Neruda, Molinari, Vitier; aqui em troca falo de *prosa* (que pode incluir mecanismos poéticos como toda linguagem escrita ou oral, mas que se define pragmaticamente como mecanismo comunicante de situações eróticas. O que podemos pretender – dou meros parâmetros de referência – diante dos Bataille, Genet, Henry Miller? Tire a prova traduzindo para o espanhol as páginas finais de *Pompes funèbres*, ou a narrativa da morte de Granero na *Histoire de l'oeil*, depois me conte; entre nós o subdesenvolvimento da expressão linguística no que toca à libido torna quase sempre pornografia toda matéria erótica extrema) / o (as) Fuentes (Fontes) toureia rente em *Cambio de Piei*, há ali páginas que preludiam o que algum dia escreveremos com naturalidade e com *direito* (porque antes ou simultaneamente é preciso conquistar outras liberdades: a colonização, a miséria e o gorilato também nos mutilam esteticamente; pretender-se dono de unia linguagem erótica quando nem sequer se ganhou a soberania política é ilusão de adolescente que na hora da sesta folheia com a mão que fica livre um número de *Playboy* / gunta higiênica: será necessário isso que chamamos linguagem erótica quando a literatura é capaz de transmitir qualquer experiência, mesmo a mais indescritível, sem cair em mãos de municipalidade atenta bons costumes em cidade letras? Uma transposição feliz não será inclusive mais intensa que uma apresentação nua? Resposta: não seja hipócrita, trata-se de duas coisas diferentes. Por exemplo, neste livro alguns textos como *Tú más profunda piel* e *Naufrágios en la Isla* procuraram transpor poeticamente instâncias eróticas particulares e talvez o consigam; mas num texto voluntariamente narrativo, isto é, não poético, por que *somente* o território erótico há de vestir a máscara da imagem e do circunlóquio ou, *mutatis mutandis*, cair num realismo de buraco de fechadura andro e ginecológico? Não se concebe Celine tratando de modo verbal diverso um trâmite burocrático ou um coito na cozinha, para ele como para Henry Miller não há coitos / coutos vedados; nosso subdesenvolvimento nos impõe a pior das proibições, a paralisia da *escritura*, já que em matéria oral não nos sentimos tão responsáveis como sabe qualquer um que frequente tertúlias de espanhóis ou argentinos depois do terceiro copo / rica Latina buscando há anos um caminho: Lezama Lima, Fuentes, Vargas Llosa, dois ou três mais apenas, começaram a abrir picadas a fio de facão / tores mais jovens e sobretudo mais toscos (talento natural à parte) tratam hoje de deflorar o idioma, mas na maioria dos casos não fazem mais que violá-lo prévio estrangulamento, o que como ato erótico é bastante grosso; o tremendismo não dá nada nesse terreno a não ser algum espasmo mais sádico que outra coisa, e a maioria das tentativas cubanas, colombianas ou rio--platenses só expeliram produtos de um estilo que me permitirei chamar cabeludo / tismo (que nem todos distinguem da mera sexualidade) é inconcebível sem *delicadeza*, e em literatura essa delicadeza nasce do exercício natural de uma liberdade e de uma soltura que correspondem culturalmente à eliminação de todo tabu no plano da escritura. Só assim se pode chegar a escrever algo como: *Marcelle, en effet, ne pouvait jouir sans s'inonder, non de sang, mais d'un jet d'urine claire, et même, à mes yeux, lumineux* ("Histoire de d'oeil"), ou: *La queue était brûlante, je voulus la caresser, mais mon doigt n'avait pas assez de liberté. J'eus peur que mon ongle ne la blessât si j'appuyais... Je retirai le doigt et réussis, très habilement, à défaire deux boutons. Cette fois je passai toute la main. Je serrai, et Erik, je ne sais à quoi, reconnut, que je serrais avec tendresse. Il ne bougea pas*

("Pompes funèbres"), ou: *Christine's willowy fingers dug into his tighs and hers closed over his ears and he stopped hearing the soup sound of her mouth and felt the brief pain of her teeth nipping the drawn foreskin and the throb of his groin pumping the teeming fluid into her throat, stopping her gentle voice and dripping from her chords that sung the music of her lonely heart. Her hair lay athwart in clean strands on his body and for the next silent minute he was the sanest man on earth, bled of his seed, rid of his mind* (J. P. Donleavy, The Ginger Man) / pulsos do contexto isto não vale mais que três borboletas cravadas num cartão, mas darão alguma ideia do que se quer dizer / dentalmente meu xará Casares não reconhece o substantivo *erotismo*, o que não deixa de ter seu / troca define o adjetivo erótico como: "Amatório; pertencente ou relativo ao amor carnal". Carnal, pelo amor de Deus. Enfim. Bem, sim, carnal; mas de qualquer jeito, puxa. Enfim, vejamos o que ocorre nos autores quase tópicos: Sade enlaça demasiado mecanicamente crueldade e erotismo, Miller acumula quatro mil páginas que poucas vezes (por certo memoráveis) se desprendem de uma sexualidade com ar condicionado; não há muita diferença entre o erotismo milleriano e o do suposto Ashbee, autor de *My secret life*, que resume a torpe estrutura sexual vitoriana. A libertação que representa a obra de Miller não pode fazer esquecer a limitação de suas ambições e consequentemente de sua realização estética / Ferdinand com sua boina de lado, o Gauloise na comissura dos lábios, Céline para quem o erótico é irrisão, ironia ou vingança, o *revanchard* por excelência. E o erotismo surrealista? Em última análise não deu grande prosa, pode-se senti-lo melhor na poesia e sobretudo na pintura: a fria morgue lunar de Paul Delvaux, o mundo de Leonora, de Remédios, de Marisol, três bonecas perversas para não falar das perversas bonecas de Hans Bellmer. *Alors Malherbe vint*: é preciso chegar a Jean Genet, coisa que desagrada sempre aos heterossexuais, mas que vamos fazer; em nossos tempos não sei de outro escritor que tenha extremado mais a quase impossível resolução do erotismo no que antes chamei delicadeza por falta de melhor termo. Não é fácil sentir (porque não é fácil admitir) essa simbiose, a assunção do erotismo através de personagens como Divine, Erik, Jean, Riton, o acesso a um terreno em que a descrição de situações sexuais *é sempre outra coisa* ao mesmo tempo que esgota sem a menor vacilação a própria cena e suas mais ousadas exigências topológicas. O ruim em Genet: erotismo e amor separam quase sempre suas águas no terreno linguístico, e se o primeiro é de uma admirável eficácia expressiva, o amor tende a se tornar difusamente romântico, de mau gosto e até declamatório / nado o passeio comparativo, tempo de voltar ao espanhol, de ensaiar por fim a desmesurada síntese que nos tire do buraco. Para quando, por exemplo, uma prosa erótica na qual estejam presentes a alegria (sim, o senhor leu bem, surpreende-se porque quase sempre o erotismo literário direto é tremendo, negro, frenético, hoteleiro, adúltero, incestuoso, gerontológico, impúbere, conotações que pouco têm a ver com a alegria), para quando a ternura, a tristeza, a simplicidade, a naturalidade, *o amor?* Já disse que não se falava aqui de significar a sexualidade; aludimos à sua estética mas sem tramoias retóricas à marquês de Bradomin, seu exercício direto e ao mesmo tempo hedônico e extravasante, essa hipóstase da libido que já Platão havia projetado sobre a metafísica e a ética e que Sade levaria às mais vertignosas consequências morais e / (na frase anterior há umas esdrúxulas que) / nossas latitudes sente-se demais a ausência de um *Eros ludens*, e inclusive desse erotismo que não reclama topicamente os corpos e as alcovas, que subjaz nas relações de pais e filhos, de médicos e pacientes, de professores e alunos, de confessores e fiéis, de tenentes e soldados / dirá que há uma porção de contos e romances que tratam desse tipo de relações, e é verdade, mas esse *tratamento* é quase sempre centrado no aspecto psicológico ou no behaviourista ou no caracterológico, enquanto que as subjacências eróticas só se manifestam nas "passagens" em que, como se disse antes, o tom muda e há algo assim como que um apagar a luz ou o contrário, um abrir a janela para os curiosos / soalmente não creio ter escrito nada mais erótico que *La sehorita Cora*, narrativa que nenhum crítico viu desse ângulo, talvez porque eu não tenha conseguido o que queria ou porque em nossas terras o erotismo só recebe a etiqueta dentro de parâmetros de lençóis e travesseiros que, contudo, não faltam nesse conto onde bem informado em geral me disse que os supositórios como agentes terapêuticos produzem acentuado incômodo em muitos latino-americanos

/ mexicano confirmou há pouco ao admitir que a medicação por via retal o humilhava embora ninguém tivesse de intervir pessoalmente para administrá-la. Ria, companheiro, mas a Europa tem o ânus mais livre que o senhor e isso conta para a maturidade literária / seu pudor como qualquer um, claro, e para o senhor pelo contrário a referência *supra* acerta melhor *infra*, mas talvez não se tenha detido a analisar com mais vagar esse suspeito "pudor" castelhano que em nível oral cede sem maior dissimulação a transgressões sexuais de uma crueza e um regalo como talvez nenhum outro idioma (na procissão na semana chamada santa de Sevilha, proclamam a gritos que sua Virgem preferida "le da por el culo a todas las otras Vírgenes") para reaparecer vestido de rubores na hora de escrever eroticamente / ável corroboração marginal a de que uma página como esta – e façam o favor de ver como é científica – não seria autorizada pela censura espanhola, mas não saiamos do / quisabido que dialeticamente uma cultura faz uma língua porque uma língua faz uma cultura, e aqui entram as alegres, deliciosas e quase sempre francesas putas que por exemplo na Argentina nos ajudaram, coitadinhas, ir saindo de penas e ponchos morais e sexuais. O tráfico de brancas poderia ter feito parte dos planos de Sarmiento, mas sem dúvida não ocorreu ao velho (que, aliás, importava francesas, mas somente pedagogas). O "caminho de Buenos Aires" foi literalmente o caminho de Damasco para a gente ancorada na moral ultramontana que nos haviam legado nossos gigantes pais. Perdoem-me, caso pessoal e tardio em apoio da tese, ruiva ancorada na cidade de Salta, prostíbulo de alta classe, sofá verde e tudo o mais, eu pombinho, lâmpadas ao rés do chão, copos de conhaque; então, inesquecível, a frase: "Por que tanta pressa, garoto? Primeiro bebemos, eu te convido". Elegância, ordem erótica, chega já de saltar do cavalo à fêmea; francesa, claro, esqueci o nome dela que aqui teria sido homenagem agradecida. *E o gesto, o rito, eram de raiz linguística*: beber significava olhar-se, conhecer-se, falar; falar qualquer bobagem, provavelmente, mas situando o ato erótico acima do umbigo, dando-lhe valor lúdico, enriquecendo-o. No mínimo esses cinco minutos tornaram-me um escritor, não sei, mas nada me agradaria mais que sabê-lo / emas de norte-americanos de nosso tempo, esses rapazes aguentam o Pentágono e as

245

Filhas da Revolução, mas se salvarão antes de nós, é certo, porque intuíram que a timidez verbal devidamente fomentada pelo *establishment* (e mais de quatro países socialistas) se conta entre as melhores armas do inimigo; e se de Whitman e Allen Ginsberg há uma moral mutante, deve-se ao fato de as formas verbais terem sido fiéis a essa mutação que por sua vez incidiu com toda força nas formas verbais. Poemas para dizer, para ler em público, na rua, poemas eróticos ou descritivos ou políticos, mas nunca os papeizinhos vergonhosos que passam da mão do poeta ao editor entre rubores e *copyrights*. Este poema, "Love Song", de Paul Blackburn: *Upon returning home tonite / and it is a home / now / surely, / beeing the animal I am / wher I had undressed, I / wrapped my hand around my balls, and their now limp appendage. / And after ward / smelled my hand. / It was you. / As your perfume is still on my undershirt / so this perfume also* (*The Cities*). / nhamos que para o senhor isto não será um poema; o que importa é que a naturalidade que permitiu escrevê-lo abre as portas para ir brincar nos jardins eróticos, romântica ou cruamente ou como quiser o poeta, sem essa obrigatória pré-seleção semântica que se vê necessitado operar o escritor latino-americano / gentina, por exemplo: como o acaso vela enquanto eu me creio livre, esta mesma manhã monsieur Serre, o carteiro de Saignon, me traz entre vários quilos de correspondência um número de *Papeles*, revista venezuelana, e aí um artigo de Alejandro Vignati (não será filho de um professor de física do qual estive a um passo de ser aluno na gaiola de papagaios da rua Urquiza, mais conhecida por Escola Normal Mariano Acosta?) que se intitula *Los argentinos y Miller*. Hacentuadamente hestupefato fico a par de que 1) os *Trópicos*, editados em Buenos Aires, se esgotaram como *pizzas* aos domingos, 2) que agora acontece o mesmo com *Plexus*, 3) que *Sexus* está nas livrarias, 4) que minha pátria lê em espanhol esse mesmo Miller que há exatamente vinte anos uns poucos pioneiros líamos em francês com legítimo entusiasmo. A Vignati tudo isto parece um signo importante, uma libertação; os rapazes se lançaram a editar e a ler uma grande literatura erótica. "Os argentinos leem Miller com devoção", diz ele de modo ligeiramente incômodo para outras devoções mais tradicionais. E então numa espécie de síntese: "Ser argentino e ler Miller parece um ato indispen-

247

sável". Suponho que o indispensável não é ser argentino, mas ler Miller, pouco importa, porém; em compensação o que importa é a reflexão que desencadeia inevitavelmente essa suposta declaração de independência: não estaremos de novo na pior das escamoteações? Editamos e lemos uma literatura erótica desse calibre, *sempre que tenha sido escrita por um estrangeiro*. Há vinte anos aconteceu com os contos de Sartre, que eram coisa forte em espanhol a essa altura de nossa história moral, e com *Ulisses*. Agora é a vez de *Sexus*. E quando nos animaremos a fazer do castelhano um instrumento erótico *próprio*? A mim me deixa resolutamente frio que cem mil compatriotas inflamados fiquem sabendo do que Mr. Miller faz a Rita no vestíbulo de sua casa; enquanto o sistema do bode expiatório continuar funcionando como funciona para tantas outras coisas, o idioma continuará parcialmente fechado ao erotismo; escreveremos obscenidades em perfeito estilo cabeludo ou nos permitiremos pornografias deliquescentes à base de reconstruções florentinas, conforme a cultura e os gostos dos autores, mas não haverá literatura erótica, e cada situação erótica de nossos contos e de nossos romances será objeto de um tratamento especial como até agora, se apelará para todas as armas da retórica para dizer o que um Miller ou um Genet dizem melhor e com menos palavras / pito: *não se trata de ter de escrever uma literatura erótica* como" quem é obrigado a fazer o alistamento ou a se vacinar; somos livres (uma vez que soubemos conseguir os lauréis) e, se um escritor não tem queda por esse lado, não faz mal e que o diga nada menos que um Borges. A coisa é quando tem e não pode; quando chega à "passagem" e não sai nada, ou sai cabeludo ou eufemístico; quando entra no campo proibido e os cães-palavras não se animam a trazer--lhe os coelhos e as perdizes. O medo continua desviando a ponta de nossos compassos; em toda a minha obra não fui capaz de escrever nem uma única vez a palavra *concha* "cona", que pelo menos em duas ocasiões me fez mais falta do que os cigarros. Medo de ser verdadeiramente o que somos, povos tão eróticos como qualquer outro, necessitados de uma cabal integração num domínio que este século libertou e situou prodigiosamente, pergunte-se a Molly Bloom que não me deixará mentir. Impedidos, salvo na forma poema, que é terreno privilegiado e não substitui a narrativa salvo por falência, timidez ou hipocrisia, de dar o salto formal e expressivo em direção à conquista e à ilustração do erotismo no verbo, à sua incorporação natural e necessária, que não só não envilece a língua do desejo e do amor, mas, ao contrário, arranca-a de sua equívoca condição de tema especial e de hora certa para articulá-la na estrutura da vida pessoal e coletiva, numa concepção mais legítima do mundo, da política, da arte, das pulsações profundas que movem o sol e as demais estrelas / té este momento continuamos como garotos: em segredo, entre nós, agarradinhos ao travesseiro ou à mesa do café, não nos negamos um vocabulário tão legítimo como qualquer outro, mas depois, na hora de fazer os deveres, escrevemos nossa composição e aí olho para que não te escape uma safadeza ou uma porcaria, a professora chama o papai e três dias sem arroz doce, guri.

<blockquote>
Car cette langue qui nous recouvre les yeux, c'est en
s'emparant d'elle que l'on voit (Jean Pierre Faye).
</blockquote>

NOTAS BIBLIOGRÁFICAS

1. La urna griega en la poesia de John Keats. *Revista de Estudios Clásicos*, Universidad de Cuyo, Mendoza, II: 49-61, 1946.
2. Muerte de Antonin Artaud. *Sur*, Buenos Aires, n. 163: 80-82, 1948.
3. Situación de la novela. *Cuadernos Americanos*, Buenos Aires, IX (4): 223-243, jul./ag. 1950.
4. Para una poética. *La Torre*, II (7): 121-138, jul./set. 1954.
5. "Introducción" às *Obras en prosa* de Edgar Allan Poe. Ediciones de la Universidad de Puerto Rico, Madrid, *Revista de Occidente*, (1956) t. I, pp. LV-XCVII.
6. Algunos aspectos del cuento. *Casa de las Américas*, La Habana, II (15/16): 3-14, 1963.
7. "Del sentimiento de no estar del todo". In: *La vuelta al dia en ochenta mundos*. México, Siglo Veintiuno Editores (1967) pp. 21-26.
8. "Del sentimiento de lo fantástico", *ibidem*, pp. 43-47.
9. "Clifford", *ibidem*, p. 73.
10. "Gardel", *ibidem*, pp. 89-92. (Publicado pela primeira vez em *Sur*, Buenos Aires, n. 223, jul./ago. 1953.)
11. "No hay peor sordo que el que", *ibidem*, pp. 93-100.
12. "What happens, Minerva?", *ibidem*, pp. 117-119.
13. "Louis enormisimo cronopio", *ibidem*, pp. 121-125. (Publicado pela primeira vez em *Buenos Aires Literária*, n. 6 : 32-37, 1953.)
14. "La vuelta ai piano de Thelonius Monk", *ibidem*, pp. 127-128.
15. "Tombeau de Mallarmé", *ibidem*, p. 171.
16. "Morelliana, siempre", *ibidem*, pp. 207-208.
17. "Del cuento breve y sus alrededores". In: *Último Round*, México, Siglo Veintiuno Editores (1969) pp. 35-45 ("Planta alta").
18. "/que sepa abrir la puerta para ir a jugar", *ibidem*, pp. 141-154.

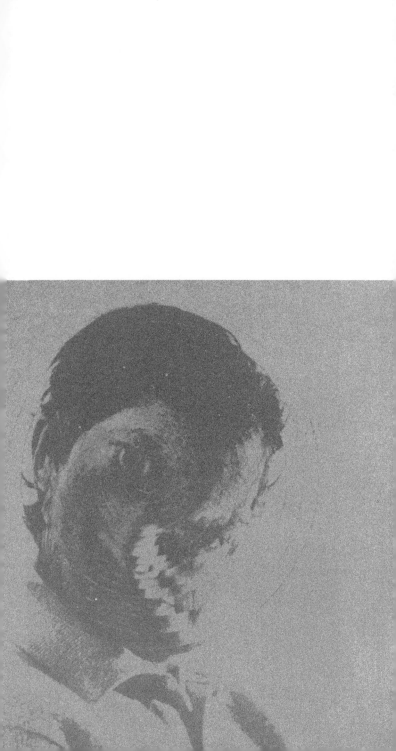

QUASE-CÓLOFON

Uma invenção de Morelli: Mallarmé "selon" Cortázar

I.

Tombeau de Mallarmé
Le noir roc courroucé que la bise le roule

Si la sola respuesta fue confiada
a la lúcida imagen de la albura
ola final de piedra la murmura
para una oscura arena ensimismada

Suma de ausentes voces esta nada
la sombra de una vaga sepultura
niega en su permanência la escritura
que urde apenas la espuma y anonada

Qué abolida ternura qué abandono
del virginal por el plumaje erigen
la extrema altura y el desierto trono

donde esfinge su voz trama el recinto
para los nombres que alzan dei origen
la palma fiel y el ejemplar jacinto

Solitária resposta se confiada
à nitescente imagem da brancura
onda final de pedra então murmura
para uma areia escura ensimesmada

Soma de ausentes vozes este nada
é sombra de uma vaga sepultura
sua permanência nega a da escritura
urdindo-se de espuma aniquilada

Que abolida ternura que abandono
do virginal por uma pluma erigem
a extrema altura e o desolado trono

onde esfinge sua voz trama o recinto
para os nomes que alteiam desde a origem
a palma exata e o modelar jacinto

253

2.

Éventail pour Stéphane
(de *Pameos y Meopas*)

Oh soñadora que yaces
virgen cincel del verano
inmovilidad dei salto
que hacia las estrellas cae.

Qué sideral desventura
te organiza en el follaje
como la sobra del ave
que picotea la fruta?

Aprende en tanta renuncia
mi lenguaje sin deseo,
oh recinto dei silencio
donde propones tu música.

Pues sin césar me persigue
la destruction de los cisnes.

Ó sonhadora que jazes
virgem cinzel do verão,
imobilidade do salto
caindo para as estrelas.

Que sideral desventura
te organiza na folhagem
como a sombra desta ave
cujo bico fere a fruta?

Aprende em tanta renúncia
meu idioma sem desejo,
ó recinto do silêncio
onde propões tua música.

Incessante perseguir-me
assim, – destruição dos cisnes.

Periparáfrases por
Haroldo de Campos

Este livro foi impresso na cidade de Cotia,
nas oficinas da Meta Brasil,
para a Editora Perspectiva.